考古学集刊

Archaeological Collectanea

第32集

主　　编　陈时龙
副主编　洪　石

社会科学文献出版社
SOCIAL SCIENCES ACADEMIC PRESS (CHINA)

图书在版编目（CIP）数据

考古学集刊. 第32集 / 陈时龙主编. -- 北京：社
会科学文献出版社, 2025. 5. -- ISBN 978-7-5228-5428-
1

Ⅰ. K87-55

中国国家版本馆CIP数据核字第2025PJ9484号

考古学集刊　第32集

主　　编 / 陈时龙

副 主 编 / 洪　石

特约编辑 / 洪　石

出 版 人 / 冀祥德

责任编辑 / 郑彦宁

责任印制 / 岳　阳

出　　版 / 社会科学文献出版社·历史学分社（010）59367256
　　　　　　地址：北京市北三环中路甲 29 号院华龙大厦　邮编：100029
　　　　　　网址：www. ssap. com. cn

发　　行 / 社会科学文献出版社（010）59367028

印　　装 / 北京盛通印刷股份有限公司

规　　格 / 开　本：787mm×1092mm 1/16
　　　　　　印　张：15.625　插　页：1.625　字　数：258千字

版　　次 / 2025年5月第1版　2025年5月第1次印刷

书　　号 / ISBN 978-7-5228-5428-1

定　　价 / 168.00元

读者服务电话：4008918866

考古学集刊

第 32 集

目　录

墓葬考古

湖北荆州市七星堰战国楚墓 2014 年发掘简报 ·················· 荆州博物馆/ 　5

安徽萧县植物园汉墓发掘简报 ···

·························· 安徽省文物考古研究所　萧县文物管理所/ 　42

器物研究

从出土情境看带钩功用的多样性

　　——以东周时期长城地带中段地区墓葬为例········吴雅彤　张礼艳/ 100

战国秦汉雁足灯研究 ·· 姚　逸/ 123

邺城遗址核桃园 5 号门址出土瓦制品制作工艺与生产模式研究··········

·· 吕　梦　沈丽华/ 138

1981 年创刊　　　　　　　　　　　　　　　　　　　2025 年 5 月出版

考古与科技

成都平原先秦时期铜器生产体系研究 ……………………………………

………………黎海超　崔剑锋　陈建立　周志清　左志强　田剑波 / 155

国外考古

世界体系理论下的特奥蒂瓦坎兴衰史…………………………李默然 / 185

研究述评

20 世纪以来战国秦汉瓦当研究的回顾与展望 ………………………李　斌 / 200

《考古学集刊》征稿启事……………………………………本刊编辑部 / 221

Archaeological Collectanea **Vol.32**

Contents

Brief Report on the 2014 Excavation of Warring States Chu Tombs at Qixingyan in

Jingzhou City, Hubei *Jingzhou Museum* (5)

Brief Report on the Excavation of Han Tombs at the Botanical Garden in Xiaoxian

County, Anhui *Anhui Provincial Institute of Cultural Relics and Archaeology*

and Xiaoxian County Institute of Cultural Relic Management (42)

Viewing Functional Diversity of Belt Hooks from Archaeological Contexts: Case

Studies of Tombs in the Middle Section of the Great Wall during the Eastern

Zhou Period *Wu Yatong and Zhang Liyan* (100)

Study of Lamps with Goose-foot Stems during the Warring States through Qin and

Han Periods *Yao Yi* (123)

Established in 1981   May, 2025

Study on the Manufacturing Technique and Production Mode of Tiles Unearthed from

No. 5 Gate Site at Hetaoyuan in the Yecheng Site

Lyu Meng and Shen Lihua (138)

Study of the Bronze Production System during the Pre-Qin Period in the Chengdu Plain

Li Haichao, Cui Jianfeng, Chen Jianli, Zhou Zhiqing, Zuo Zhiqiang and Tian Jianbo (155)

Rise and Fall of Teotihuacan from the World-Systems Theory Perspective

Li Moran (185)

Study of Warring States, Qin and Han Roof Tile Ends since the Twentieth Century:

Reminiscences and Prospects   *Li Bin* (200)

湖北荆州市七星堰战国楚墓 2014 年发掘简报

荆州博物馆

关键词： 湖北荆州　拍马山墓群　七星堰墓地　楚墓　战国时期

内容提要： 2013 年，荆州博物馆对七星堰墓地进行了第一次抢救性考古发掘工作，共清理墓葬 127 座，其中战国墓葬 83 座。2014 年，荆州博物馆对七星堰墓地进行了第二次抢救性考古发掘工作，共清理墓葬 113 座，时代包括战国、东汉、宋、明、清，其中战国墓葬 43 座。本次发掘的 43 座战国墓葬的形制主要有两类：一类是带墓道的"甲"字形竖穴土坑墓，另一类是长方形竖穴土坑墓。长方形竖穴土坑墓又分为有壁龛与无壁龛两类。此次发掘取得了很多收获，出土了陶器、铜器（含铜铁结合器）、玉石器等遗物，为楚文化研究提供了重要的新资料。

一、地理位置

七星堰墓地位于湖北省荆州市荆州区纪南镇三红村四组，东距荆州古城约 5 公里，西北距楚故都纪南城约 9 公里，南临太湖港，海拔 35～38 米，属县级文物保护单位拍马山古墓群的一部分。墓地中心地理坐标为北纬 30°21′38.6″、东经 112°07′49.3″。根据 1996 年荆州区文物局编制的《荆州区古墓葬核查登记表》，七星堰墓地存在 12 处封土墓葬。2010 年，为配合南水北调中线引江济汉工程，荆州博物馆发掘了其中的艾家冢[1]。2013 年 7 月 1 日至 9 月 30 日、11 月 1 日至 12 月 30 日，荆州博物馆对七星堰墓地进行了第一次抢救性考古发掘工作，共发掘墓葬 127 座（编号 M1～M128，不含 M4），时代包括战国、东汉、唐、宋、明、清，其中战国墓葬 83 座[2]。

2014 年 7 月 23 日至 11 月 12 日，为配合"卓尔·荆州国际城"的建设，荆州博物馆组织考古队对七星堰墓地进行了第二次抢救性考古发掘工作。发掘点位于第一次发掘点北部（图 1），共发掘墓葬 113 座（编号 M4、M129～M240），

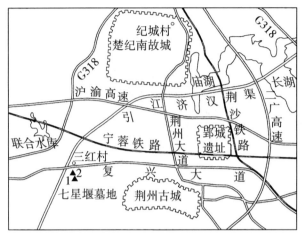

图1　七星堰墓地位置示意图
1.第一次发掘地点　2.第二次发掘地点

时代包括战国、东汉、宋、明、清，其中战国墓葬43座（附表）。现将战国墓葬发掘情况（图2；图3）简报如下。

二、墓葬形制

此次发掘的战国墓葬形制分两类：一类是带墓道的"甲"字形竖穴土坑墓，共9座；另一类是长方形竖穴土坑墓，共34座，其中带壁龛的有14座。总体上

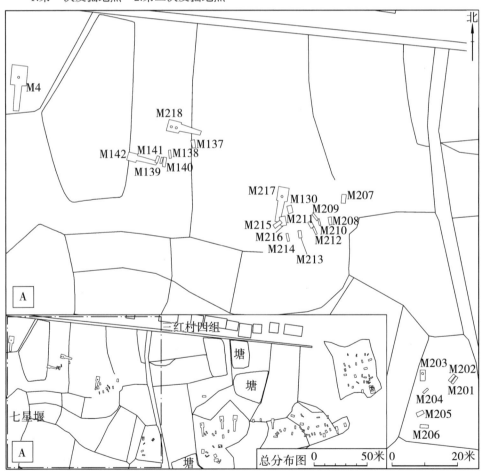

图2　七星堰墓地第二次发掘地点墓葬分布图（一）

图3 七星堰墓地第二次发掘地点墓葬分布图（二）

看，墓坑四壁陡直，壁面光滑，有修整痕迹。墓坑四角均为直角，坑底为长方形，底面平整。墓坑填土为五花土，土色以红、黄、褐、灰、白为主，土质紧密，有夯筑痕迹。填土中未见包含物。墓中人骨及葬具皆腐朽无存。

（一）"甲"字形竖穴土坑墓

9座，分别为M4、M142、M164、M200、M217～M220、M228。墓道均略呈梯形。除M142、M164、M200未遭盗掘外，其余均遭盗掘。因工程建设影响，这批墓葬封土均遭到很大程度的破坏。

M142 方向为104度。墓道朝东。墓道长6.04、上口宽1.2、下口宽1.44、坡道长7.18米。墓口距地表深0.8米。墓室坑口长3.44、宽2.4米，坑底长3.06、宽1.22米，墓坑深6.86米。随葬品放置于墓坑底部东端（图4）。

M164 方向为168度。墓道朝南。墓道长3.3、上口宽1.12～1.3、下口宽1.02、坡道长5.5米。墓口距地表深0.25米。墓室坑口长3.3、宽2.1～2.18米，坑底长2.78、宽1.08～1.3米，墓坑深4.9米。随葬品放置于墓坑底部南端（图5）。

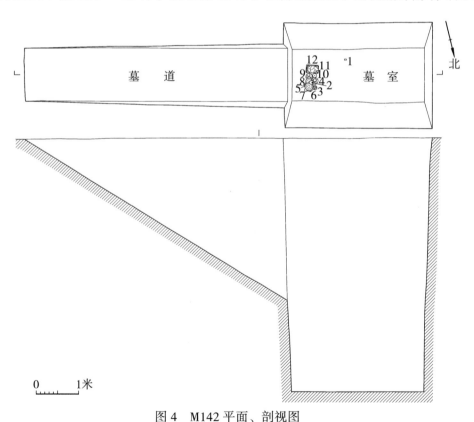

图4 M142平面、剖视图
1.玉剑珌 2.陶匜 3.陶罍 4、9.陶壶 5、6、8.陶鼎 7.陶鐎壶 10.铜镜 11、12.陶簠

M200　方向为179度。墓道朝南。墓道长5.8、上口宽1.1～1.4、下口宽1.06、坡道长7.1米。墓口距地表深1.1米。墓室坑口长3.72、宽2.52米，坑底长3.06、宽1.5米，墓坑深6.2米。随葬品放置于墓坑底部南端（图6；图版一，2）。

（二）长方形竖穴土坑墓

34座。可分为有壁龛与无壁龛两类。

1. 无壁龛墓

20座，分别为M129、M131、M143、M149、M153、M159、M178、M190、M193、M203、M207、M221、M222、M224、M225、M229、M237～M240。

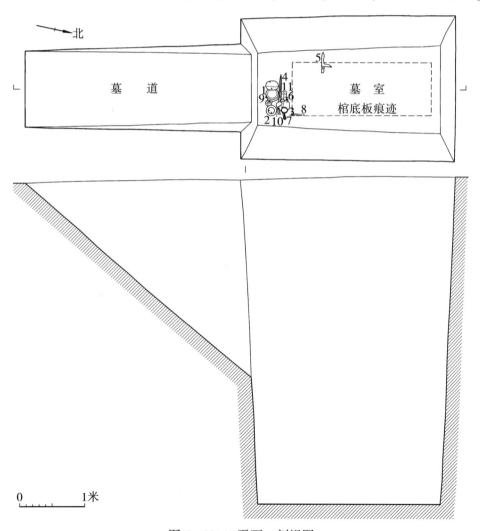

图5　M164平面、剖视图

1.陶鼎　2.铜壶　3.陶壶　4.铜剑　5.铜戈　6.玉璧　7.铜镞　8.铜矛　9.铜印章　10.铜环权
11.铜削刀

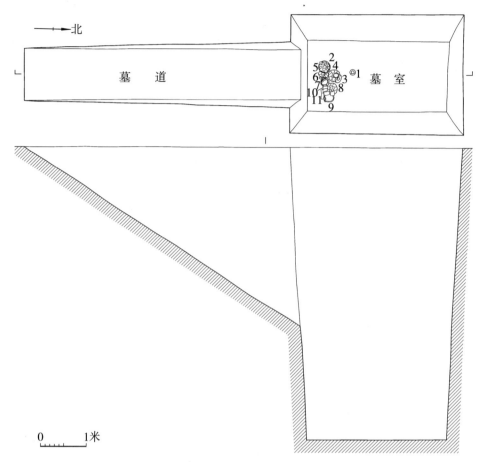

图 6　M200 平面、剖视图

1.滑石璧　2、8.陶敦　3、6、9、10.陶鼎　4、5.陶壶　7.陶罐　11.陶簋

M149　方向为 167 度。墓口长 3.24、宽 1.92 米，墓底长 2.9、宽 1.04 米，墓口距地表深 0.4～0.7 米，墓坑深 5.7 米。随葬品放置于墓底两侧及南端（图 7）。

M159　方向为 171 度。墓口长 4.02、宽 3.08 米，墓底长 3.02、宽 1.32 米，墓口距地表深 0.25～0.4 米，墓坑深 6.38 米。随葬品放置于墓底南端（图 8）。

M190　方向为 94 度。墓口长 3.06、宽 1.8 米，墓底长 2.7、宽 1.1 米，墓口距地表深 0.95 米，墓坑深 4.8 米。随葬品放置于墓底东部（图 9）。

M222　方向为 174 度。墓口长 3.02、宽 1.5 米，墓底长 2.8、宽 1.28 米，墓口距地表深 0.5 米，墓坑深 6.1 米。随葬品放置于墓底南端及中东部（图 10）。

M237　方向为 273 度。墓口长 3.8、宽 2.46～2.56 米，墓底长 3.4、宽 1.58

米，墓口距地表深1.3米，墓坑深6.6米。随葬品放置于墓底西端（图11）。

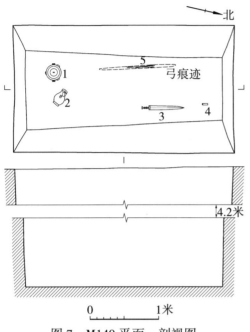

图7 M149平面、剖视图
1.铜鼎 2.铜壶 3.铜剑 4.铜镡 5.铜镞

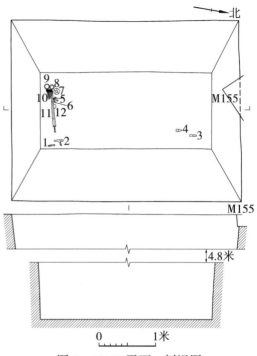

图8 M159平面、剖视图
1.铜矛 2.铜戈 3.铜矛镡 4.铜戈镡 5、6.铜带钩 7.玉璧 8.陶罐 9.陶盂 10.铜镞 11.铜剑 12.铜镜

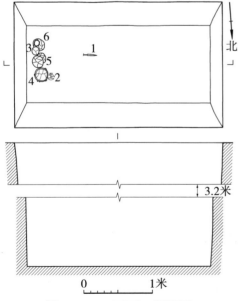

图9 M190平面、剖视图
1.铜剑 2、3.陶豆 4.陶鼎 5.陶敦 6.陶壶

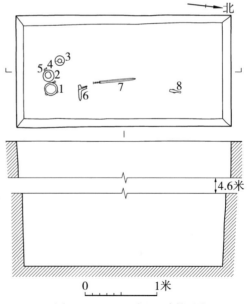

图10 M222平面、剖视图
1.陶鼎 2.陶壶 3.玉璧 4.铜铺首 5.铜构件 6.铜戈 7.铜剑 8.铜戈镡

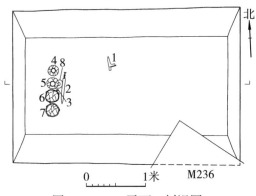

图 11 M237 平面、剖视图
1.铜戈 2.铜剑 3.铜环权 4、5.陶壶 6、7.陶
鼎 8.陶罍

M238 方向为 183 度。墓口长 3.84、宽 2.44 米,墓底长 3.26、宽 1.6 米,墓口距地表深 1.2 米,墓坑深 6.3 米。随葬品放置于墓底南端(图 12)。

2. 有壁龛墓

14 座,分别为 M133、M134、M144、M148、M150、M152、M158、M162、M163、M165、M170～M172、M179。

M144 方向为 76 度。墓口长

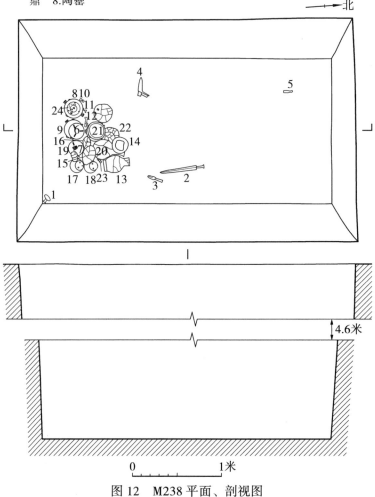

图 12 M238 平面、剖视图
1.陶豆 2.铜剑 3.铜矛 4.铜戈 5.铜戈镦 6、19.铜敦 7.铜镞 8、9.铜鼎 10.铜环 11、12.铜
铺首 13、20.陶壶 14.陶罐 15、16.陶敦 17、18.铜壶 21、22.陶鼎 23.铜环权 24.铜勺

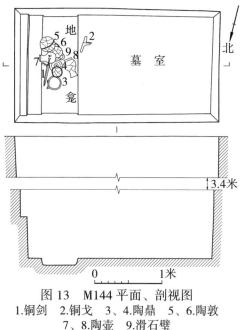

图 13 M144 平面、剖视图
1.铜剑 2.铜戈 3、4.陶鼎 5、6.陶敦
7、8.陶壶 9.滑石璧

3.04、宽1.64米，墓底长2.84、宽1.42米，墓口距地表深0.4～0.7米，墓坑深5米。墓坑底部东端有一长方形地龛。龛长1.42、宽0.54、深0.1米。随葬品主要放置于地龛内（图13；图版一，1）。

M158 方向为172度。墓口长2.94、宽1.62米，墓底长2.42、宽0.92米，墓口距地表深0.4～0.7米，墓坑深4.8米。墓坑南壁置一壁龛。壁龛距墓底深1米，龛长1、宽0.52、高0.3、进深0.44米。墓室被盗，随葬品放置于壁龛内（图14）。

M170 方向为84度。墓口长2.36、

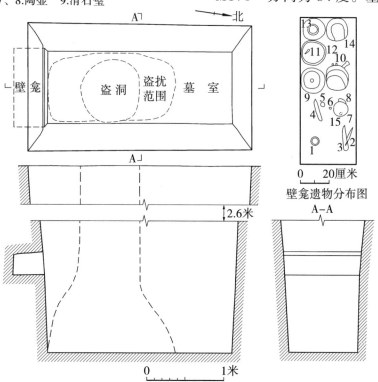

壁龛遗物分布图

图 14 M158 平面、剖视图
1.铜环 2.铜削刀 3、4.铁器 5.金箔 6.玉饰 7、8.铜镜 9、10.陶鼎
11.铜带钩 12.陶盂 13、14.陶壶 15.铜印章

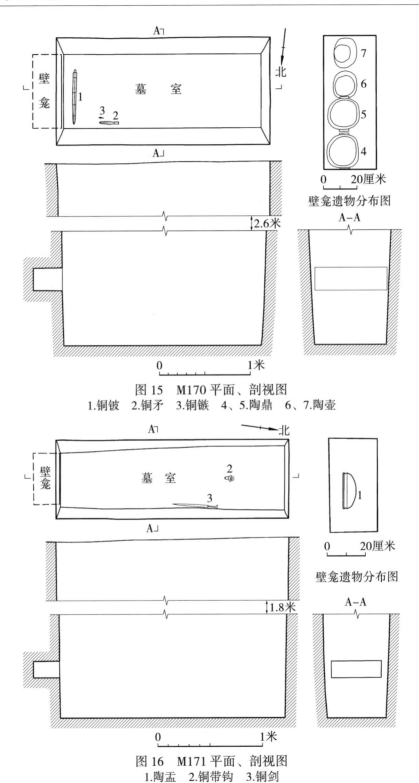

图 15　M170 平面、剖视图
1.铜钹　2.铜矛　3.铜镞　4、5.陶鼎　6、7.陶壶

图 16　M171 平面、剖视图
1.陶盂　2.铜带钩　3.铜剑

宽 1.16 米，墓底长 2.2、宽 0.8 米，墓口距地表深 0.7 米，墓坑深 4.42 米。墓坑东壁置一壁龛。壁龛距墓底深 0.6 米，龛长 0.8、宽 0.32、高 0.24、进深 0.32 米。随葬品放置于壁龛内（图 15）。

M171　方向为 172 度。墓口长 2.26、宽 0.74 米，墓底长 2.16、宽 0.56 米，墓口距地表深 0.5 米，墓坑深 3.36 米。墓坑南壁置一壁龛。壁龛距墓底深 0.38 米，龛长 0.48、宽 0.26、高 0.16、进深 0.26 米。随葬品放置于墓底中北部及壁龛内（图 16）。

M172　方向为 185 度。墓口长 2.82、宽 1 米，墓底长 2.4、宽 0.64 米，墓口距地表深 0.2 米，墓坑深 5.1 米。墓坑南壁置一壁龛。壁龛距墓底深 0.62 米，龛长 0.64、宽 0.26、高 0.3、进深 0.25 米。随葬品放置于墓底南端西侧及壁龛内（图 17）。

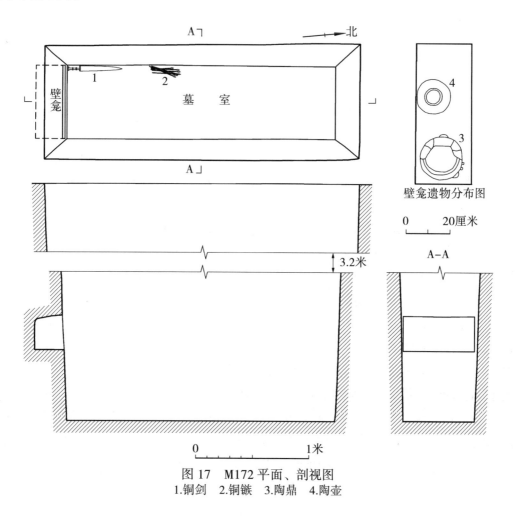

图 17　M172 平面、剖视图
1.铜剑　2.铜镞　3.陶鼎　4.陶壶

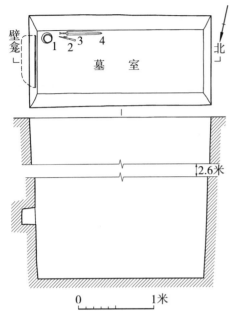

图18 M179平面、剖视图
1.陶罐 2.铜矛 3.铜带钩 4.铜剑

M179 方向为76度。墓口长2.4、宽1.16米，墓底长2.2、宽0.8米，墓口距地表深0.3米，墓坑深4.5米。墓坑东壁置一壁龛。壁龛距墓底深0.7米，龛长0.66、宽0.18、高0.22、进深0.18米。随葬品放置于墓底东南角（图18）。

三、出土遗物

出土遗物按质地可分为陶器、铜器（含铜铁结合器）、玉石器等。按用途可分为礼器、生活用器、兵器等。

（一）陶器

109件，修复71件，均为泥质灰陶，烧制火候不高，保存较差。器形主要有鼎、敦、壶、罐、鬲、簋、匜、罍、豆、盂等。

鼎 24件。总体特征为方耳，近口沿处多有一周方棱突起以承盖，口沿处自然形成子口，深腹，圜底。器身轮制，耳、足模制。根据腹与足的差异，分为三型。

A型：12件。弧壁，深腹略呈球状。根据足、耳外撇程度，分为三式。

Ⅰ式：5件。方耳外翻，蹄形足外撇。M131:2，腹中部饰两周凹弦纹。口径15.5、腹径19.3、残高18.8厘米（图19，1）。M170:4，盖顶中心有一桥形钮，周围有三环形钮，盖面饰两周凸弦纹。腹中部饰两周凹弦纹。口径16.4、腹径19.8、通高25.1厘米（图19，2）。M170:5，盖顶中心有一桥形钮，周围有三环形钮，盖面饰两周凸弦纹。腹中部饰一周凸弦纹。口径17.2、腹径20.4、通高24.2厘米（图19，3）。M200:9，近口沿处有一周凸棱，腹中部饰一周凸弦纹。口径20.2、腹径23.2、残高26.1厘米（图19，4）。M224:3，盖顶中心有一桥形钮，周围有三环形钮，盖面饰两周凸弦纹。腹中部饰两周凹弦纹。口径14.6、腹径18.2、通高24.2厘米（图19，5）。

Ⅱ式：2件。方耳内收，蹄形足外撇。M134:3，腹中部饰两周凹弦纹。口径14.7、腹径18.6、残高13.3厘米（图19，6）。M142:5，盖上有三钮，盖面饰两周凹弦纹。腹中部饰一周凹弦纹。口径19、腹径23、通高27.4厘米（图19，7）。

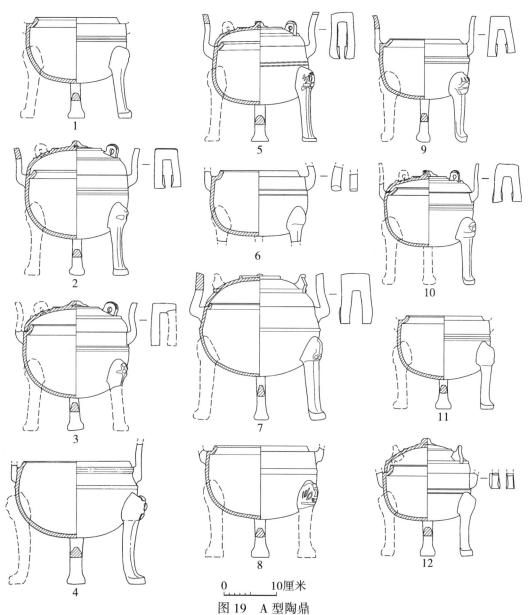

图 19　A 型陶鼎

1～5. Ⅰ式鼎（M131：2、M170：4、M170：5、M200：9、M224：3）　6、7. Ⅱ式鼎（M134：3、
M142：5）　8～12. Ⅲ式鼎（M238：21、M162：2、M162：3、M222：1、M158：9）

　　Ⅲ式：5件。方耳近直，蹄形足直立。M158：9，盖顶中心有一桥形钮，周
围有三个尖状钮。腹中部饰两周凹弦纹。口径14.1、腹径17.2、通高21.9厘
米（图19，12）。M162：2，腹中部饰一周凸弦纹。口径13.3、腹径17.4、通
高23.5厘米（图19，9）。M162：3，盖顶中心有一桥形钮，周围有三环形钮，
盖面饰两周凸弦纹。腹中部饰一周凸弦纹。口径12.9、腹径17.2、通高22.6厘

米（图 19，10）。M222：1，腹中部饰两周凹弦纹。口径 14.6、腹径 18.1、残高 17.3 厘米（图 19，11）。M238：21，腹中部饰一周凸弦纹。口径 17.5、腹径 21.2、残高 20.7 厘米（图 19，8）。

B 型：8 件。腹壁近直。根据腹部与足的差异，分为三式。

Ⅰ式：4 件。圜底近平，足外撇明显。M143：3，盖上有三个小钮，盖面饰两周凹弦纹。腹中部饰一周凹弦纹。口径 16.2、腹径 20.1、通高 23.4 厘米（图 20，1）。M144：3，盖顶中心有一桥形钮，周围有三环形钮，盖面饰两周凸弦纹。腹中部饰两周凹弦纹。口径 17、腹径 19.8、通高 22.7 厘米（图 20，2）。M144：4，盖顶中心有一桥形钮，周围三钮残缺，盖面饰两周凸弦纹。腹中部

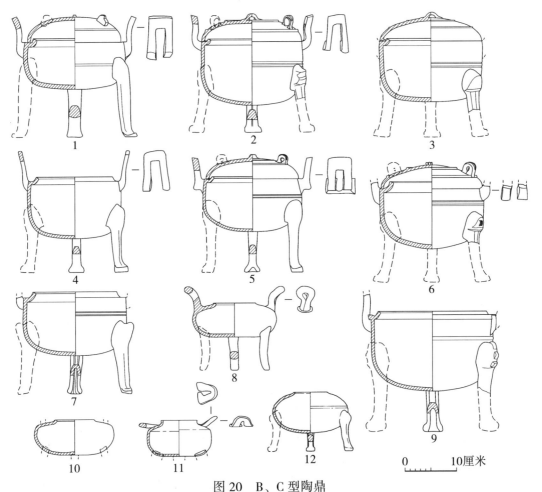

图 20　B、C 型陶鼎

1～4.B 型Ⅰ式鼎（M143：3、M144：3、M144：4、M164：1）　5、6.B 型Ⅱ式鼎（M148：4、M172：3）　7、9.B 型Ⅲ式鼎（M190：4、M200：10）　8、10.C 型Ⅲ式鼎（M200：3、6）　11.C 型Ⅰ式鼎（M142：8）　12.C 型Ⅱ式鼎（M152：2）

饰两周凹弦纹。口径 17、腹径 20.2、通高 23.9 厘米（图 20，3）。M164：1，口径 15、腹径 18.6、通高 23.3 厘米（图 20，4）。

Ⅱ式：2 件。深弧腹呈椭圆形锅底状，足外撇。M148：4，盖顶中心有一梯形钮，周围有三环形钮，盖面饰两周凸弦纹。腹中部饰两周凹弦纹。口径 15.7、腹径 19.4、通高 22.5 厘米（图 20，5）。M172：3，盖上有三环形钮，盖面饰两周凸弦纹。腹中部饰两周凸弦纹。口径 16.3、腹径 20.4、通高 23 厘米（图 20，6）。

Ⅲ式：2 件。圜底，蹄足外撇，内侧刻有凹槽。M190：4，腹中部饰两周凹弦纹。口径 16.6、腹径 20.5、残高 19.5 厘米（图 20，7）。M200：10，近口沿处有一周凸棱，腹中部饰一周凸弦纹。口径 21.1、腹径 23.7、残高 26.3 厘米（图 20，9）。

C 型：4 件。扁圆腹。根据耳与足的差异，分为三式。

Ⅰ式：1 件（M142：8）。扁圆环形附耳。直口，方圆唇，矮领，广肩，弧腹，平底，足残。口径 7.1、腹径 12.7、残高 7.7 厘米（图 20，11）。

Ⅱ式：1 件（M152：2）。耳失，蹄形足。圆唇，圜底。腹中部饰一周凹弦纹。口径 6.4、腹径 14.8、通高 11.2 厘米（图 20，12）。

Ⅲ式：2 件。环形附耳，截面呈圆形，蹄形足。M200：3，圆唇，平底。口径 8、腹径 16.4、通高 16.1 厘米（图 20，8）。M200：6，圆唇，圜底微凹。耳和足均残。口径 7.6、腹径 15.8、通高 6.8 厘米（图 20，10）。

敦　6 件。盖与身扣合呈圆形、椭圆形，敞口，弧壁，圜底。器身轮制，足模制。M144：5，盖与身扣合呈近圆形。三个鸟状足。下腹饰两周凹弦纹。口径 19.6、通高 23.1 厘米（图 21，1）。M144：6，盖与身扣合呈椭圆形。三个鸟状足。下腹饰一周凹弦纹。口径 18.7、通高 25.2 厘米（图 21，4）。M148：6，盖与身扣合呈椭圆形。三个扁足。口径 18.5、通高 23.4 厘米（图 21，3）。M200：2，盖与身扣合呈椭圆形。三个鸟状足。腹饰四周凹弦纹。口径 23.6、通高 32.9 厘米（图 21，2）。M200：8，缺盖。三个鸟状足，近口缘处有两个对称的环形钮。腹饰三周凹弦纹。口径 23.2、通高 15 厘米（图 21，6）。M238：15，缺盖。三个鸟状足，近口缘处有两个对称的环形钮。下腹饰四周凹弦纹。口径 20.6、通高 14.6 厘米（图 21，5）。

壶　18 件。轮制。根据颈、腹、底、圈足的差异，分为两型。

A 型：17 件。侈口，束颈，溜肩，鼓腹，肩有两个对称的铺首衔环。根据底、圈足的差异，分为三式。

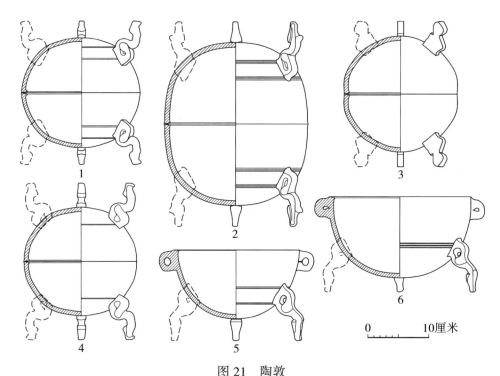

图 21 陶敦
1～6.M144：5、M200：2、M148：6、M144：6、M238：15、M200：8

Ⅰ式：13件。圜底，矮圈足微外撇。M134：4，盖缘有三个等距的尖状钮。颈下部、上腹饰两道一组凹弦纹各两组，盖面饰两周凹弦纹。口径9.6、腹径16.4、圈足径10.1、通高26.3厘米（图22，10）。M144：8，颈下部、上腹饰两道一组凹弦纹各两组。口径10.6、腹径16.7、圈足径11.2、高27厘米（图22，4）。M158：14，颈下部、上腹饰两道一组凹弦纹各两组。口径9.4、腹径15.5、圈足径11.4、高23.4厘米（图22，2）。M164：3，颈下部饰两周凹弦纹，上腹饰两道一组凹弦纹两组。口径8.9、腹径16.7、圈足径10.2、高25.5厘米（图22，7）。M172：4，颈下部、上腹饰两道一组凹弦纹各两组。腹径18.4、圈足径11、残高24.6厘米（图22，11）。M200：4，颈饰四周凹弦纹，上腹饰两道一组凹弦纹两组。口径11.4、腹径23.9、圈足径14.7、高34.1厘米（图22，1）。M200：5，颈饰三周凹弦纹，上腹及折肩处饰两道一组凹弦纹两组。口径11.5、腹径23.1、圈足径14.3、高33厘米（图22，5）。M222：2，颈下部饰两道一组凹弦纹两组，上腹饰五周凹弦纹。口径10、腹径16.2、圈足径11.5、高24.4厘米（图22，8）。M224：2，盖缘有三个等距的尖状钮。颈下部、上腹饰两道一组凹弦纹各两组。口径9.8、腹径18.2、圈足径9.7、通高30.5厘米（图22，12）。M237：4，颈饰两周凹弦纹，上腹饰四周凹弦纹。口

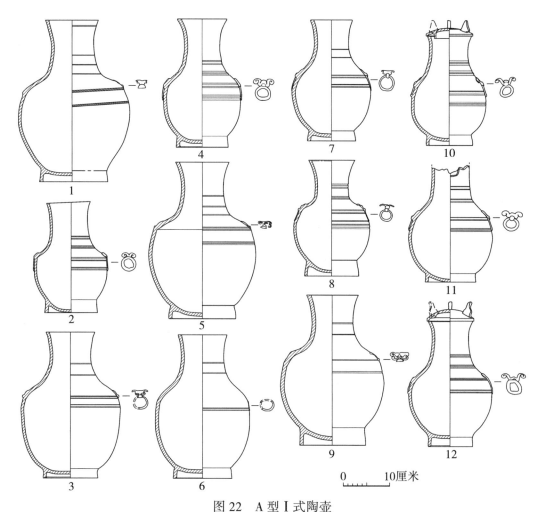

图22 A型Ⅰ式陶壶

1～12.M200：4、M158：14、M237：4、M144：8、M200：5、M237：5、M164：3、M222：2、
M238：13、M134：4、M172：4、M224：2

径10.5、腹径21.4、圈足径11.7、高30.7厘米（图22，3）。M237：5，颈、
腹各饰两周凹弦纹。口径10.5、腹径20.3、圈足径12.6、高30.2厘米（图22，
6）。M238：13，颈、上腹各饰两周凹弦纹。口径11、腹径22.1、圈足径14、
高31.6厘米（图22，9）。M238：20，颈、上腹各饰两周凹弦纹。口径11、腹
径22.8、圈足径14.5、高32.3厘米（图23，1）。

Ⅱ式：1件（M148：5）。平底，圈足微外撇。颈、肩及上腹饰四周凹弦纹。
口径10.5、腹径17.5、圈足径11、高23.9厘米（图23，4）。

Ⅲ式：3件。平底微内凹，假圈足。M150：2，颈、肩饰六周凹弦纹。口
径9.6、腹径18.7、圈足径11.7、高27.6厘米（图23，3）。M207：3，颈下部、

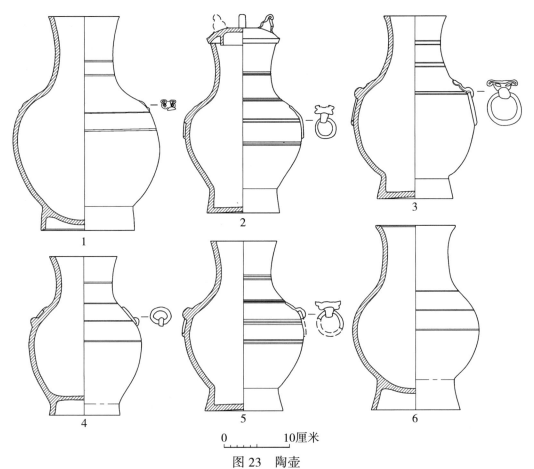

图 23　陶壶

1.A型Ⅰ式壶（M238：20）　　2、3、5.A型Ⅲ式壶（M207：4、M150：2、M207：3）　　4.A型Ⅱ式壶
（M148：5）　　6.B型壶（M142：9）

上腹饰两道一组凹弦纹各两组。口径 10.2、腹径 18.4、圈足径 12、高 25.6 厘米（图 23，5）。M207：4，颈下部、上腹饰两道一组凹弦纹各两组。盖缘有三个等距的尖状钮。口径 10.2、腹径 18、圈足径 11.2、通高 30 厘米（图 23，2）。

B 型：1 件（M142：9）。侈口，缩颈，球腹，圜底，圈足外撇。上腹饰三周凹弦纹。口径 12.3、腹径 19.5、圈足径 13.7、高 27.8 厘米（图 23，6）。

罐　5 件。轮制。根据颈、腹的差异，分为两型。

A 型：3 件。微侈口，折沿，圆唇，缩颈，鼓腹。根据底的变化，分为两式。

Ⅰ式：2 件。平底微凹。M133：1，颈、腹中部各饰两周凹弦纹。底部有削痕。口径 12.1、腹径 14.2、底径 5.2、高 16.4 厘米（图 24，3）。M179：1，颈、腹中部各饰两周凹弦纹。口径 11、腹径 14.6、底径 7.2、高 16.2 厘米（图

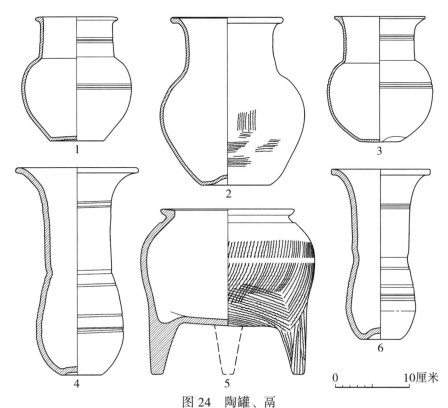

图 24　陶罐、鬲
1、3.A型Ⅰ式罐（M179∶1、M133∶1）　2.A型Ⅱ式罐（M225∶2）　4、6.B型罐
（M165∶3、M162∶4）　5.鬲（M129∶1）

24，1）。

Ⅱ式：1件（M225∶2）。圜底内凹。折沿，缘边有一周凸弦纹，腹饰绳纹，但多已脱落。口径14.9、腹径19.1、底径9、高21.9厘米（图24，2）。

B型：2件。喇叭口，长颈，长腹，下腹微折，凹圜底。M162∶4，颈饰两周凹弦纹，腹饰四周凹弦纹。口径13.3、腹径9.3、底径5.2、高22.2厘米（图24，6）。M165∶3，颈饰两周凹弦纹，腹饰四周凹弦纹。口径16.4、腹径11.7、底径5.4、高27.1厘米（图24，4）。

鬲　1件（M129∶1）。敛口，仰折沿，圆唇，束颈，弧壁，联裆，柱状足。上腹饰斜向绳纹，中间有一道抹痕，下腹饰紊乱绳纹。口径17.7、腹径23.1、通高21.6厘米（图24，5）。

簠　2件。盖与身扣合呈长方体。口呈长方形，方唇，斜直壁，弧底近平，足外张。M142∶11，仅存器身。口外侧边缘饰一周宽带凸棱。口长22.2、口宽18.4、底长19.4、底宽15.8、通高9.5厘米（图25，1）。M142∶12，口外侧边

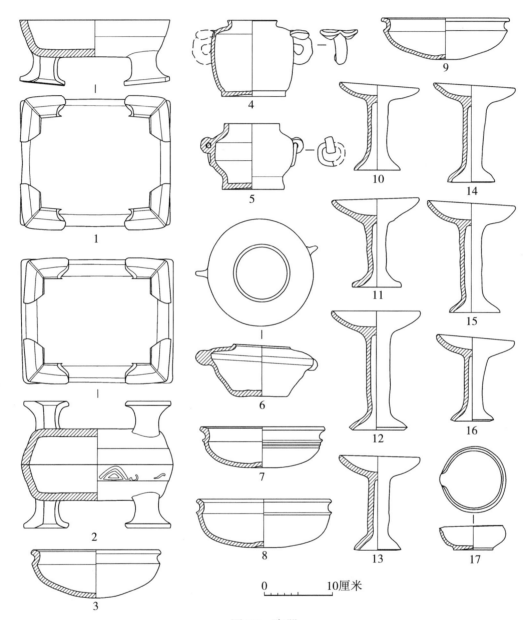

图 25　陶器

1、2.簠（M142∶11、12）　3、7～9.盂（M171∶1、M158∶12、M165∶1、M225∶3）　4～6.
罍（M142∶3、M207∶9、M237∶8）　10～16.豆（M148∶1、M148∶2、M148∶3、M190∶2、
　　　　M190∶3、M224∶1、M238∶1）　17.匜（M142∶2）

缘饰一周宽带凸棱，其上有彩绘图案，多已脱落。口长 22.6、口宽 17.7、底长
17.8、底宽 13、通高 18.3 厘米（图 25，2）。

　　匜　1 件（M142∶2）。平面呈圆形，敛口，小尖流，浅腹，平底微凹。口
径 8.2～9.1、底径 5.9、高 3.6 厘米（图 25，17）。

罍 3件。轮制。M142：3，微侈口，矮领，束颈，广肩，弧腹，平底微凹。肩有两个对称的环形耳。口径7.3、腹径12.2、底径9.4、高11厘米（图25，4）。M207：9，直口，方唇，矮领，折肩，折腹，假圈足，平底微凹。肩有两个对称的铺首衔环。口径8、腹径12.3、底径9.1、高9.5厘米（图25，5）。M237：8，敛口，圆唇，折肩，斜腹下收，平底，底部不工整。肩有两个不对称的钮。口径8.3、腹径15.7、高7.6厘米（图25，6）。

豆 7件。敞口，弧壁，柱状柄，喇叭形圈足。轮制。M148：1，尖圆唇。口径11.7、圈足径6.7、高12.7厘米（图25，10）。M148：2，圆唇。口径12.8、圈足径7.2、高12.9厘米（图25，11）。M148：3，尖圆唇。口径13.1、圈足径8.5、高17.2厘米（图25，12）。M190：2，尖圆唇。口径11.9、圈足径6.8、高13.7厘米（图25，13）。M190：3，圆唇。口径12.1、圈足径7、高14.4厘米（图25，14）。M224：1，尖圆唇。口径13、圈足径7.5、高16.1厘米（图25，15）。M238：1，尖圆唇。口径11.5、圈足径6.4、高12.5厘米（图25，16）。

盂 4件。敞口，仰折沿，圆唇，束颈，折肩，弧壁。M158：12，圜底微凹。腹饰两周凹弦纹。口径18.5、高5.9厘米（图25，7）。M165：1，圜底微凹。口径19.9、高7厘米（图25，8）。M171：1，圜底。口径19.3、高7厘米（图25，3）。M225：3，圜底微凹。口径18.9、高6厘米（图25，9）。

（二）铜器

主要有礼器、兵器、生活用器等。其中鼎为铜铁结合器，铜身，铁足。

1. 礼器

包括鼎、敦、壶等。

鼎 3件。形制相同。盖顶中心有一桥形钮，周围有三个三角形小钮。器身子口承盖，弧壁，平底，圆角方形附耳，蹄形足。蹄形足锈蚀，残缺。盖面饰两周凸弦纹，中腹饰一周凸弦纹。M149：1，口径19.4、腹径22.5、残高15.1厘米（图26，1）。M238：8，口径20.6、腹径22.4、残高15厘米（图26，2；图版二，2）。M238：9，口径20.4、腹径21.9、通高24.9厘米（图26，3；图版二，1）。

敦 2件。盖与身扣合呈椭球形。盖、身各有三个昂首蜷伏的兽状钮、足，近口缘处各有两个对称的环形钮。M238：6，环形钮上饰卷云纹。口径19.1、通高25.7厘米（图27，2）。M238：19，口径19.4、通高26.1厘米（图27，3；图版二，5）。

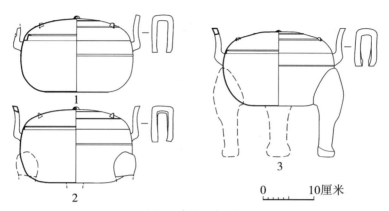

图 26　铁足铜鼎
1～3.M149：1、M238：8、M238：9

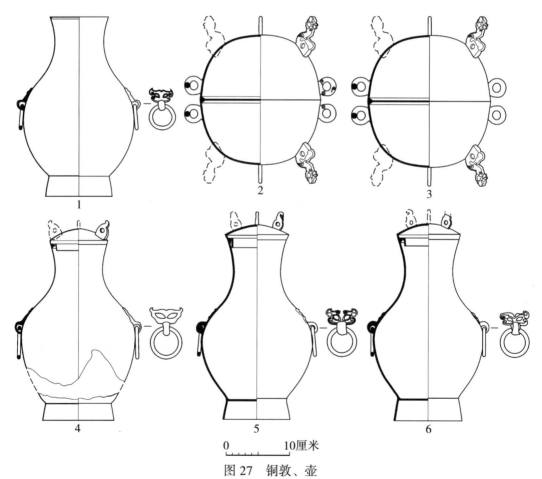

图 27　铜敦、壶
1、4～6.壶（M149：2、M164：2、M238：17、M238：18）　2、3.敦（M238：6、19）

壶　4件。盖面有三个鸟状钮。口略侈，缩颈，鼓腹，平底，圈足外撇。肩部有两个对称的铺首衔环。M149：2，盖残缺。口径9.3、腹径17.7、圈足径10.6、高27.6厘米（图27，1）。M164：2，口径8.9、腹径18.2、圈足径11.4、通高30.7厘米（图27，4）。M238：17，口径9.3、腹径17.4、圈足径10.6、通高31.9厘米（图27，5；图版二，4）。M238：18，口径9.6、腹径17.6、圈足径10.7、通高32.5厘米（图27，6）。

2. 兵器

包括剑、铍、戈、戈镦、矛、矛镦、镞等。

剑　15件，其中1件锈蚀严重。剑身前窄后宽，锐锋，锋后微束腰，棱脊，圆形首。根据形制差异，分为两型。

A 型：9件。宽格，圆形或扁圆形实茎，双箍。M134：2，长38.3、剑身宽4.4厘米（图28，1）。M149：3，锐锋已残。残长61.7、剑身宽5厘米（图28，

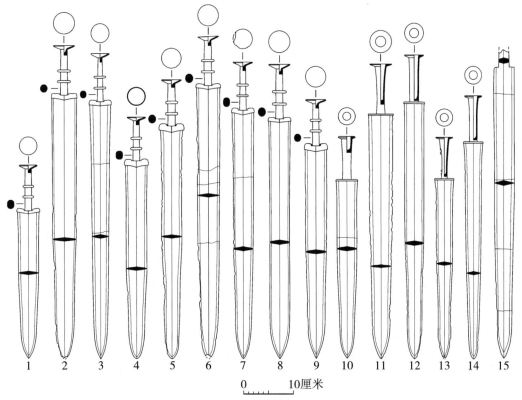

0　　　　　　10厘米

图28　铜剑、铍

1～9.A型剑（M134：2、M149：3、M159：11、M172：1、M179：4、M203：1、M222：7、M225：4、M237：2）　10～14.B型剑（M144：1、M152：1、M164：4、M171：3、M238：2）
15.铍（M170：1）

2）。M159：11，长 60.4、剑身宽 4.4 厘米（图 28，3）。M172：1，长 47.8、剑身宽 4.3 厘米（图 28，4）。M179：4，长 55.2、剑身宽 4.5 厘米（图 28，5）。M203：1，残长 63.3、剑身宽 4.8 厘米（图 28，6）。M222：7，长 58.6、剑身宽 4.4 厘米（图 28，7）。M225：4，长 58.2、剑身宽 4.4 厘米（图 28，8；图版三，5）。M237：2，长 51.2、剑身宽 4.4 厘米（图 28，9）。

B 型：5 件。窄格，圆形空茎或半空茎，无箍。M144：1，剑身残断。长 43.9、剑身宽 4.3 厘米（图 28，10）。M152：1，长 58.2、剑身宽 4.9 厘米（图 28，11；图版三，3）。M164：4，长 60.1、剑身宽 4.1 厘米（图 28，12）。M171：3，锋残缺。长 43.6、剑身宽 3.8 厘米（图 28，13）。M238：2，长 52.1、剑身宽 4 厘米（图 28，14）。

铍　1 件（M170：1）。身修长，双面刃，中脊起棱，扁条形铤残。残长 61、宽 4.1 厘米（图 28，15）。

戈　9 件。根据形制差异，分为三型。

A 型：3 件。援略上扬，前窄后宽，隆脊，锐锋，内末端呈弧形。M131：3，锋已残。内上有一长方形穿，阑侧有三穿，下胡残。残长 18、援长 11、胡长 10.5 厘米（图 29，1）。M159：2，内上有一长方形穿，阑侧有三穿，下胡为方角。通长 17、援长 10.5、胡残长 10.6 厘米（图 29，3）。M237：1，内上有一长方形穿，阑侧有三穿，下胡为方角。通长 22.6、援长 14、胡残长 11.8 厘米（图 29，2；图版三，2）。

B 型：5 件。援上扬，隆脊，锐锋，锋后束腰。M134：1，内末端呈弧形，内上有一长方形穿，阑侧有三穿，下胡为圆角。通长 23.8、援长 14.6、胡长 15.5 厘米（图 29，4；图版三，1）。M144：2，下阑缺失，内末端呈弧形，内上有一个三角形穿，阑侧有二穿。通长 23.3、援长 13.9、胡残长 10.3 厘米（图 29，5）。M222：6，内末端呈弧形，内上有一长方形穿，阑侧有四穿，下胡为方角。通长 20.7、援长 12.6、胡长 12 厘米（图 29，6）。M224：4，锐锋已残，内末端呈方形，内上有一长方形穿，并饰云纹和圆圈纹，阑侧有三穿。残长 21.1、援长 13.6、胡残长 10.7 厘米（图 29，7）。M238：4，内末端残缺，内上有一穿，阑侧有三穿，下胡为方角。残长 18.4、援长 15.6、胡残长 10.6 厘米（图 29，9）。

C 型：1 件（M164：5）。援细，锋尖锐，锋后束腰，内较长。援上扬，隆脊，三角形刃，刃与脊之间有一道阴刻线，内末端呈弧形，末端与两侧有刃，内上有一长方形穿，阑侧有四穿，下胡为方角。通长 28、援长 17、胡长 13.5 厘米（图 29，8）。

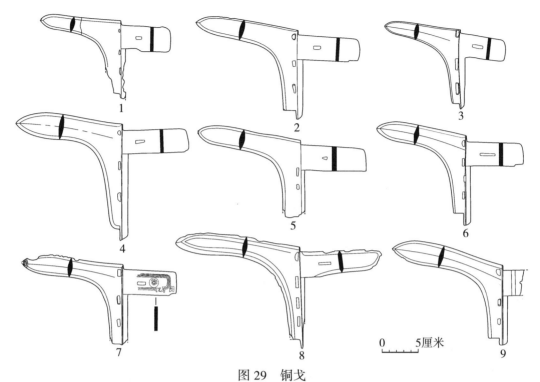

图 29　铜戈

1～3.A型戈（M131：3、M237：1、M159：2）　4～7、9.B型戈（M134：1、M144：2、M222：6、
M224：4、M238：4）　8.C型戈（M164：5）

戈镈　5件，其中2件残损严重。上部作扁圆筒形，下部作八棱形内缩，尾端呈弧形。M159：4，中部有一圆形凸箍，箍上侧有一圆形铆孔。长10.4、宽2.2～2.9厘米（图30，3）。M222：8，中部有一鸟形凸箍，箍下侧有一圆形铆孔，下部束腰呈圆形。长14.5、宽2.1～2.7厘米（图30，2）。M238：5，中部有一鸟形凸箍，箍上侧有一圆形铆孔，下部束腰，尾端微弧。残长11.3、宽2.6～3.2厘米（图30，5）。

矛　5件。棱脊，两侧为血槽，叶末内收，两刃前聚成锋，较圆钝，圆骹中空，直到前锋，骹上有一桥形钮。M159：1，三角形刃。长11.6、宽2.4、骹口径2.4厘米（图30，21；图版三，6）。M164：8，长21、宽3.7、骹口径2.4厘米（图30，7）。M170：2，矛体满饰黑色星点状暗纹，多已脱落。长21.6、宽3.4、骹口径2.5厘米（图30，6）。M179：2，长21.5、宽4、骹口径2.6厘米（图30，8）。M238：3，长20.1、宽3.7、骹口径2.4厘米（图30，9；图版三，4）。

矛镈　1件（M159：3）。上、下部均作圆筒形，中部有一圆形凸箍，箍下侧有一圆形铆孔。直径2.1～2.6、长11厘米（图30，1）。

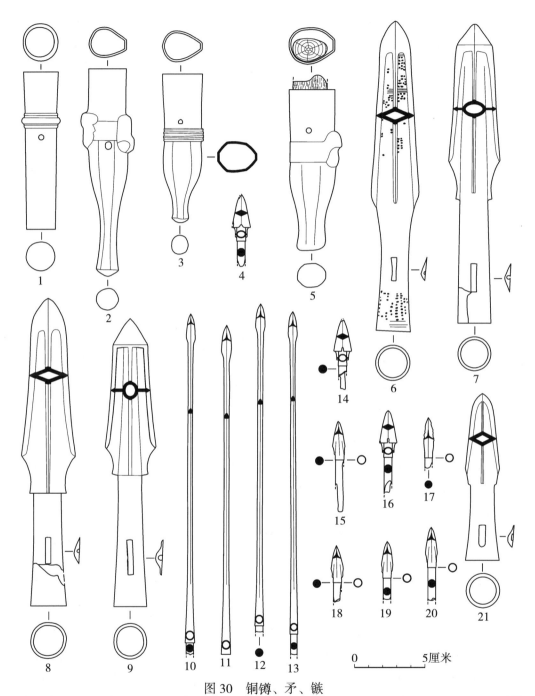

图30 铜镦、矛、镞

1.矛镦（M159：3） 2、3、5.戈镦（M222：8、M159：4、M238：5） 4、14、16.B型镞
（M159：10-2、1、3） 6～9、21.矛（M170：2、M164：8、M179：2、M238：3、M159：1）
10～13.A型镞（M172：2-1～4） 15、17～20.C型镞（M238：7-4、M170：3、M238：7-1～3）

镞　12件。根据镞头和铤的差异，分为三型。

A型：4件。三棱形镞头，中脊上凸起三棱成刃，三刃前聚成锋，铤较长，截面呈弧三角形，尾端略粗，作圆錾形，中空以纳铁杆。M172：2-1，残长23、镞头长2厘米（图30，10）。M172：2-2，残长23、镞头长2.2厘米（图30，11）。M172：2-3，残长22、镞头长2厘米（图30，12）。M172：2-4，残长22、镞头长2厘米（图30，13）。

B型：3件。镞头短小、厚实，两翼呈等腰三角形，铤扁圆，中空以纳铁杆。M159：10-1，残长3.2、镞头长2.1厘米（图30，14）。M159：10-2，残长3.2、镞头长2.2厘米（图30，4）。M159：10-3，通长3.3、镞头长2.3厘米（图30，16）。

C型：5件。三棱形镞头，中脊上凸起三棱成刃，三刃前聚成锋，铤较短，圆柱形，中空以纳铁杆。M170：3，通长2.8、镞头长2.4厘米（图30，17）。M238：7-1，后锋折收。通长2.6、镞头长2厘米（图30，18）。M238：7-2，后锋折收。通长2.6、镞头长2.1厘米（图30，19）。M238：7-3，后锋折收。通长2.8、镞头长2.5厘米（图30，20）。M238：7-4，后锋折收。通长2.7、镞头长2.4厘米（图30，15）。

3. 生活用器

包括带钩、削刀、勺、环权、铃、环、铺首、构件、印章、镜等。

带钩　7件。根据形状差异，分为两型。

A型：2件。身作琵琶形。M150：1，钩残缺，圆形钮。残长3.3、宽0.9厘米（图31，6）。M179：3，钩残缺，方形钮。残长4.7、宽1厘米（图31，7）。

B型：5件。身作兽形。M153：1，钩残缺，身作鸭形，刻画有翅、尾，钮已残。残长6.4、宽1.6厘米（图31，5）。M158：11，身作牛首形，舌上卷成钩，两耳外张，额面有纹饰，圆形钮。长2.8、宽2.7厘米（图31，2；图版四，4）。M159：5，钩作鸭首形，腹面呈圆形，腹与颈分界明显，圆形钮。长3.4、宽1.4厘米（图31，3；图版四，3）。M159：6，钩作鸭首形，身呈切角梯形，长方形钮。长4.8、宽1.2厘米（图31，4）。M171：2，牛首形，体短宽，颈下垂作钮，呈圆形，舌上卷成钩，两耳外张，已残断。长5、残宽3.3厘米（图31，1；图版四，5）。

削刀　1件（M164：11）。锈蚀严重。弧背，柄呈长条形，截面呈梯形，环首。残长22.7、宽1.5厘米（图32，1）。

勺　1件（M238：24）。勺前端呈弧形，两侧向上弯折内收，一侧已残，

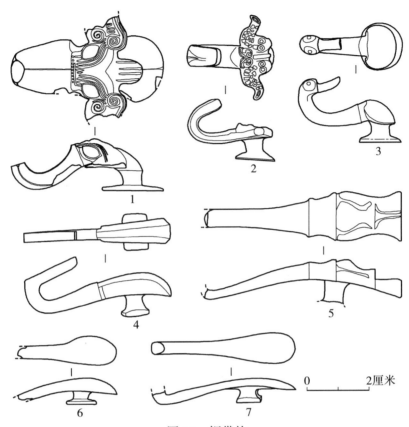

图 31　铜带钩

1～5.B型带钩（M171：2、M158：11、M159：5、M159：6、M153：1）　6、
7.A型带钩（M150：1、M179：3）

柄呈六棱形，中空。通长 17.4、残宽 8 厘米（图 32，2；图版二，3）。

环权　3 组。圆环形，环截面呈圆形或椭圆形。M164：10，共 2 件。M164：10-1，环截面呈椭圆形。直径 1.9、环径 0.5～0.6 厘米。M164：10-2，环截面呈圆形，直径 1.2、环径 0.3 厘米（图 32，7）。M237：3，共 4 件，环截面呈圆形。M237：3-1，直径 5、环径 1.2 厘米。M237：3-2，直径 3.9、环径 0.9 厘米。M237：3-3，直径 1.9、环径 0.5 厘米。M237：3-4，直径 1.5、环径 0.4 厘米（图 32，6）。M238：23，共 3 件。M238：23-1，环截面呈椭圆形。直径 3、环径 0.7～0.9 厘米。M238：23-2，环截面呈圆形。直径 1.9、环径 0.5 厘米。M238：23-3，环截面呈圆形。直径 1.4、环径 0.4 厘米（图 32，8）。

铃　8 件。无铃舌，上端有一桥形钮，器身两边有对穿的长方形镂孔。M143：2-1，器口上凹较甚。口宽 2.9、肩宽 2.2、通高 5.9 厘米（图 32，

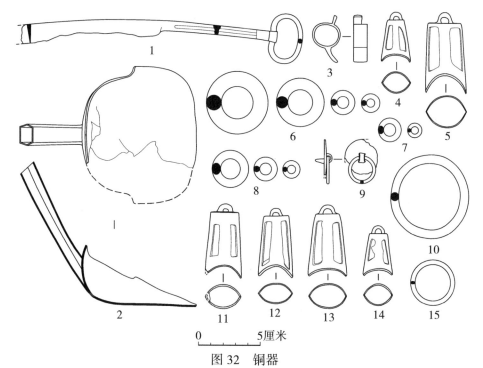

图32 铜器

1.削刀（M164：11）　2.勺（M238：24）　3.构件（M222：5）　4、5、11～14.铃
（M143：2-5、M217：2-1、M143：2-1～4）　6～8.环权（M237：3、M164：10、
M238：23）　9.铺首（M222：4）　10、15.环（M158：1、M238：10-1）

11）。M143：2-2，器口上凹较甚。口宽2.8、肩宽2、通高5.4厘米（图32，12）。M143：2-3，器口微弧上凹。口宽3、肩宽1.8、通高5.6厘米（图32，13）。M143：2-4，器口微弧上凹。口宽2.4、肩宽1.4、通高3.9厘米（图32，14）。M143：2-5，器口微弧上凹。口宽2.4、肩宽1.3、通高3.9厘米（图32，4）。M143：2-6，器口微弧上凹。口宽2.4、肩宽1.3、通高3.9厘米。M217：2-1，器口上凹较甚，呈半圆形。口宽3.4、肩宽2.7、通高6.4厘米（图32，5）。M217：2-2，器口微弧上凹。口宽3.2、肩宽2.3、通高5.7厘米。

环　3件。圆环形，环截面呈圆形或

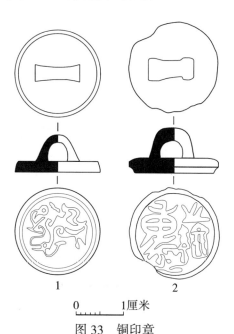

图33 铜印章

1、2.M158：15、M164：9

椭圆形。M158：1，环截面呈圆形。直径6.5、环径0.7厘米（图32，10）。M238：10-1，环截面呈椭圆形。直径3.6、环径0.2～0.4厘米（图32，15）。M238：10-2，环截面呈椭圆形。直径3.6、环径0.2～0.4厘米。

铺首　3件，其中2件残损严重。M222：4，圆形铺首衔环，背面有一钉。残宽2.6、通高3.5、环径2.2厘米（图32，9）。

构件　1件（M222：5）。形似扳机。长3.7、宽1.1、直径2.2厘米（图32，3）。

印章　2件。圆形，背面有一桥形钮。M158：15，缘边斜直。印面有凤鸟图案。直径1.8、高0.8厘米（图33，1；图版四，6）。M164：9，印面有文字，应为"□室之鉨（玺）"。直径1.9、高0.9厘米（图33，2；图版四，7）。

镜　5件，其中1件残损严重。平面均呈圆形，背面有一桥形小钮。M142：10，残。缘边斜弧，背面有两周凸棱。直径10.3、缘厚0.1厘米（图

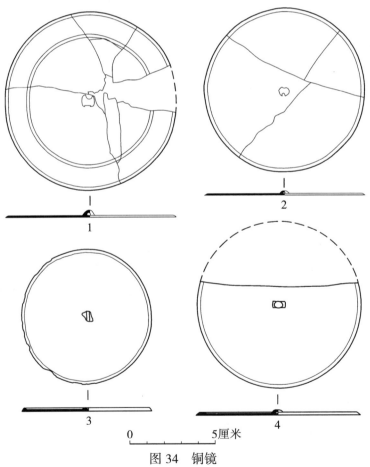

图34　铜镜
1～4.M142：10、M158：7、M162：1、M158：8

34，1）。M158：7，残。缘边斜弧，背面有一周凸棱。直径9.4、缘厚0.1厘米（图34，2）。M158：8，残。缘边斜弧，背面有一周凸棱。直径9.6、缘厚0.2厘米（图34，4）。M162：1，钮残。缘边微弧，背面有一周凸棱。直径7.7、缘厚0.2厘米（图34，3）。

（三）玉石器

8件。包括璧、剑珌。璧为玉质和滑石质，剑珌为玉质。

璧　7件。表面饰圈点纹。M129：2，滑石质。外径8.8、内径3.4、厚0.6厘米（图35，7）。M144：9，滑石质。外径11.5、内径5、厚0.4厘米（图35，3）。M159：7，玉质。外径10.5、内径4.5、厚0.35厘米（图35，5）。

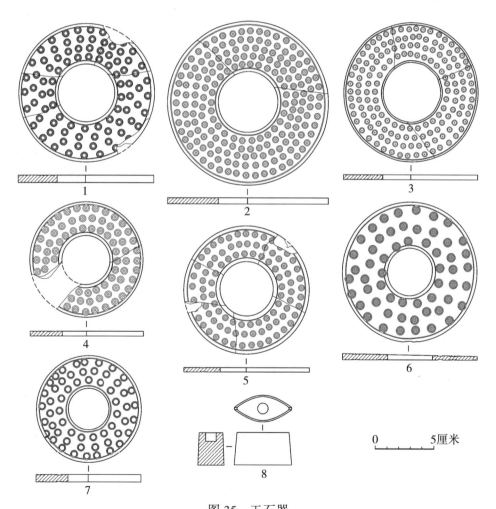

图35　玉石器

1、3、7.滑石璧（M200：1、M144：9、M129：2）　2、4～6.玉璧（M222：3、M164：6、M159：7、M217：1）　8.玉剑珌（M142：1）

M164：6，玉质。外径9.5、内径4、厚0.4厘米（图35，4）。M200：1，滑石质。外径11.4、内径4.8、厚0.6厘米（图35，1）。M217：1，玉质。外径11.5、内径3.9、厚0.3～0.5厘米（图35，6；图版四，2）。M222：3，玉质。外径13.5、内径5、厚0.5厘米（图35，2）。

剑珌　1件（M142：1）。梯形，上窄下宽，上薄下厚，横截面作梭形。上面中央有一个直径0.9、深0.7厘米的圆孔。珌长2.7、宽4.3～4.8、厚2～2.2厘米（图35，8；图版四，1）。

四、结　语

经过本次考古发掘，结合2013年的工作，在七星堰墓地共发掘战国墓葬126座。总体上看，该墓地战国墓葬基本分布于封土冢、高岗地及其周边。其中封土冢之下的墓葬规模最大；高岗地之下一般有带墓道的"甲"字形墓，在其周边分布数量不等的小型墓葬，排列有序，属于家族式埋葬，墓葬规模按身份、等级有所区别。

本次发掘带墓道的"甲"字形墓，大部分墓道朝南，少量朝东。长方形竖穴土坑墓有带龛与不带龛两种，其中无龛墓葬开口一般长3米、宽2米左右；带龛墓葬开口一般长1～2米、宽1米以下。可见，无龛墓葬规模基本上介于"甲"字形墓与带龛墓葬之间，带龛墓葬规模最小。龛又分为壁龛与地龛，绝大多数为壁龛。陶礼器组合主要为鼎、敦、壶，与2013年发掘情况类似。绝大多数墓葬随葬品的摆放呈现出一定的规律性。单棺墓的随葬品一般放置于壁龛中，也有少数放置于人骨或棺木左右两侧（根据痕迹判断）及头端。

参考江陵九店东周墓等墓地的材料，可推断七星堰墓地的年代。此次发掘的43座战国墓葬，除了没有发现随葬品的墓（含被盗墓），我们根据填土、形制、葬式与随葬品对比，来判断七星堰墓地的年代。其中A型陶鼎、陶敦、陶壶与江陵九店东周墓乙组丙类三期五段同类器[3]一致，B型陶罐与江陵九店东周墓乙组乙类四期六段同类器[4]相同。江陵九店东周墓乙组墓三期五段年代为战国中期晚段，四期六段年代为战国晚期早段，结合其他器物类型，判断七星堰墓地战国墓葬的年代大致为战国中期至晚期。根据目前墓葬出土器物与上述典型器物的对比分析，结合2013年发掘情况推断，七星堰墓地战国墓葬的年代大致在战国中期至晚期之间，其中晚期墓葬较多。

从墓葬规模、埋藏深度来看，"甲"字形墓墓主级别均高于普通长方形竖穴土坑墓墓主级别。多数未被盗掘墓葬均有铜剑、铜矛、铜戈、铜镞等兵器出土，反映了战国时期楚人的尚武风气。

本次发掘出土铜铁结合器为 3 件铁足铜鼎。在 2013 年考古发掘中，曾出土铜铁结合器 4 件，包括 2 件铁足铜鼎，1 件铜格、首和铁茎、身的剑，1 件铁柲铜镦矛[5]。经两次发掘，七星堰墓地共出土铜铁结合器 7 件。铁与铜熔点不同，两者合铸为一体有一定的技术难度，而且将该技术用于铸造兵器，是反映楚国冶铁技术进步的重要例证。从铁足铜鼎的形制看，它与同时期的铜鼎、陶鼎并无不同，从中也可以看出，此时楚国的铸铁技术已经达到了相当成熟的水平。

七星堰墓地经过两次考古发掘，取得很多收获，为楚文化研究提供了重要的新资料。

附记：本次发掘领队为贾汉清，参加发掘的人员有刘建业、王家鹏、彭家宝、金先国，文中插图由朱枫、王家鹏绘制，照片由彭巍拍摄。

执笔者　刘建业　谢禹墨

注　释

[1] 荆州博物馆：《荆州艾家冢墓地考古发掘简报》，《湖北南水北调工程考古报告集》第五集，科学出版社，2014年。

[2] 荆州博物馆：《湖北荆州市七星堰战国楚墓发掘简报》，《考古学集刊》第23集，2020年。

[3] 湖北省文物考古研究所：《江陵九店东周墓》第399页，科学出版社，1995年。

[4] 前引《江陵九店东周墓》第388页。

[5] 前引《湖北荆州市七星堰战国楚墓发掘简报》。

附表

荆州七星堰墓地2014年考古发掘战国竖穴土坑墓葬登记表　（长度单位：米）

墓号	方向（度）	墓葬形制	墓口、墓道尺寸	随葬遗物	是否被盗
M4	188	"甲"字形	墓口长5.24，宽4.1，深7.44，墓道长8.38		是
M129	94	长方形	长3.42，宽1.76，深5.8	陶鬲、滑石璧	否
M131	150	长方形	长3.3，宽1.84，深5.8	陶AI式鼎、壶、铜A型戈、戈镦	是
M133	150	长方形（有龛）	长2.92，宽1.12，深4.7	陶AI式罐、猪骨	否
M134	164	长方形（有龛）	长2.8，宽1.14，深4.38	陶AII式鼎、AI式壶、铜B型戈、A型剑	否
M142	104	"甲"字形	墓口长3.44，宽2.4，深6.86，墓道长6.04	陶AII式鼎2、CI式壶2、B型壶2、簠2、鬲、铜镜2、鐎壶2、磬、匜、玉剑珌、玉剑秘	否
M143	65	长方形	长3.34，宽1.46，深4.92	陶BI式鼎、豆、壶、铜铃	否
M144	76	长方形（有龛）	长3.04，宽1.64，深5	陶BI式鼎2、敦2、AI式壶2、铜B型剑、B型戈、滑石璧	否
M148	182	长方形（有龛）	长2.4，宽0.8，深3.3	陶BII式鼎、豆3、AII式壶	否
M149	167	长方形	长3.24，宽1.92，深5.7	铜鼎（铁足）、壶、A型剑、镦	否
M150	181	长方形（有龛）	长2.54，宽0.94，深2.8	陶AIII式壶、铜A型带钩	否
M152	163	长方形（有龛）	长2.3，宽1.06，深2	陶CII式鼎2、铜B型剑	否
M153	167	长方形	长2.44，宽0.94，深1.9	陶罐、铜B型带钩	否
M158	172	长方形（有龛）	长2.94，宽1.62，深4.8	陶AIII式鼎2、AI式壶2、盂、铜环、削刀、镜2、B型剑、印章、铁器2、金箔、戈镦、玉饰	是
M159	171	长方形	长4.02，宽3.08，深6.38	陶罐、盂、铜矛、A型戈、A型剑、镜2、戈镦、B型剑、B型镦、B型带钩2、B型钩2、玉璧	否

续附表

墓号	方向（度）	墓葬形制	墓口、墓道尺寸	随葬遗物	是否被盗
M162	167	长方形（有龛）	长2.46，宽1.42，深5.82	陶AⅢ式鼎2、B型罐、壶、盘、铜镜	否
M163	181	长方形（有龛）	长2.44，宽0.98，深2.9		否
M164	168	"甲"字形	墓口长3.3，宽2.1～2.18、深4.9，墓道长3.3	陶BⅠ式鼎、AⅠ式壶、铜盖、铜壶、矛、C型戈、B型剑、镞、削刀、印章、环权、玉璧	否
M165	354	长方形（有龛）	长2.36，宽0.96，深3.02	陶盂、B型罐2	否
M170	84	长方形（有龛）	长2.36，宽1.16，深4.42	陶AⅠ式鼎2、壶2、铜镞、矛、C型镞	否
M171	172	长方形（有龛）	长2.26，宽0.74，深3.36	陶盂、铜B型剑、B型带钩	否
M172	185	长方形（有龛）	长2.82，宽1，深5.1	陶BⅡ式鼎、AⅠ式壶、铜A型剑、A型镞	否
M178	256	长方形	长2.42，宽0.8，深2.12		否
M179	76	长方形（有龛）	长2.4，宽1.16，深4.5	陶AⅠ式罐、铜矛、A型剑、A型带钩	否
M190	94	长方形	长3.06，宽1.8，深4.8	陶BⅢ式鼎、敦、壶、豆2、铜剑	否
M193	102	长方形	长3.08，宽1.56，深5.5		否
M200	179	"甲"字形	墓口长3.72，宽2.52，深6.2，墓道长5.8	陶AⅠ式鼎、BⅢ式鼎、CⅢ式鼎2、敦2、簠、AⅠ式壶2、罐、铜A型剑、滑石璧	否
M203	184	长方形	长3.22，宽1.46，深5.08	铜A型剑	是
M207	194	长方形	长3.18，宽1.34，深4.8	陶鼎4、AⅢ式壶2、罍、罐、器盖	否
M217	191	"甲"字形	墓口长4.02，宽3.2，墓道长6.02，深6.9	铜铃、玉璧	是

续附表

墓号	方向（度）	墓葬形制	墓口、墓道尺寸	随葬遗物	是否被盗
M218	102	"甲"字形	墓口长4.22，宽3.3，深6.6，墓道长6.44		是
M219	184	"甲"字形	墓口长4.64，宽3.7，深7.4，墓道长8.56		是
M220	176	"甲"字形	墓口长4.34，宽3.46，深7.4，墓道长5.9		是
M221	182	长方形	长2.46，宽1，深3.2		否
M222	174	长方形	长3.02，宽1.5，深6.1	陶AⅢ式鼎、AⅠ式壶、铜B型戈、戈镦、A型剑、铺首、构件、玉璧	否
M224	86	长方形	长3.2，宽1.34，深5.8	陶AⅠ式鼎、豆、AⅠ式壶、铜B型戈	否
M225	184	长方形	长2.58，宽0.88，深3.1	陶豆、盂、铜A型剑	否
M228	174	"甲"字形	墓口长4.4，宽3.36，深7.2，墓道长7.8		是
M229	87	长方形	长3.82，宽2.38，深5.7		是
M237	273	长方形	长3.8，宽2.46~2.56，深6.6	陶鼎2、AⅠ式壶2、罍、铜A型戈、A型剑、环权	否
M238	183	长方形	长3.84，宽2.44，深6.3	陶AⅢ式鼎2、敦2、AⅠ式戈2、豆、勺、矛、环、铺首2、环权、B型戈、罐、铜鼎（铁足）2、戈镦、B型剑、C型镦	否
M239	188	长方形	长2.82，宽1.54，深4.74		是
M240	174	长方形	长2.72，宽1.14，深4.6	陶鼎、壶3	否

说明：随葬遗物未注明件数者均为1件。

Brief Report on the 2014 Excavation of Warring States Chu Tombs at Qixingyan in Jingzhou City, Hubei

Jingzhou Museum

KEYWORDS: Jingzhou, Hubei   Paimashan Tomb Cluster   Qixingyan Cemetery   Chu Tombs   Warring States Period

ABSTRACT: In 2013, the Jingzhou Museum conducted the first salvage archaeological excavation of the Qixingyan cemetery, uncovering a total of 127 tombs, of which 83 dated to the Warring States period. In 2014, the Jingzhou Museum carried out the second salvage archaeological excavation of the Qixingyan cemetery, revealing 113 tombs spanning from the Warring States, Eastern Han, Song, Ming, to the Qing periods. Amongst them, there were 43 Warring States tombs, which can be divided into two categories based on the layout: pit tombs with a long sloping passageway leading to a central chamber on one side, and rectangular pit tombs. The latter can be further divided into those with and without niches. The second excavation yielded numerous artifacts made of pottery, bronze, bimetallic material, jade and stone, providing significant new materials for the study of Chu culture.

（责任编辑　洪　石）

安徽萧县植物园汉墓发掘简报

安徽省文物考古研究所　萧县文物管理所

关键词：安徽萧县　汉墓　釉陶器　原始瓷器

内容提要：2018～2019年，为配合萧县植物园建设工程，安徽省文物考古研究所等单位对施工范围内的汉墓进行了抢救性发掘，共清理汉墓99座。墓葬形制丰富，包括竖穴土坑墓、砖椁墓、砖室墓、洞室砖墓、砖石结构墓。出土遗物约248件（套），质地有陶（釉陶）、原始瓷、铜、铁、琉璃等。墓葬年代大致为西汉早中期至东汉中晚期，其间有缺环，少见东汉早期墓葬。第二期（西汉中晚期）大量墓葬的墓主头部随葬有1～2件陶罐，或与该区丧葬礼俗有关。第二至四期（西汉中晚期至新莽年间）存在少量洞室墓、洞室砖墓及较多釉陶器，应是受北方中原地区丧葬文化影响所产生。第三期（西汉晚期）墓葬中有少量原始瓷器，从釉料、胎质、工艺等方面看，应来源于南方江浙一带，反映了南北方文化在该区的相互交融。

植物园汉墓位于安徽省宿州市萧县圣泉乡与龙城镇交汇处的凤凰山北侧山脚下，东、南、西三面被凤凰山包围，连接萧县城区与萧县北站的龙腾大道将其分割为东、西两区（图1）。为配合植物园建设工程，2018年12月至2019年4月，安徽省文物考古研究所联合宿州市博物馆、萧县文物管理所对汉墓进行了抢救性发掘，共清理汉墓99座，编号为2018YZM1、M2、M4、M5、M7～M17、M19～M30、M32～M88、M90、M91、M93～M105，为行文方便，下文省略2018YZ。其中西区18座，

图1　植物园汉墓位置示意图

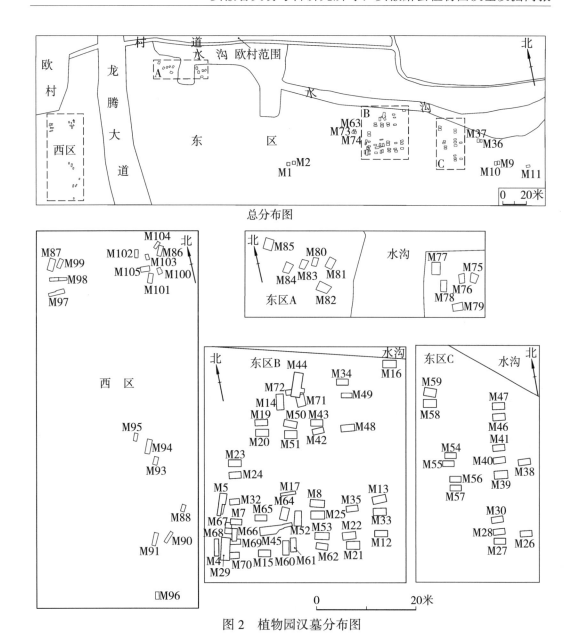

总分布图

图 2　植物园汉墓分布图

编号为 M86 ～ M88、M90、M91、M93 ～ M105，余 81 座位于东区（图 2）。现将发掘情况简报如下。

一、概　　况

植物园汉墓开口于厚约 0.4 米的表土层下，原墓口已被毁坏，封土情况不明。汉墓分东、西区，墓葬分布具有一定规律性。其中东区多数墓葬呈东西向，少数墓葬呈南北向。部分墓葬之间存在叠压打破关系，如 M44 打破 M71、M72，M29 打破 M69、M70，M66 打破 M68、M69，M7 打破 M67。西区墓葬数量少，分布范围较小，多数墓葬呈南北向，少数墓葬呈东西向。墓葬间距较大，未见叠压打破关系。

墓葬形制方面，东区有竖穴土坑墓、砖椁墓、砖室墓、砖石结构墓，以竖穴土坑墓为主，砖室墓次之，砖石结构墓、砖椁墓较少。竖穴土坑墓有长方形与梯形之分。其中长方形竖穴土坑墓依二层台、壁龛及洞室的有无，可分为五型，即无二层台、无壁龛、无洞室墓，带二层台、无壁龛、无洞室墓，带壁龛、无二层台、无洞室墓，带二层台、带壁龛、无洞室墓，无二层台、无壁龛、带洞室墓。砖室墓有长方形、梯形与圆形之分。砖石结构墓均为长方形。西区墓葬有竖穴土坑墓、砖室墓、砖椁墓、砖石结构墓、洞室砖墓，其中竖穴土坑墓、砖室墓、砖椁墓有长方形与梯形之分，砖石结构墓、洞室砖墓均为长方形。

葬具多为木棺，少见木椁。棺木保存状况一般，仅存朽痕。人骨大多保存较差，仅存头骨或少许肢骨。葬式以仰身直肢为主，极少数为侧肢、屈肢。绝大多数墓葬为单人葬，少数墓葬为二人合葬。合葬墓有同穴与异穴之分，其中异穴合葬墓 15 组，同穴合葬墓 5 座。

随葬品质地有灰陶、釉陶、原始瓷、铜、铁、琉璃等，以灰陶为大宗，其他质地相对较少（附表）。

二、墓葬形制

依形制的差异，可将这些墓葬分为五类。

（一）竖穴土坑墓

共 82 座，其中东区 72 座，西区 10 座。依墓圹的差异，分为两型。

A 型：78 座。长方形。其中东区 69 座，西区 9 座。依二层台、壁龛、洞室的有无，分为五亚型。现以典型墓葬介绍如下。

Aa 型：26 座。无二层台、无壁龛、无洞室。其中东区 24 座，西区 2 座。

M7　位于东区中部南侧，打破 M67。方向为 115 度。墓圹直壁，平底。长 2.32、宽 1.16、残深 0.7 米。填土为红褐色花土，土质疏松。墓底未见棺痕及人骨，葬具、葬式不详。随葬品仅有 1 件陶罐，置于墓底东侧（图 3）。

M46　位于东区中部北侧。方向为 108 度。墓圹直壁，平底。长 2.8、宽 0.9、深 1.2 米。填土为红褐色花土，土质疏松。随葬品有陶罐 2 件、陶豆 1 件，置于墓底西侧（图4）。

M47　位于东区中部北侧。方向为110度。墓圹直壁，平底。长2.6、宽1.1、深1.1米。填土为红褐色花土，土质疏松。墓底人骨保存较差，头向西，仰身直肢。随葬品有陶罐2件，置于墓主头前（图5；图版五，1）。

M66　位于东区中部西南侧，打破M68、M69。方向为195度。墓圹直壁，平底。长2.9、宽0.88、深1.5米。填土为灰褐色花土，土质疏松。墓底残存棺痕，单棺。棺长2、宽0.46米。棺内有人骨一具，残存头骨痕迹，头向南。随葬品置于棺内及棺外北侧，共9件（套），包括陶鼎、盒、壶、盘、磨、灶、井、溷各1件，铜五铢钱若干枚（图6；图版五，3）。

M69　位于东区中部西南侧，被M29、M66打破。方向为110度。墓圹直壁，平底。长2.5、宽1.12、深1.1米。填土为灰褐色花土，土质疏松。墓底未见棺痕及人骨，葬具、葬式不详。随葬品有陶罐、壶各1件，置于墓底东侧中部（图7）。

M101　位于西区北部南侧。方向为200度。墓圹口大底小，斜直壁，平底。墓口长2.7、宽1.5米，底长2.5、宽1.2米，深1.8米。填土为红褐色花土，土质较疏松。墓底有棺痕，单棺，两头略宽。棺长2.2、宽0.7～0.82厘米。棺内有人骨一具，保存较差，头向南，仰身侧肢。随葬品仅有1件陶罐，置于棺内西南角

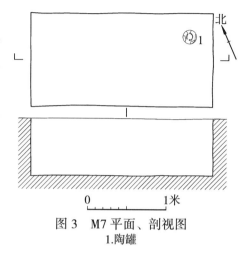

图3　M7平面、剖视图
1.陶罐

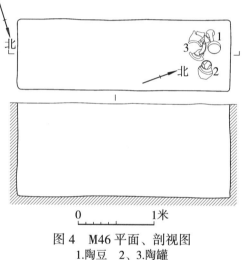

图4　M46平面、剖视图
1.陶豆　2、3.陶罐

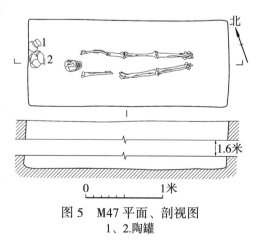

图5　M47平面、剖视图
1、2.陶罐

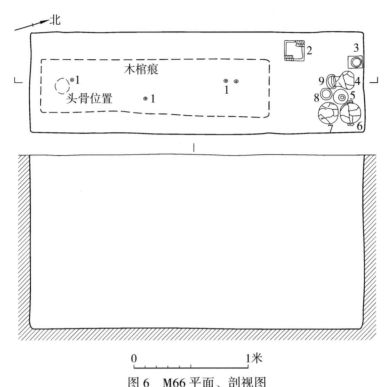

图 6　M66 平面、剖视图
1.铜钱　2.陶涵　3.陶灶　4.陶壶　5.陶磨　6.陶鼎　7.陶盒　8.陶井　9.陶盘

（图 8；图版五，2）。

Ab 型：43 座。带二层台、无壁龛、无洞室。其中东区 36 座，西区 7 座。

M8　位于东区中部南侧。方向为 300 度。墓圹直壁，平底。长 2.6、宽 1.4、深 3.2 米。填土为红褐色花土，土质疏松。墓口四角有凸出角窝，呈半斗笠状。北壁有生土二层台。台宽 20、高 50 厘米。墓底有木棺痕及青膏泥。棺长 2.2、宽 0.7 米。青膏泥厚 50 厘米。棺西端有陶罐 2 件（图 9）。

M9　位于东区东部东南侧。方向为 20 度。墓圹直壁，平底。长 2.5、宽 1.4、深 3.5 米。填土为灰褐色花土，土质疏松。四壁均有生土二层台。台宽 16～36、高 60 厘米。墓底有木棺痕，单棺。棺长 2.1、宽 0.6 米。棺内有人骨一具，保存差，头向北，仰身直肢。随葬品有陶罐 2 件，置于北侧二层台上（图 10；图版六，1）。

M10　位于东区东部东南侧。方向为 20 度。墓圹斜直壁，口大底小，平底。墓口长 3、宽 1.6 米，底长 2.44、宽 0.7 米，深 3.2 米。填土为灰褐色花土，土质疏松。四壁均有生土二层台。台宽 22～54、高 23 厘米。墓底有木棺痕，单棺。棺长 2.2、宽 0.7 米。棺内有人骨一具，保存差，头向北，仰身直肢。随

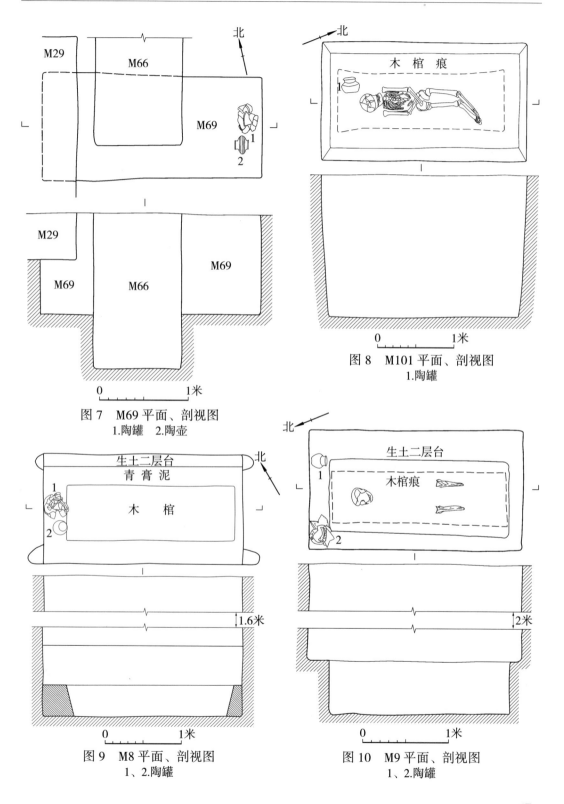

图 7　M69 平面、剖视图
1.陶罐　2.陶壶

图 8　M101 平面、剖视图
1.陶罐

图 9　M8 平面、剖视图
1、2.陶罐

图 10　M9 平面、剖视图
1、2.陶罐

葬品仅有1件陶罐，置于东北侧二层台上（图11；图版六，2）。

M24 位于东区中部西侧。方向为110度。墓圹直壁，平底。长2.6、宽1.32、深2.5米。填土为灰褐色花土，土质较疏松。西、北壁有生土二层台。台宽10～26、高30厘米。墓底有木棺痕、人骨及少量青膏泥。单棺。棺长1.76、宽0.48米。人骨保存较差，头向东，仰身直肢。随葬品有陶罐、壶各1件，置于墓底东侧（图12）。

M30 位于东区东部南侧。方向为115度。墓圹直壁，平底。墓口长2.7、宽1.2米，底长2.3、宽0.68～0.72米，深1.7米。填土为灰褐色花土，土质疏松。四壁均有生土二层台。台宽20～30、高30厘米。墓底有木棺痕和人骨。棺内人骨保存差，头向东，仰身直肢。棺内四角各有一石块，用来固定木棺。随葬品仅有1件陶壶，置于东侧二层台上（图13）。

M32 位于东区中部南侧。方向

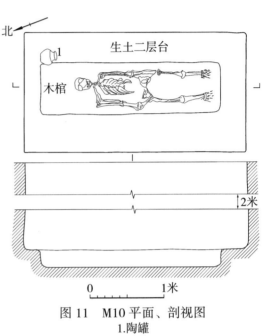

图11 M10平面、剖视图
1.陶罐

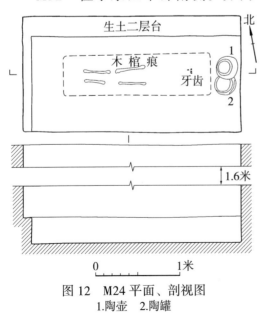

图12 M24平面、剖视图
1.陶壶 2.陶罐

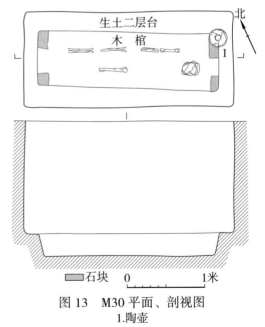

图13 M30平面、剖视图
1.陶壶

为80度。墓圹直壁，平底。长2.46、宽1.5、深1.74米。填土为灰褐色花土，土质疏松。四壁均有熟土二层台。台宽14～36、高24厘米。墓底有木棺和人骨痕迹。单棺。棺长1.84、宽0.7～0.76米。人骨保存差，葬式不详。随葬品有陶壶、罐各1件，置于东侧二层台上（图14）。

M39　位于东区东部南侧。方向为105度。墓圹直壁，平底。长2.8、宽1.4、深2.06米。填土为红褐色花土，土质疏松。四壁均有生土二层台。台宽12～14、高16厘米。墓底人骨保存较差，头向东，仰身直肢。随葬品有陶罐2件，置于墓底西南部及东侧二层台上（图15）。

M52　位于东区中部南侧。方向为20度。墓圹斜直壁，平底。墓口长3、宽1.68米，底长2.8、宽1米，深4.4米。西南侧有一深至墓底的盗洞，呈不规则椭圆形，长约100、宽约80厘米。填土为灰褐色花土，土质疏松。东、西壁

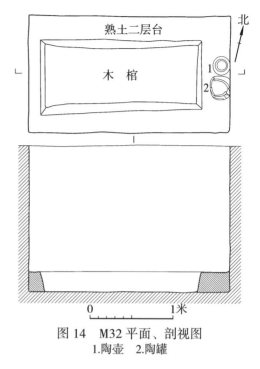

图14　M32平面、剖视图
1.陶壶　2.陶罐

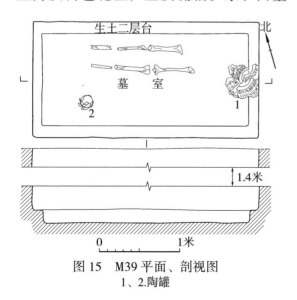

图15　M39平面、剖视图
1、2.陶罐

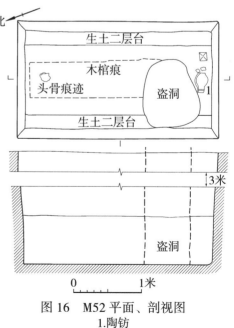

图16　M52平面、剖视图
1.陶钫

有生土二层台。台宽 20、高 70 厘米。墓底有木棺痕，单棺。棺痕残长 1.8、宽 0.52 米。人骨不存，葬式不详。随葬品仅有 1 件陶钫，置于木棺南侧（图 16）。

M64 位于东区中部南侧。方向为 24 度。墓圹直壁，平底。长 3、宽 2、深 3.4 米。填土为红褐色花土，土质疏松。墓底东、西、南三侧有生土二层台，其中东、西两台宽约 50、高约 88 厘米，南侧台宽 20、高 25 厘米。墓底有棺椁痕。椁长 2.4、宽 0.76 米，棺长 2.2、宽 0.6 米。人骨保存较差，仅存痕迹，头向北，仰身直肢。随葬品置于棺椁南侧，共 12 件，包括陶钫、鼎、盒、壶各 2 件，陶盘、铜带钩、石璧、琉璃剑饰各 1 件（图 17；图版六，3）。

M73 位于东区中部西侧。方向为 30 度。墓圹直壁，平底。长 2.7、宽

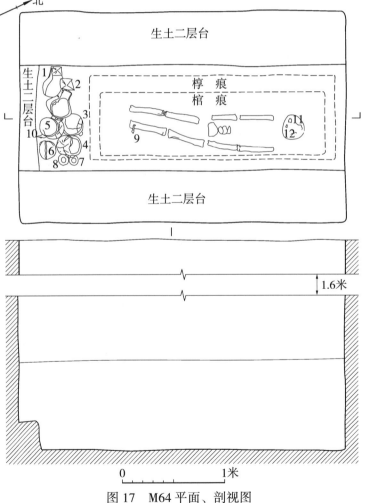

图 17 M64 平面、剖视图
1、2.陶钫 3、4.陶鼎 5、6.陶盒 7、8.陶壶 9.铜带钩 10.陶盘
11.石璧 12.琉璃剑饰

1.32、深 3.7 米。填土为灰褐色花土，土质疏松。东西两壁有生土二层台。台宽 26、高 70 厘米。墓底有棺痕，单棺。棺长 2、宽 0.56 米。人骨不存，葬式不详。随葬品有铜镜 1 面、陶罐 1 件，置于棺内南侧偏东处及墓底西北角（图 18；图版七，1）。

M74　位于东区中部西侧。方向为 20 度。墓圹直壁，平底。长 2.6、宽 0.88、深 3.7 米。填土为灰褐色花土，土质疏松。墓底东西两壁有生土二层台。台宽 20、高 60 厘米。墓底有棺痕，单棺。棺长 1.9、宽 0.44 米。棺内有人骨一具，残留头骨痕迹，头向北。随葬品有陶罐 2 件，置于墓底南端偏东处（图 19；图版七，2）。

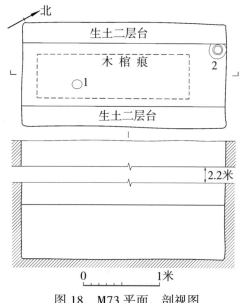

图 18　M73 平面、剖视图
1.铜镜　2.陶罐

M76　位于东区西部北侧。方向为 180 度。墓圹直壁，平底。长 2.8、宽 1.58、深 2.4 米。填土为灰褐色花土，土质疏松。墓底南、东、西三壁有生土二层台。台宽 20～40、高 70 厘米。棺木、人骨不存，葬式不详。随葬品仅有 1 件陶壶，置于墓底南端中部，紧靠二层台（图 20）。

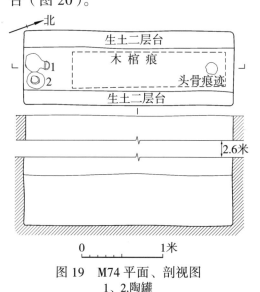

图 19　M74 平面、剖视图
1、2.陶罐

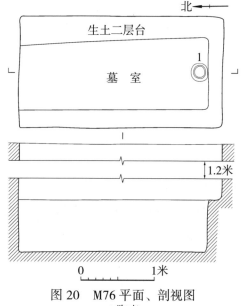

图 20　M76 平面、剖视图
1.陶壶

M80 位于东区西部北侧。方向为20度。墓圹直壁，平底。长2.9、宽1.88～2、深2.6米。填土为灰褐色花土，土质疏松。东西壁有生土二层台。台宽30～36、高70厘米。墓底有棺痕及东西向两道方槽，单棺。棺长2.18、宽0.76米，方槽宽20、深10厘米。人骨不存。随葬品置于墓底棺外南侧中部，共9件（套），包括陶壶、盒、罐各2件，鼎、器盖、杯各1件（图21）。

M102 位于西区北部东侧。方向为190度。墓圹直壁，平底。墓口长2.8、宽1米，底长2.5、宽0.72米，深3.4米。填土为红褐色花土，土质较疏松。四壁均有生土二层台。台宽0.14、高1.1米。墓底有棺痕，单棺。棺长1.8、宽0.52米。棺内有人骨一具，已朽，头向南，仰身直肢。随葬品共12件（套），其中棺内头骨附近有琉璃玲、塞各1件和铜钱若干，棺外北端近二层台处有陶罐9件（图22；图版七，3）。

M105 位于西区北部南侧。方向为110度。墓圹长3.2、宽1.7、深4.2米。直壁，平底。填土为红褐色花土，土质较疏松。四壁均有生土二层

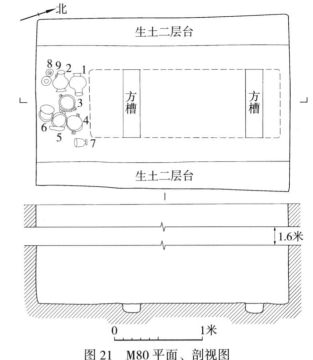

图21 M80平面、剖视图
1、2.陶壶 3.陶器盖 4.陶鼎 5、6.陶盒 7.陶杯 8、9.陶罐

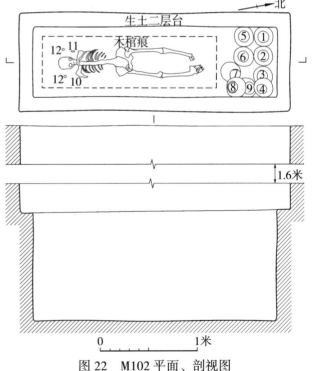

图22 M102平面、剖视图
1～9.陶罐 10.琉璃玲 11.琉璃塞 12.铜钱

台。台宽0.2、高0.6米。墓底有棺痕，南北并列双棺，间距0.06米。北棺长2、宽0.53米，南棺长2、宽0.5米。两棺内各有人骨一具，均朽，头向东，仰身直肢。随葬品计23件，北棺内西侧偏南处有铜镜1面，棺外西侧置陶器，包括罐、盘、井、磨、灶、溷各1件，壶4件，盒、鼎、匜、盂、杯、仓各2件（图23）。

Ac型：带壁龛、无二层台、无洞室。东区5座。

M20　位于东区中部南侧。方向为110度。墓圹直壁，平底。长2.6、宽1.3、深2.1米。填土为红褐色花土，土质较疏松。东壁有一龛，长44、高24、进深20厘米。墓底有木棺痕，单棺。棺长2.1、宽0.6米。人骨无存。随葬品有陶罐2件，置于壁龛内（图24）。

M43　位于东区中部北侧。方向为115度。墓圹直壁，平底。长2.4、宽1.3、深2.3米。填土为红褐色花土，土质疏松。东壁有一龛，长24、高

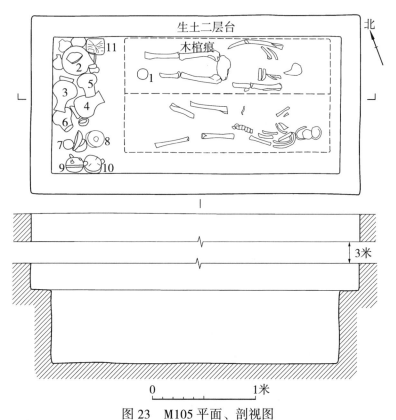

图23　M105平面、剖视图

1.铜镜　2.陶罐　3～6.陶壶　7、8.陶盒　9、10.陶鼎　11、22.陶仓　12、13.陶匜　14、15.陶盂　16、17.陶杯　18.陶井　19.陶磨　20.陶灶　21.陶盘　23.陶溷（12～23号陶器出自填土）

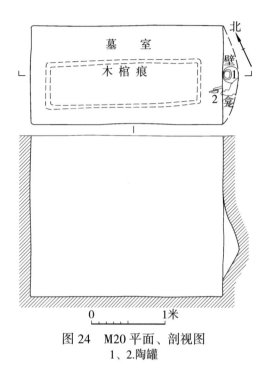

图 24 M20平面、剖视图
1、2.陶罐

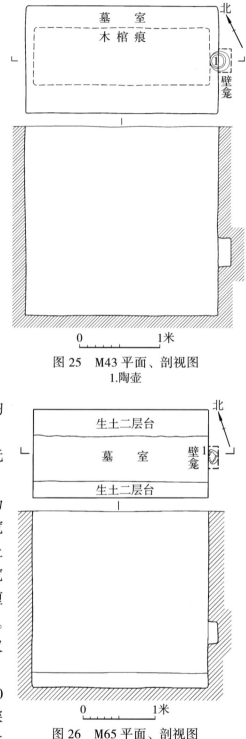

图 25 M43平面、剖视图
1.陶壶

图 26 M65平面、剖视图
1.陶罐

34、进深 16 厘米。墓底有木棺痕及青膏泥，单棺。棺长 2.2、宽 0.5 米。人骨全无，葬式不详。随葬品置于壁龛内，有陶壶 1 件（图 25）。

Ad 型：3 座。带二层台、带壁龛、无洞室。均位于东区。

M65 位于东区中部南侧。方向为108 度。墓圹直壁，平底。长 2.46、宽1.2、深 2.4 米。填土为红褐色花土，土质疏松。南北壁有生土二层台。台宽22 ～ 37、高 20 厘米。东壁中部深 150 厘米处设一龛，宽 30、高 30、进深 14 厘米。棺木、人骨均不存，葬式不详。随葬品仅有 1 件陶罐，置于壁龛中（图 26）。

M83 位于东区西部北侧。方向为 210度。墓圹直壁，平底。长 2.6、宽 1.24、深2.3 米。填土为黄褐色花土，土质疏松。东

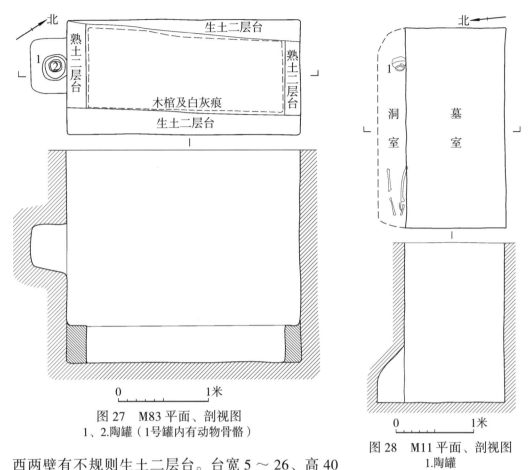

图 27　M83 平面、剖视图
1、2.陶罐（1号罐内有动物骨骼）

图 28　M11 平面、剖视图
1.陶罐

西两壁有不规则生土二层台。台宽 5 ～ 26、高 40
厘米。南北两壁有熟土二层台。台宽分别为 14、22 厘米，高 40 厘米。南壁中部
偏西深 81 厘米处设一龛，宽 60、高 52、进深 40 厘米。墓底铺一层石灰。据墓
底白灰和板灰痕推断，葬具为单棺。棺长 2.2、宽 0.78 米。棺内有人骨一具，残
留牙齿，头向南。随葬品置于壁龛中，仅有 2 件陶罐，其中小罐置于大罐内（图
27；图版八，1）。

　　Ae 型：1 座（M11）。带洞室、无二层台、无壁龛。该墓位于东区东部东南
侧。方向为 95 度。墓圹直壁，平底。墓口长 2.5、宽 1.3 米，底长 2.5、宽 1.68 米，
深 2 米。填土为灰褐色花土，土质疏松。墓壁下深 1.3 米处向北壁开洞，弧面斜
坡顶，进深 0.38、高 0.7 米。墓底有棺痕，单棺。人骨已朽，仅存部分肢骨于洞
室内，推测头向东，仰身直肢。随葬品仅有 1 件陶罐，置于洞室内（图 28）。

　　B 型：4 座。梯形。其中东区 3 座，西区 1 座。

　　M13　位于东区中部东南侧。方向为 95 度。墓圹直壁，平底。长 2.6、宽

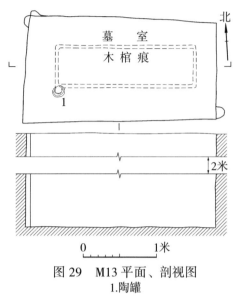

图29 M13平面、剖视图
1.陶罐

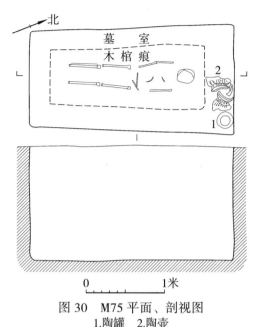

图30 M75平面、剖视图
1.陶罐 2.陶壶

1.28～1.5、深3米。墓口东南角、西北

角分别有1、2个弧形突出浅坑。填土为灰褐色花土,土质较疏松。墓底有少量青膏泥,并有棺痕,单棺。棺长1.92、宽0.56米。人骨不存,葬式不详。随葬品仅有1件陶罐,置于棺外西南侧(图29)。

M75 位于东区西部北侧。方向为20度。墓圹直壁,平底。长2.6、宽1.2～1.4、深1.42米。填土为红褐色花土,土质疏松。墓底有棺痕,单棺。棺长1.95、宽0.7米。人骨一具,已朽,头向北,仰身直肢。随葬品有陶壶、罐各1件,置于墓底北端偏东处(图30;图版八,3)。

(二)砖椁墓

共3座,其中东区1座,西区2座。依墓圹的差异,分为二型。

A型:2座。长方形。

M4 位于东区中部西南侧,遭严重盗扰。方向为15度。砖室长3.4、宽0.96、残高0.7米。从残存的砖壁可以看出,其砌筑方式为单行青砖错缝平砌。地砖采用青砖错缝平铺。青砖侧面模印乳丁纹与网格纹。填土为灰褐色花土,土质较疏松。墓底未见棺痕、人骨和随葬品,葬具、葬式不详(图31)。

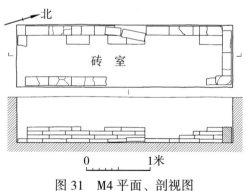

图31 M4平面、剖视图

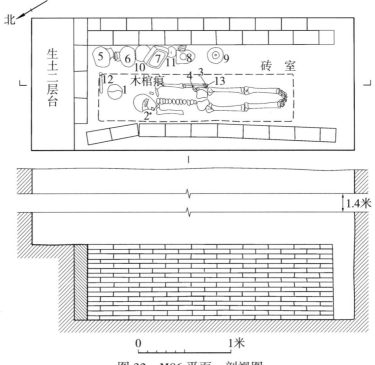

图 32 M86 平面、剖视图
1.铜镜 2.琉璃塞 3.琉璃珠 4.铜钱 5、6.陶壶 7.陶圈 8.陶灶
9.陶磨 10.陶鼎 11.陶井 12.铁削 13.铜指环（2枚）

　　M86 位于西区北部北侧。方向为 30 度。墓圹长 3.5、宽 1.4、深 2.8 米。砖室长 2.84、宽 1.34、高 0.8 米。东西壁因受力向内挤压而变形。无券顶、墓门、铺地砖。墓壁用青砖错缝平砌，其中东壁用双砖，西、北壁用单砖。填土为灰褐色花土，土质疏松。砖室北端有生土二层台。台宽 0.46、高 0.8 米。墓底残留棺痕及白灰，单棺。棺长 1.9、宽 0.6 米。棺内有人骨一具，保存较差，头向北，仰身直肢。随葬品共 14 件（套），其中棺内有铜镜 1 面、铁削 1 把、铜指环 2 枚、琉璃珠 1 串、琉璃塞 1 套、铜钱若干，棺外东侧有陶壶 2 件及陶鼎、灶、磨、井、圈各 1 件（图 32；图版八，2）。

　　B 型：1 座（M96）。梯形。该墓位于西区南部南侧。方向为 195 度。墓室上部遭盗扰破坏，券顶不存。墓圹长 2.36、

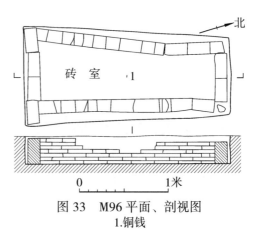

图 33 M96 平面、剖视图
1.铜钱

宽 0.8 ～ 1.08、深 0.3 米，砖室长 2.3、宽 0.7 ～ 1.04、残高 0.28 米。砖壁用单砖平铺顺砌，未见地砖。填土为红褐色花土，含砂礓，土质较疏松。未见棺木。在填土中发现零星人骨痕迹，葬式不详。随葬品极少，仅在砖室中部发现 1 枚铜钱（图 33）。

（三）砖室墓

共 8 座。依墓圹的差异，分为两型。

A 型：6 座。长方形。其中东区 3 座，西区 3 座。依斜坡墓道的有无，分为两亚型。

Aa 型：2 座。有斜坡墓道。

M45　位于东区中部南侧，被严重盗扰。由墓道和墓室组成。方向为 100 度。墓道为斜坡式，平面呈不规则长方形，坡度为 20 度。长 3.3、宽 0.8 ～ 1.4 厘米。墓室由墓门、砖室组成。墓门已被完全破坏，形制不详。砖室平面呈长方形，长 3.6、宽 2、高 1.56 米。从残存部分看，券顶由青砖呈"丁"字形起拱，室壁则由青砖采用"三顺一丁"方式砌筑，地砖呈"人"字形铺设。墓葬填土为红褐色花土，土质疏松。墓底残存零星人骨，葬具、葬式不详。随葬品置于墓室南侧近门处，共 10 件（套），包括陶壶 3 件，灶（含甑）1 套，仓、井、磨、漏各 1 件，地砖表面还有零星散落的铜钱及铁器 1 件（图 34；图版九，3）。

Ab 型：4 座。无斜坡墓道。

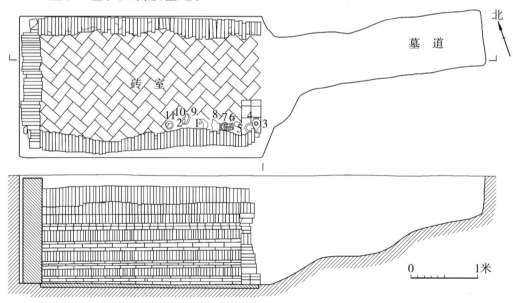

图 34　M45 平面、剖视图
1.铜钱　2.铁器　3.陶灶　4.陶甑　5.陶井　6.陶仓　7.陶磨　8～10.陶壶　11.陶漏

M87　位于西区北部西侧。方向为200度。砖室西壁中部有一直径约0.64米的圆形盗洞。墓葬遭严重盗扰，券顶已被破坏，北部因受现场限制而未发掘。砖室残长3.6、宽2.2、高1.9米。砖壁均用青砖以"三顺一丁"方式砌筑，地砖用青砖错缝平铺。填土为红褐色花土，土质疏松。墓底未见棺木和人骨，葬具、葬式不详。在填土中发现铜钱若干（图35）。

M90　位于西区南部南侧。方向为215度。墓圹长4.33、宽1米。砖室顶长3.4、宽0.7～0.9米，底长3.5、宽0.5～0.8米，高0.8米。丁砖加塞碎瓦片起拱券顶。墓门用斜丁砖错缝封门，砖壁用单砖错缝顺砌，东西壁

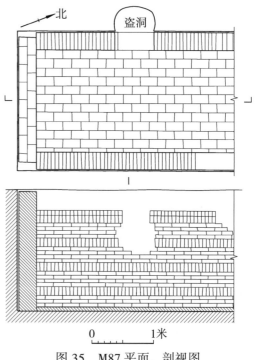

图35　M87平面、剖视图

因受压而向内弧，砖室底部南侧横铺地砖，北侧地砖呈"人"字形铺设。青砖侧面饰乳丁纹及网格纹。墓门南侧叠垒石块。填土为红褐色花土，土质疏松。墓底有残棺钉，单棺。棺内有人骨一具，残存部分肢骨、头骨，头向南，仰身直肢。随葬品计3件（套），其中铜镜1面、大小铜泡钉3枚置于头骨南侧，铜钱1串置于砖室东侧中部偏北处（图36；图版九，1、2）。

M91　位于西区南部南侧。砖室上部被破坏，顶部不存。方向为200度。砖室长4.24、宽1.04～1.2、残高0.54米。墓门用丁砖封砌，砖壁用单砖平铺顺砌，地砖纵横平铺一层。壁砖一侧模印乳丁纹及网格纹。填土为红褐色花土，土质较疏松。未见棺木。人骨一具，朽甚，葬式不详。随葬品共2件（套），其中铜钱散落于墓底中部偏北处，陶罐置于墓底中部南侧近东壁处（图37；图版一〇，1）。

B型：2座。圆形。均位于东区。由墓道和砖室组成。

M1　位于东区西部东南侧。方向为185度。墓圹长3.6、宽1.4～2.4米。墓道为竖穴式，平面近长方形。长2.4、宽1.6米。砖室用青砖错缝砌筑，圆形竖井式券顶，用三块不规则石板封顶。墓门用青砖砌成拱券式，门框用双行青砖呈"丁"字形砌筑成仿木结构，用散乱青砖封门。墓室长1.2、宽1、高1米。

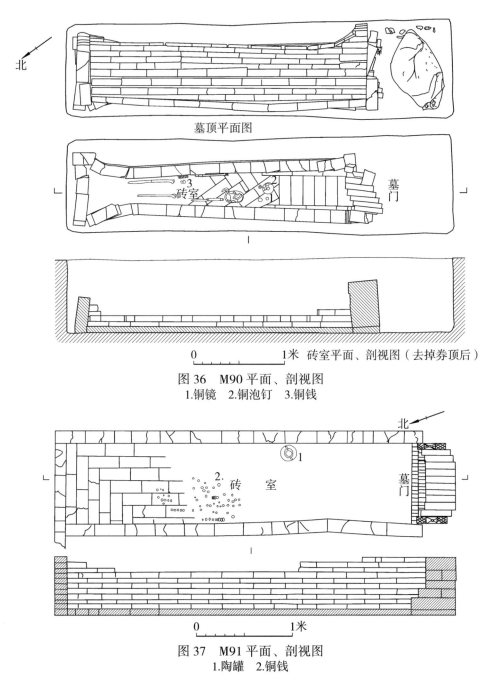

墓顶平面图

0 ——— 1米 砖室平面、剖视图（去掉券顶后）

图36 M90平面、剖视图
1.铜镜 2.铜泡钉 3.铜钱

0 ——— 1米

图37 M91平面、剖视图
1.陶罐 2.铜钱

室内堆放两具人骨，保存较差，应为二次葬。无随葬品（图38；图版一〇，2、3）。

M2 位于东区西部东南侧。方向为210度。墓道为竖穴式，平面近长方形。长1.6、宽2.9米。砖室用青砖错缝砌筑，圆形竖井式券顶，用三块不规则

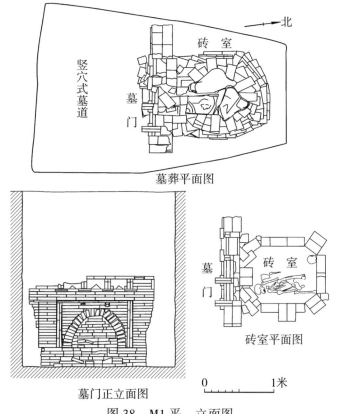

图 38 M1平、立面图

石板封顶。墓门用青砖砌成拱券式，门框用双行青砖呈"丁"字形砌筑成仿木结构，用散乱青砖封门，其两侧砌有对称直棂窗。墓室长 2.4、宽 2～2.9、高 1.3 米。室内堆放两具人骨，保存较差，应为二次葬。无随葬品（图 39；图版一一，1）。

（四）砖石结构墓

共 4 座，其中东区 3 座，西区 1 座，由墓道和墓室组成，均被严重盗扰。依砖室数量的差异，分为两型。

A 型：2 座。单室墓。

M5 位于东区中部西南侧，方向为 200 度。墓道为斜坡式，平面呈长方形。长 2.8、宽 0.76 米。墓室由墓门和砖室组成。墓室顶部遭盗扰，墓门仅存封门石板。砖壁用青砖以"三顺一丁"方式砌筑，地砖呈"人"字形铺设。墓室长 3.6、宽 1.6、残高 1.2 米。填土为红褐色花土，土质疏松。墓底有零星人骨，葬具、葬式不详。随葬品多置于砖室南部，共 11 件（套），包括陶罐 2 件，陶杯、陶灶、陶耳杯、陶盉、釉陶磨、釉陶仓、釉陶釜、釉陶厕各 1 件，以及

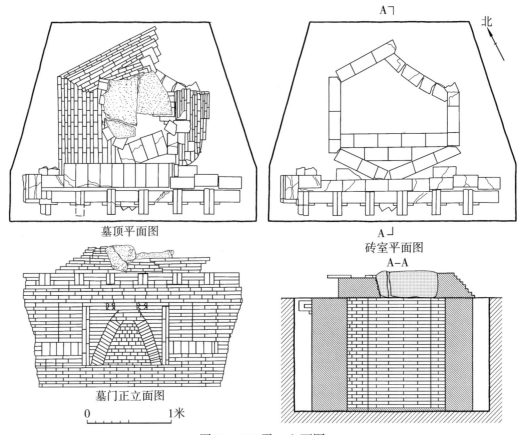

墓顶平面图

砖室平面图

A—A

墓门正立面图

0　　　　　　1米

图 39　M2 平、立面图

铜钱若干（图 40；图版一二，3）。

M29　位于东区中部南侧，打破 M69、M70。残存墓室下部。方向为
200 度。墓室由墓门和砖室组成。墓门损坏严重，残存地栿石。石长 1.7、宽
0.33 ～ 0.4、厚 0.1 米。砖室长 3.9、宽 1.6、残高 0.26 米。室壁用乳丁纹及网
格纹青砖以"三顺一丁"方式砌筑，地砖用青砖以"二横一纵"方式平铺。填
土为灰褐色花土，内含较多碎砖块，土质较疏松。墓底有零星人骨，葬具、葬
式不详。砖室南侧有散落的铜钱（图 41、42）。

B 型：2 座。双室墓。依砖室位置的差异，分为两亚型。

Ba 型：1 座（M44）。主室、耳室各一。该墓位于东区中部北侧，打破
M71、M72。方向为 200 度。墓道受现场条件限制，仅发掘至墓门处。墓室由
墓门、主室、耳室组成。墓门由门楣、门扉、门柱和地栿石组成。门楣长 1.66、
宽 0.28、高 0.34 米。门扉两扇，大小不同。东侧门扉长 0.52、宽 0.12、高 0.96

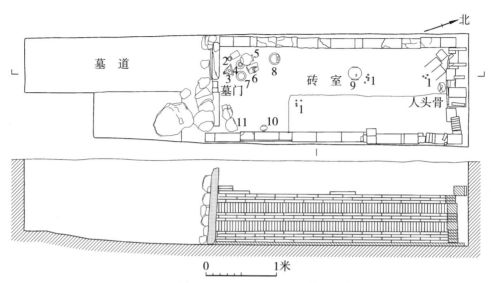

图 40 M5 平面、剖视图
1.铜钱 2.陶杯 3.陶灶 4.釉陶磨 5、9.陶罐 6.釉陶仓 7.釉陶釜 8.釉陶厕 10.陶耳杯 11.陶奁

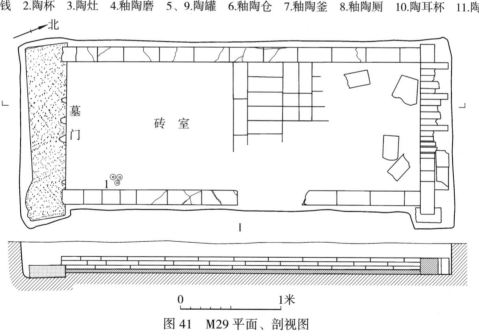

图 41 M29 平面、剖视图
1.铜钱

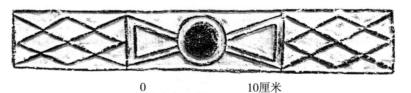

图 42 M29 砖室壁的青砖纹饰拓本

米，西侧门扉长 0.44、宽 0.12、高 0.96 米。门柱两个，其中东侧门柱长 0.34、宽 0.28、高 0.96 米；西侧门柱长 0.14、宽 0.26、高 0.96 米，门柱外堆砌一排青砖。地栿石位于门扉和门柱下面。长 1.48、宽 0.3、高 0.12 米。主室长 3.8、宽 1.4、高 1.4 米。券顶已被破坏，从残存部分可以看出，券顶由青砖呈"丁"字形起拱，室壁则用青砖以"三顺一丁"方式砌筑，地砖呈"人"字形铺设。耳室位于主室东南侧，距墓门 0.8 米，形制与主室相同。东西长 0.75、南北宽 0.64、高 1.4 米。墓底残存零星人骨，葬具、葬式不详。随葬品置于耳室和墓门内侧，共 11 件（套），包括釉陶碗、釉陶盘、釉陶磨、陶仓、釉陶灶、釉陶井、陶盆、陶盘口壶、陶甑、陶仓盖各 1 件，以及地砖表面散落的若干铜钱（图 43；图版一一，2）。

Bb 型：1 座（M94）。前、后室各一。该墓位于西区南部北侧。方向为 200 度。墓道为斜坡式，平面呈长方形。口长 1.5、底长 1.8、宽 1.6、深 1.48 米。墓圹长 4.6、宽 1.6 米。砖石室由墓门和前、后室组成，墓室顶部因被盗扰而不存。墓门用青石砌成，包括地栿石、门柱、门扉，门楣不存。砖石室长 4.54、宽 1.38 ~ 1.56、高 1.56 ~ 1.7 米。前、后室之间隔墙仅余地栿石。前、后室内长分别为 1.2、2.56 米。墓室东、北壁用双砖以三顺一丁方式错缝平砌，西壁用单砖错缝平砌。地砖呈"人"字形铺设。填土为红褐色花土，含砂礓，土质较疏松。填土中有零星人骨，葬具、葬式不详。随葬品仅存后室中部西侧散落的若干铜钱（图 44；图版一一，3）。

（五）洞室砖墓

西区 2 座。由墓道和洞室砖室组成。依墓道位置的差异，分为两型。

A 型：1 座（M97）。墓道偏于一侧。该墓位于西区北部西侧。方向为 290 度。墓道为长方形竖穴式，直壁，底部略呈斜坡状。长 2.6、宽 1、深 3.8 米。墓道东壁向东开洞，洞室呈长方形。外宽 1.4、内宽 1、高 1、进深 2.6 米。洞室内南部有砖室，东、南、西三壁用单砖平铺错缝顺砌，西壁正好封堵洞口，南壁因受压而向内倾斜。长 2.6、宽 1、高 1 米。洞室内部向北扩。填土为红褐色花土，土质较疏松。墓底有棺痕及一层白灰，南北并排双棺，间距 0.08 米。两棺内各有人骨一具，保存较差，头向西，仰身直肢。随葬品共 19 件（套）。其中北棺内西侧有铜钱 2 枚，南棺内头骨两侧有铜镜 1 面、铜刷 1 件、石黛板 1 件、铁削 1 把，口部和骨盆处有琉璃塞 2 件，骨盆附近有铜带扣 1 件、铁刀 1 把，腰部北侧有铁剑 1 把，骨架下有铜钱若干。北棺外东端有陶仓、井各 1 件。南棺外东端有陶灶 1 件、陶罐 2 件、原始瓷壶 1 件、陶盒 2 件、陶鼎 1 件（图

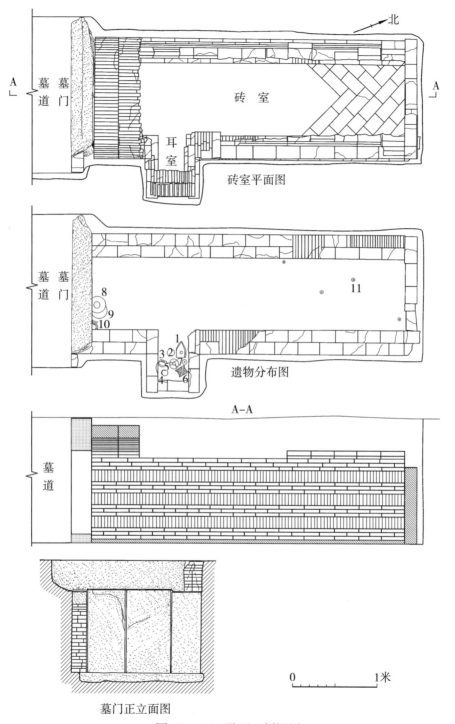

图 43　M44 平面、剖视图

1.陶灶　2.陶碗　3.陶仓　4.陶井　5.陶磨　6.陶仓盖　7.陶甑　8.陶盘　9.陶盆
10.陶盘口壶　11.铜钱

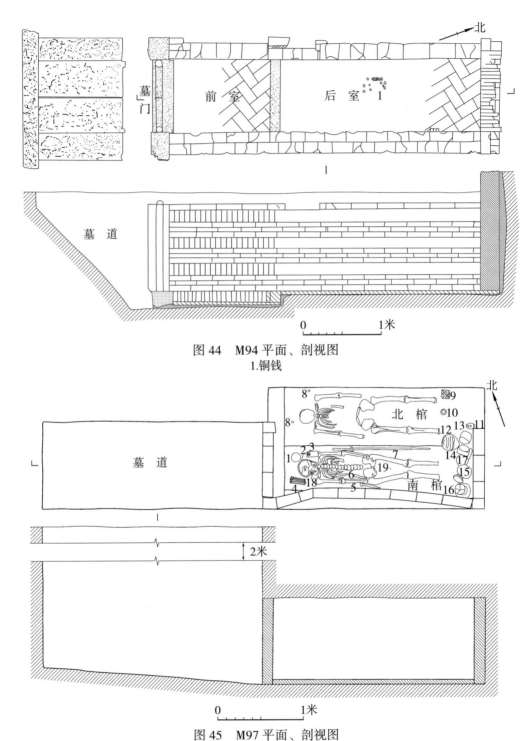

图44 M94平面、剖视图
1.铜钱

图45 M97平面、剖视图
1.铜镜 2.铜刷 3.石黛板 4.铁削 5.铁刀 6.铜带扣 7.铁剑 8.铜钱 9.陶仓 10.陶井
11.陶灶 12.原始瓷壶 13、14.陶盒 15、16.陶罐 17.陶鼎 18、19.琉璃塞

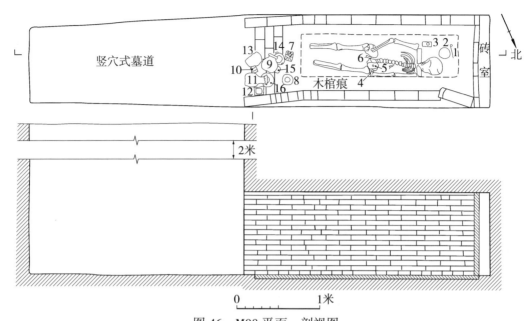

图 46　M98 平面、剖视图
1.铜刷　2.铜镜　3.石黛板　4.铜钱　5、6.琉璃塞　7.陶仓　8、9.陶罐　10.陶井
11、13.原始瓷壶　12.陶圈　14.陶鼎　15.陶灶　16.陶磨

45；图版一二，1）。

B 型：1 座（M98）。墓道居中。该墓位于西区北部西侧。方向为 115 度。墓道为近长方形竖穴式，直壁，平底。长 2.6、宽 0.9～1.1、深 3.6 米。墓道西壁向西开洞，洞室呈长方形。宽 1.1、高 1、进深 3 米。洞室内砌有砖室，南、西、北三壁用单砖平铺错缝顺砌，北壁因受压而向内倾斜。长 2.86、宽 1.1、高 1 米。填土为红褐色花土，土质较疏松。墓底有棺痕及一层白灰，单棺。长 1.9、宽 0.5 米。棺内有人骨一具，保存较差，头向西，仰身直肢。随葬品共 16 件（套）。其中棺内头骨西侧有铜镜 1 面、铜刷 1 件，头骨南侧有石黛板 1 件，骨架下有铜钱若干、琉璃塞 2 件，棺外东侧有陶仓、灶、井、磨、鼎、圈各 1 件，陶罐、原始瓷壶各 2 件（图 46；图版一二，2）。

三、出土遗物

出土遗物共 248 件（套），包括陶器（含釉陶器）、原始瓷器、铜器、琉璃器、铁器、石器。陶器数量最多，计 185 件，按性质与功能，可分为陶礼器、日用陶器、模型明器。原始瓷器仅有 3 件壶。铜器有 21 件（套），铜钱有 10 套。石器有黛板 2 件。

（一）陶器

部分陶器出土时残损严重，无法复原，实际复原及相对完整器共172件，分述如下。

1. 礼器

40件。器形有鼎、盒、壶、钫、豆等。以泥质灰陶为主，还有少量泥质红陶、灰红陶、灰黑陶、灰褐陶等。纹饰有弦纹、水波纹、绳纹、兽面纹及彩绘纹。彩绘纹大多已脱落。

鼎 8件。依足部的差异，分为两型。

A型：1件（M86：10）。柱状足。圆拱形盖，盖顶有三对称不规则形钮，仅存一钮。器身子母口，弧腹，平底。腹饰一周凸棱。口径14.8、通高15.8厘米（图47，2；图版一三，1）。

B型：7件。蹄形足。依蹄形足的差异，分为两亚型。

Ba型：5件。蹄形足外撇。依足高的差异，分为三式。

Ⅰ式：3件。高足。圆弧形盖。器身子母口，弧腹，圜底，两立耳外撇。M64：4，腹部有轮制痕迹。口径16.4、通高18.1厘米（图47，9；图版一三，2）。M64：3，缺盖。口径15.6、高11.4厘米（图版一三，4）。M80：4，盖及口、足部饰红白彩绘，其中盖面饰弦纹及云纹，口沿外饰两周弦纹，足部饰简易兽面纹。口径16、通高15.5厘米（图47，10）。

Ⅱ式：1件（M66：6）。乳丁状足。圆弧形盖。器身子母口内敛，斜弧腹，平底，两立耳外撇。口径19、通高16厘米（图47，8；图版一三，5）。

Ⅲ式：1件（M98：14）。足部退化消失。器身子母口，折肩，弧腹，平底。两立耳较高、斜直。口径7、底径8、高7.6厘米（图47，6；图版一三，3）。

Bb型：2件。蹄形足直立。M105：10，口径12、通高17.6厘米（图47，1）。M105：9，口径11、通高18厘米（图版一三，6）。

盒 8件。依腹部的差异，分为两式。

Ⅰ式：6件。斜弧腹。钵形盖。器身子母口，平底。M80：5，盖面彩绘云纹及弦纹，纹饰稀疏。器身口沿饰弦纹。口径13.5、底径6.8、通高13厘米（图版一四，4）。M80：6，盖面彩绘云纹及弦纹，纹饰紧凑。器身口沿饰弦纹。口径16.3、底径6.8、通高13.6厘米（图47，7；图版一四，5）。M64：5，通体有轮制痕迹。口径18、底径7.6、通高14.2厘米（图47，5）。M64：6，盖面彩绘黑、白色卷云纹。口径13.7、底径8.6、通高14.4厘米。M105：8，盖面有圈足状捉手。口径13.4、底径5.6、通高13.5厘米。

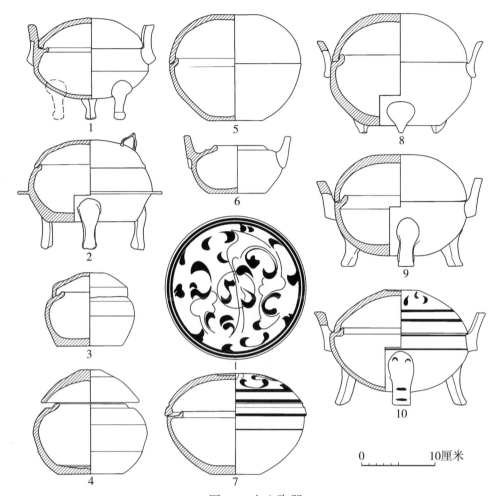

图 47 出土陶器
1.Bb型鼎（M105∶10） 2.A型鼎（M86∶10） 3、4.Ⅱ式盒（M97∶14、13） 5、7.Ⅰ式盒
（M64∶5、M80∶6） 6.Ba型Ⅲ式鼎（M98∶14） 8.Ba型Ⅱ式鼎（M66∶6） 9、10.Ba型
Ⅰ式鼎（M64∶4、M80∶4）

Ⅱ式：2件。鼓腹。覆碗形盖。器身子母口，平底内凹。M97∶13，口径
9.6、底径7、通高13.8厘米（图47，4；图版一四，6）。M97∶14，盖口径9.3、
底径3、高3厘米，身口径7、底径8.5、高6.5厘米（图47，3）。

壶 20件。依底部的差异，分为两类。

甲类：7件。平底。依口沿的差异，分为三型。

A型：4件。盘口。弧颈，圆鼓腹微下垂，大平底。M44∶10，口沿处
饰两周凸棱。口径9.6、底径8.4、高18.6厘米（图48，4；图版一四，1）。
M45∶8、10，口径9.4、底径9.5、高19.5厘米。M86∶5，腹部有数道轮制痕迹。
口径11、底径12.5、高22.6厘米（图48，5）。M86∶6，口径11、底径12、

高 21.6 厘米。

　　B 型：1 件（M66：4）。敞口。长束颈，鼓腹，大平底。口径 10.4、底径 10、高 21 厘米（图 48，3；图版一四，2）。

　　C 型：2 件。直口。直颈，溜肩，扁鼓腹，平底。M64：7，腹部饰两周弦纹。口径 4.6、底径 5.1、高 7 厘米（图 48，6；图版一四，3）。M64：8，口径 5.2、

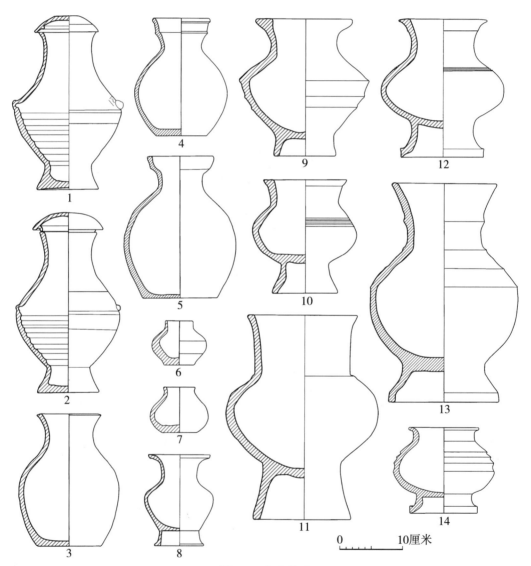

0　　　　　　　　　10厘米

图 48　出土陶壶

1、2.乙类A型壶（M105：5、6）　3.甲类B型壶（M66：4）　4、5.甲类A型壶（M44：10、M86：5）　6、7.甲类C型壶（M64：7、8）　8、12.乙类Ca型壶（M43：1、M75：1）　9.乙类Bd型壶（M30：1）　10、11.乙类Bc型壶（M32：1、M24：1）　13.乙类Cb型壶（M76：1）　14.乙类Cc型壶（M69：2）

底径 5.8、高 7.2 厘米（图 48，7）。

乙类：13 件。圈足。依足部的差异，分为三型。

A 型：2 件。假圈足。圆弧形盖。器身方唇，侈口，长束颈，折肩，鼓腹，平底。肩部对置兽面纹铺首，腹部饰数道弦纹，内壁有数道轮痕。M105：5，口径 9.4、底径 10、高 27.5 厘米（图 48，1）。M105：6，口径 9.2、底径 10、高 27 厘米（图 48，2）。

B 型：7 件。圈足斜直、外撇。依器身的差异，分为四亚型。

Ba 型：2 件。器身略胖。侈口，方唇，长束颈，溜肩，鼓腹，下腹弧收成喇叭形高圈足。颈、肩结合处有一周凹弦纹，肩部有对称两铺首，腹饰数周凹弦纹。内外壁有轮制痕迹。M105：4，圆拱形盖。口径 9.2、圈足径 12、通高 28.5 厘米（图版一五，1）。M105：3，缺盖。口径 9.3、圈足径 11、高 26 厘米。

Bb 型：2 件。器身瘦高。圆弧形盖。器身子母口，束颈，圆鼓腹。肩部堆贴对称两铺首。盖面饰红白彩绘卷云纹。外壁颈部、足部饰一周几何纹，腹饰一周卷云纹。M80：1，口径 11.2、圈足径 12.3、通高 30.8 厘米（图 49，1；图版一五，3、4）。M80：2，口径 10.6、圈足径 12.2、通高 31.1 厘米（图 49，2；图版一五，5、6）。

Bc 型：2 件。尊形壶。侈口，方唇，长直颈，扁鼓腹，高圈足。M24：1，颈、肩结合处有一折棱。口径 17.4、圈足径 15.6、高 32.6 厘米（图 48，11；图版一五，2）。M32：1，肩、腹饰数周弦纹。口径 13.4、腹径 17、圈足径 10.5、高 18 厘米（图 48，10）。

Bd 型：1 件（M30：1）。器身、圈足偏矮。侈口，方唇，折腹。腹饰数周弦纹。口径 15.6、圈足径 10、高 21.8 厘米（图 48，9；图版一六，2）。

C 型：4 件。台座式圈足。依器身的差异，分为三亚型。

Ca 型：2 件。扁鼓腹。喇叭口，长束颈，圈足外撇。M43：1，鼓腹偏上。口径 18.2、圈足径 16.4、高 29.1 厘米（图 48，8；图版一六，6）。M75：1，肩、腹饰两周弦纹。口径 10.8、圈足径 13.4、高 22 厘米（图 48，12）。

Cb 型：1 件（M76：1）。深弧腹。敞口，长束颈，圈足偏矮。颈、腹饰四周凸弦纹。口径 18、圈足径 17.8、高 34.4 厘米（图 48，13；图版一六，1）。

Cc 型：1 件（M69：2）。深鼓腹。侈口，短束颈，腹部略下垂。颈、腹饰四周凸弦纹。口径 11.4、圈足径 10.9、高 13.5 厘米（图 48，14；图版一六，3）。

钫　3 件。盝顶式盖。依圈足的差异，分为两式。

I 式：2 件。高圈足。器身侈口，方唇外翻，长束颈，深鼓腹微折，圈足

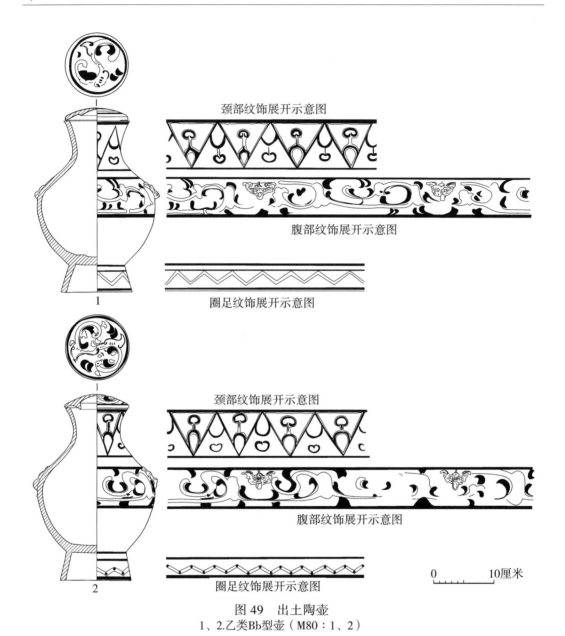

图 49　出土陶壶
1、2.乙类Bb型壶（M80：1、2）

外撇。M64：1，盖面饰彩绘纹，纹饰不清晰。口径12.7、圈足径12.5、高38厘米（图50，3；图版一六，4）。M64：2，盖微残。口径12.3、圈足径11.8、高38.4厘米（图50，4）。

Ⅱ式：1件（M52：1）。矮圈足。器身侈口，长束颈，深鼓腹微折。口径10.4、圈足径8、高28厘米（图50，2）。

豆　1件（M46：1）。敞口，弧腹，柱状柄，圜底，喇叭形圈足。口径

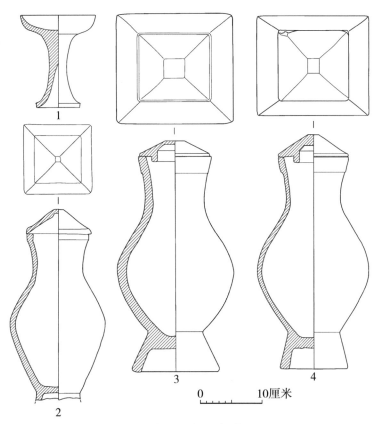

图 50 出土陶器

1.豆（M46：1） 2.Ⅱ式钫（M52：1） 3、4.Ⅰ式钫（M64：1、2）

11.5、圈足径 7.3、高 12.2 厘米（图 50，1；图版一六，5）。

2.日用器

共 92 件。器形有罐、杯、盘、盆、碗、耳杯、奁、匜、器盖。以泥质灰陶为主，还有少量泥质红陶、灰红陶、褐陶等。纹饰有弦纹、水波纹、绳纹、镂孔及彩绘纹。其中少量釉陶器，泥质灰黄胎，胎质较疏松，夹砂，表面施一层绿黄釉，釉层脱落严重。另有极少数从墓葬填土中采集的陶器。

罐 75 件。依形制的差异，分为十型。

A 型：8 件。直颈，深鼓腹，小平底。下腹及底拍印细绳纹或网格纹。依口沿的差异，分为三亚型。

Aa 型：6 件。盘口。下腹拍印不规则的横向细绳纹。M74：1，口径 14.4、底径 8.6、高 27.3 厘米（图版一七，1）。M102：1，口沿外饰两周凸弦纹。口径 10.8、底径 7、高 24.6 厘米（图 51，1）。M102：2，口径 12.4、底径 7.8、高 23.8 厘米。M102：3，腹饰一周弦纹。口径 13、底径 6、高 25.5 厘米（图版一七，5）。M102：4，细绳纹分布较零乱。口径 12、底径 8、高 24.4 厘米。M102：5，细绳纹分布较零乱。口径 12.5、底径 8、高 24.6 厘米（图 51，2；图版一七，3）。

Ab 型：1 件（M102：6）。口沿外凸、斜尖。长直颈。上腹饰数周弦纹，下腹拍印横向细绳纹。口径 12、底径 7.8、高 21 厘米（图 51，4；图版一七，6）。

Ac 型：1 件（M73：2）。直口。方唇，短颈。下腹拍印横向细绳纹。口径 15.8、底径 9、高 25.2 厘米（图 51，10；图版一七，4）。

B 型：9 件。宽平沿，直颈，鼓腹微下垂，大平底。M98：9，口径 12.8、底径 13.8、高 17.4 厘米（图 51，16）。M99：3，口径 11.5、底径 13、高 18.8 厘米（图 51，3）。M102：8，口径 11.4、底径 14.2、高 17.4 厘米。M102：9，口径 11.6、底径 13.8、高 18 厘米（图版一七，2）。

C 型：37 件。宽平沿，长直颈，微折腹。肩部多饰一至三周凸棱。依器身的差异，分为四亚型。

Ca 型：32 件。器身稍高，腹部斜直。肩饰一、二周凸棱。M8：2，肩饰两周凸棱。口径 11.8、底径 10、高 13.6 厘米（图 51，5）。M39：2，肩饰两周凸棱，下腹有轮制痕迹。口径 12.8、底径 7.5、高 14 厘米（图 51，13）。M83：2，肩腹结合处有一周凸棱。口径 14.6、底径 8.5、高 19 厘米（图版一八，4）。M5：9，肩饰两周凸棱。口径 3.2、底径 3、高 5 厘米。M7：1，肩饰两周凸棱。口径 14.4、底径 9.4、高 17.1 厘米。M11：1，肩饰两周凸棱。口径 14.2、底径 6.3、高 17 厘米。

Cb 型：3 件。器身较高，深腹。M51：1，肩饰一周凸棱。口径 12.9、底径 7、高 19.4 厘米（图 51，20）。M56：1，肩、腹部饰凸棱。口径 18.1、底径 9、高 27.5 厘米（图 51，18）。

Cc 型：1 件（M13：1）。器身偏矮，腹部偏下。肩饰三周凸棱。口径 13.8、底径 10、高 11.6 厘米（图 51，9；图版一八，6）。

Cd 型：1 件（M47：1）。器身稍高，腹部偏下并微折。肩、腹部饰数周凹弦纹。口径 9.5、底径 9、高 17.4 厘米（图 51，12；图版一八，5）。

D 型：11 件。宽平沿，束颈，鼓腹，浅圜底。外壁多饰细绳纹、麻点纹、竖线纹。M8：1，外壁拍印纵向细绳纹。口径 23.6、底径 8、高 17.8 厘米。M9：2，外壁拍印横向细绳纹。口径 22、底径 8、高 16 厘米。M19：1，肩饰竖线纹，腹底部饰麻点纹。口径 24.2、底径 9.4、高 18 厘米（图 51，14）。

图 51　出土陶罐

1、2.Aa型罐（M102：1、5）　3、16.B型罐（M99：3、M98：9）　4.Ab型罐（M102：6）　5、
13.Ca型罐（M8：2、M39：2）　6、7.G型罐（M97：15、16）　8、19.Ea型罐（M91：1、
M5：5）　9.Cc型罐（M13：1）　10.Ac型罐（M73：2）　11.H型罐（M38：1）　12.Cd型
罐（M47：1）　14、15.D型罐（M19：1、M25：1）　17.I型罐（M85：1）　18、20.Cb型罐
（M56：1、M51：1）　21、22.F型罐（M80：9、8）

M25：1，肩腹部饰横断竖线纹及两周凸弦纹，下腹及底拍印横向细绳纹。口径 26.8、底径 12、高 17.4 厘米（图 51，15）。M32：2，肩饰一周竖线纹。口径 24.8、底径 8.2、高 16.4 厘米（图版一八，2）。M47：2，肩、腹部饰竖线纹，下腹及底饰横向细绳纹。口径 23.6、底径 6.4、高 19 厘米。

E 型：3 件。双耳罐。依耳部的差异，分为两亚型。

Ea 型：2 件。半环耳。耸肩，鼓腹，平底。M5：5，口、肩各饰两周弦纹。口径 12.6、底径 10.6、高 15.5 厘米（图 51，19）。M91：1，腹饰一圈凸弦纹。通体施釉。口径 11.2、底径 10、高 17 厘米（图 51，8；图版一八，3）。

Eb 型：1 件（M105：2）。牛鼻耳。方唇，宽沿上凸，直颈，溜肩，圆鼓腹，浅圜底。肩、腹部饰数周弦纹，下腹及底拍印细绳纹（图版一八，1）。

F 型：2 件。直口微内敛，长颈，鼓腹，平底。肩、腹部饰两周红色彩绘弦纹。M80：8，口径 3.5、底径 4.8、高 7.5 厘米（图 51，22；图版一九，2）。M80：9，口径 3.4、底径 4.5、高 8 厘米（图 51，21）。

G 型：2 件。浅盘口，束颈，鼓腹，宽平底。肩、腹部多饰弦纹及水波纹。M97：15，圆弧形盖。肩、腹部饰两组弦纹，弦纹间饰数周水波纹。口径 12.6、底径 13.6、高 21 厘米（图 51，6；图版一九，4）。M97：16，肩、腹部饰两组弦纹，弦纹间饰数周水波纹。口径 13.2、底径 14.4、高 20.2 厘米（图 51，7）。

H 型：1 件（M38：1）。喇叭口，束颈，扁鼓腹，假圈足。肩饰一周弦纹。口径 14、底径 8、高 14.9 厘米（图 51，11）。

I 型：1 件（M85：1）。长直口，弧腹，宽平底。肩、腹部饰两周弦纹。口径 11.2、底径 10.5、高 12.6 厘米（图 51，17）。

J 型：1 件（M98：8）。瓿形罐。侈口，圆唇，短颈，斜肩，扁鼓腹，平底。底部有刮削痕。口径 12.3、底径 8.5、高 13.5 厘米（图版一九，3）。

杯 3 件。侈口，粗柄，假圈足。依腹部的差异，分为两型。

A 型：1 件（M5：2）。折腹。口径 6.1、底径 6.2、高 6.5 厘米（图 52，4；图版一九，5）。

B 型：2 件。弧腹。M80：7，口沿外有红、白彩绘弦纹与折线纹。口径 8.6、底径 5.8、高 12 厘米（图 52，9；图版一九，1）。M105：17，口径 6、底径 4.4、高 9.4 厘米（图 52，11）。

盘 4 件。敞口，平底。依腹部的差异，分为两型。

A 型：2 件。折腹。宽平沿。M64：10，口径 19.8、底径 8.4、高 4.4 厘米（图 52，16；图版一九，6）。M105：21，口径 12.2、底径 4.2、高 2.5 厘米（图 52，2）。

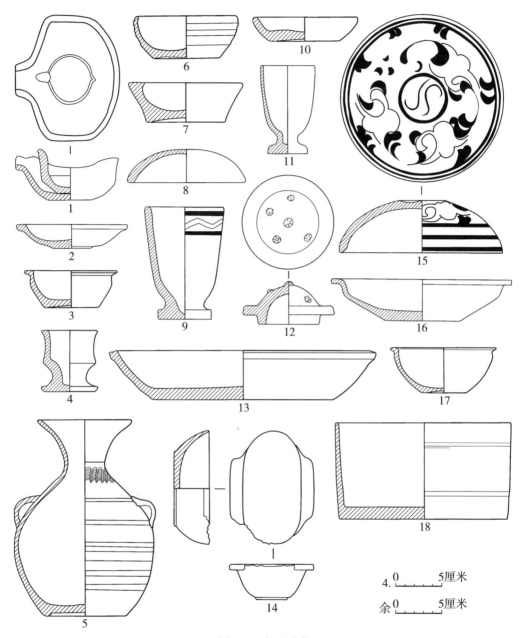

图 52 出土遗物

1.陶匜（M105：12）　2、16.A型陶盘（M105：21、M64：10）　3.陶碗（M44：2）　4.A型陶杯
（M5：2）　5.原始瓷壶（M98：11）　6.B型陶盆（采：1）　7.陶釜（M5：7）　8、15.A型器
盖（M97：17、M80：3）　9、11.B型陶杯（M80：7、M105：17）　10、13.B型陶盘（M66：9、
M44：8）　12.B型陶器盖（采：2）　14.陶耳杯（M5：10）　17.A型陶盆（M44：9）　18.陶奁
（M5：11）

　　B型：2件。斜直腹。沿外饰一周凸棱。M44：8，口径29、底径19.8、高5.2
厘米（图52，13；图版一九，7）。M66：9，口径11.5、底径7.8、高2.6厘米（图

52，10）。

盆　2件。依形制的差异，分为两型。

A型：1件（M44：9）。侈口，束颈，弧腹，平底内凹。口径23.6、底径10、高9.6厘米（图52，17；图版二〇，5）。

B型：1件（采：1）。敛口，鼓腹，平底。腹饰四周凸弦纹。口径10.8、底径7、高4.5厘米（图52，6）。

碗　1件（M44：2）。侈口，折腹，平底。釉陶。口径10.2、底径6、高3.9厘米（图52，3；图版二〇，4）。

耳杯　1件（M5：10）。椭圆形敞口，弧腹，月牙形耳，假圈足。口长径12.4、短径9.2、底径7.7、高3.8厘米（图52，14；图版二〇，2）。

奁　1件（M5：11）。直口，圆唇，直腹，平底。腹上下各饰一、二周凹弦纹。内外壁施一层酱黄釉，釉层较薄，剥落严重。口径19.4、底径18.5、高10.3厘米（图52，18；图版二〇，6）。

匜　2件。平面呈圆角长方形，敞口，方唇，浅斜腹，一侧置流，一侧呈弧形凸起，平底。内壁饰等距的三周凹弦纹。M105：12，内置一勺，勺口呈圆形，敞口，一侧捏成凹形流，一侧为鸟头形勺柄，浅弧腹，圜底。匜长13.2、宽11.6、高4.8厘米，勺口径4.7、底径2.5、高4厘米（图52，1；图版二〇，1）。M105：13，形制与M105：12相同。长14、宽11.7、高4.8厘米。

器盖　3件。依形制的差异，分为两型。

A型：2件。圆拱形盖。圆弧壁，圜底。M80：3，外壁饰彩绘卷云纹及弦纹。口径18、高3厘米（图52，15）。M97：17，口径12.8、高3.5厘米（图52，8）。

B型：1件（采：2）。帽形盖。直口。口沿外有一周凸棱，盖顶有一乳丁状钮，钮周饰四个不规则分布的乳丁。口径5、高2.3厘米（图52，12）。

3. 模型明器

39件。器形有灶、釜、甑、磨、井、仓、圈、厕、溷，以泥质灰陶为主，还有少量泥质红陶、灰红陶、黑皮陶等。纹饰有弦纹、水波纹、绳纹、镂孔。其中一些釉陶器，泥质灰黄胎，胎质较疏松，夹砂，表面施一层绿黄釉，剥釉严重。另有极少数从墓葬填土中采集的陶器。

灶　8件。依形制的差异，分为三型。

A型：4件。船头形。圆拱形灶门，灶尾拢合成柱状烟囱。灶面设单灶眼，其上置釜、甑。M5：3，釜、灶连体。长15.5、宽15、高10厘米（图53，1；图版二一，4）。M44：1，釜、灶连体。表面施一层酱绿釉，剥釉严重。长19、宽 16.6、高 10 厘米（图版二一，2）。M45：3，釜、灶连体。器表满施一层酱黄釉，剥釉严重。长 19.2、宽 16、高 10.6 厘米。M86：8，釜、甑与灶分体。灶长 15.6、宽 13.8、高 8.8 厘米（图 53，2；图版二一，1）。

　　B 型：2 件。长方形。灶面设单灶眼。M66：3，圆拱形灶门，灶尾上翘成简易烟囱并置一护栏。灶眼上置一甑。长 12.4、宽 8.6、高 6.6 厘米（图 53，6；图版二一，5）。M105：20，前侧开一矩形灶门，灶门上置挡火墙，后侧附一斜向上的实心烟囱。长 12.6、宽 9、高 6.8 厘米。

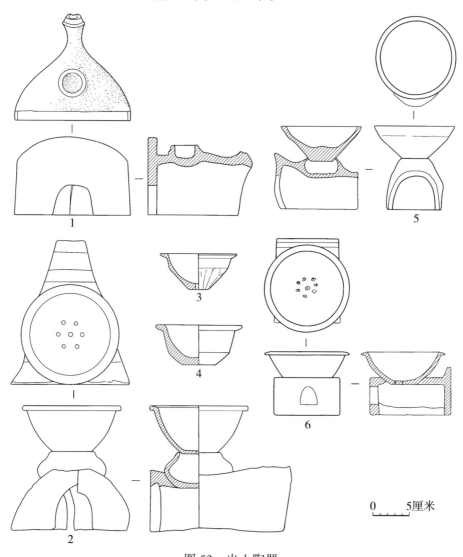

图 53　出土陶器

1、2.A 型灶（M5：3、M86：8）　3.A 型甑（M44：7）　4.B 型甑（M45：4）　5.C 型灶（M97：11）　6.B 型灶（M66：3）

C 型：2 件。覆瓦形。前侧开一拱形门，后侧烟囱上翘。灶面设单灶眼，其上置一甑。甑，敞口，斜腹，平底。M97：11，灶长 11.3、宽 7、高 11 厘米（图 53，5）。M98：15，灶外壁有泥条盘筑痕。长 11.5、宽 7.5、高 10.5 厘米（图版二一，3）。

釜　1 件（M5：7）。敛口，宽平沿，斜直腹，平底内凹。外表施一层酱釉，釉层光亮，剥釉严重。口径 12.4、底径 8.6、高 4.2 厘米（图 52，7；图版二一，6）。

甑　2 件。敞口，平沿，平底。依腹部的差异，分为两型。

A 型：1 件（M44：7）。斜直腹。口径 10、底径 2.8、高 4.8 厘米（图 53，3）。

B 型：1 件（M45：4）。折腹。口径 12、底径 4.4、高 5.4 厘米（图 53，4）。

磨　7 件。依有无底座，分为两型。

A 型：1 件（M86：9）。磨盘底设一喇叭形底座。盘，敞口，一侧设凹窝状流，弧腹，中部隆起部分有上下相连的圆盘状磨扇，平底。口径 15.6、高 9.4 厘米（图 54，5；图版二二，1）。

B 型：6 件。无底座。磨盘一侧置流，斜直腹，中部置圆台形凹窝状磨眼，平底。依上下磨扇形状的差异，分为两亚型。

Ba 型：4 件。圆饼状磨扇。M44：5，表面施一层酱釉，釉层较薄，剥釉严重。口径 14.2、高 4 厘米（图 54，1；图版二二，2）。M45：7，表面施一层酱黄釉。口径 11.2、高 3.4 厘米（图 54，2）。

Bb 型：2 件。罐状磨扇。M5：4，表面施一层酱釉，底部剥釉严重。口径 4.2、高 11.2 厘米（图版二二，3）。M98：16，口径 13.4、高 2.5 厘米（图 54，3）。

井　8 件。依有无井栏，分为两型。

A 型：3 件。有井栏。井栏与井身结合处有一折棱。依器腹的差异，分为两亚型。

Aa 型：1 件（采：4）。斜直腹。口径 6.4、底径 3.8、高 4 厘米（图 54，11）。

Ab 型：2 件。筒形腹。敛口，圆唇，肩部外鼓，平底。表面施一层酱黄釉，釉层较薄，剥釉严重。M44：4，内壁有轮制痕迹。口径 6.5、底径 6.3、高 8.5 厘米（图版二二，7）。M45：5，口径 6.4、底径 6.2、高 8.4 厘米（图 54，9）。

B 型：5 件。无井栏。依口沿的差异，分为三亚型。

Ba 型：1 件（M66∶8）。敛口外侈。口小底大，斜直腹，平底。口径 11.4、底径 8.8、高 8 厘米（图 54，10；图版二二，4）。

Bb 型：2 件。侈口。口大底小，斜直腹，平底。M98∶10，口径 7、底径 4.2、高 4.6 厘米（图 54，8；图版二二，5）。采∶3，平底内凹。口径 12.9、底径 12.5、高 10.7 厘米（图 54，4）。

Bc 型：2 件。直口。直腹，平底。M86∶11，带钵形盖。口径 12、底径 10、高 13.8 厘米（图 54，6；图版二二，6）。M97∶10，口径 7、底径 6.5、高 5 厘米（图 54，7）。

图 54 出土陶器

1、2.Ba 型磨（M44∶5、M45∶7） 3.Bb 型磨（M98∶16） 4、8.Bb 型井（采∶3、
M98∶10） 5.A 型磨（M86∶9） 6、7.Bc 型井（M86∶11、M97∶10） 9.Ab 型井
（M45∶5） 10.Ba 型井（M66∶8） 11.Aa 型井（采∶4）

仓　7件。依有无腰檐，分为两型。

A型：4件。无腰檐。四面坡式盖，上饰瓦垄。敞口，方唇，斜直腹，平底。M97：9，盖长16.2、宽12.8、高4厘米，器身口长12、宽11、高6厘米（图55，4；图版二三，1）。M98：7，外底有一周刀削痕。盖残长10.6、宽13、高3.6厘米，器身口长10.8、宽9、高8厘米（图版二三，3）。M105：11，一侧壁开一方孔。盖长14.6、宽12.5、高5厘米，器身口长9.5、宽8.2、高8.5厘米（图55，7）。M105：22，盖长15、宽13、高5厘米，器身口长9、宽8.3、高8.5厘米（图版二三，2）。

B型：3件。有腰檐。四面斜坡式盖，上饰瓦垄。仓身前侧上下层之间设一斜坡式屋檐，上饰瓦垄。M5：6，二层前侧壁开两矩形孔。前侧壁及屋顶施酱釉，釉面光滑。盖长13、宽9.4、高3.4厘米，仓身长10.8、宽10、高13.4厘米（图55，9；图版二三，6）。M44：3、6，盖顶施酱釉，釉层不匀，剥釉严重。底径9、通高15.8厘米（图55，6）。M45：6，底部略呈椭圆形，二层前侧壁开两方孔。底部四周有刮削痕，器身左右两侧有指压痕。器表施一层黄釉，剥釉严重。盖长13、宽9、高2.6厘米，器身长13、宽5.1、高14.5厘米（图版二三，4、5）。

圈　2件。依圈内有无陶猪，分为两型。

A型：1件（M98：12）。圈内有陶猪。陶猪位于圈内中部。边长12.8、高4.8厘米（图55，10；图版二四，5）。

B型：1件（M86：7）。圈内无陶猪。圈内中部有一方孔，圈一角置一带孔长方形厕。内壁饰三道弦纹，外壁底部有一周刀削痕。边长22、高8.2厘米（图55，1；图版二四，1）。

厕　1件（M5：8）。平面略呈圆形，四周建围墙，一侧建有方形屋，屋前侧山墙上开两方形窗户和一方形门，左右两侧略向外突出。外壁施釉不均匀，剥釉严重。底径8.2、高9.6厘米（图55，5；图版二四，3）。

溷　3件。依形制的差异，分为两型。

A型：2件。方形。依猪棚舍及厕屋位置的差异，分为两亚型。

Aa型：1件（M66：2）。悬山式猪棚舍和厕屋对角设置。厕屋正面开一长方形门。圈内有一母猪。底边长16、高7.2厘米（图55，2；图版二四，6）。

Ab型：1件（M105：23）。悬山式猪棚舍和厕屋置于同一侧。圈内一角有一母猪。长15.4、宽13.4、高6.4厘米（图55，8；图版二四，2）。

B型：1件（M45：11）。圆形。四周设围墙，一侧建有椭圆形屋，在屋前侧山墙开一长方形门，左右两侧略向外凸。底径 8.4、高 7.5 厘米（图 55，3；图版二四，4）。

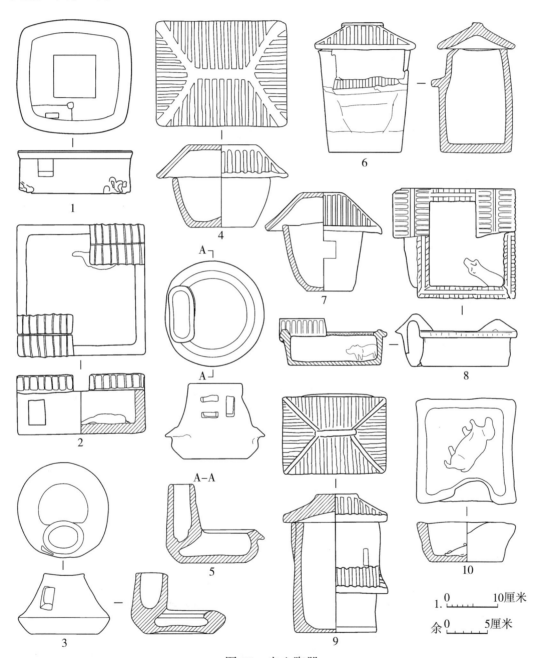

图 55　出土陶器

1.B 型圈（M86：7）　2.Aa 型溷（M66：2）　3.B 型溷（M45：11）　4、7.A 型仓（M97：9、M105：11）　5.厕（M5：8）　6、9.B 型仓（M44：3、6，M5：6）　8.Ab 型溷（M105：23）　10.A 型圈（M98：12）

（二）原始瓷器

壶　3件。喇叭口，圆唇，束颈，溜肩，鼓腹，下腹斜收成平底，底部内凹。肩腹部有两个饰叶脉纹的对称半环形耳。M98：11，口残。青灰胎，胎质致密、坚硬。口沿处、肩腹部施酱青釉，局部已脱落。颈下部刻数道水波纹及弦纹，肩腹部刻两组四道弦纹，下腹有数道轮制痕迹。口径10.2、底径9、高21厘米（图52，5；图版二〇，3）。

（三）铜器

部分铜器锈蚀严重，相对完整器有10件，包括镜、带钩、指环、铆钉、刷。

镜　5面。依镜背纹饰的差异，分为五型。

A型：1面（M73：1）。蟠螭纹铭文镜。三弦钮，圆形钮座。座外饰四圈弦纹，弦纹间有一圈铭文"□□□□□□□□千秋万岁"，共12个字。窄缘内凹，缘内与弦纹间饰一圈四组对称的蟠螭叶形纹。每组蟠螭叶形纹由一对蟠螭纹及三叠式叶纹组成。直径11.7厘米（图56，4；图版二五，3）。

B型：1面（M98：2）。"日光"铭文镜。残成数块，已修复。半圆钮，内向连弧纹钮座。座外饰两圈弦纹与短斜线。宽平缘，缘内饰两圈弦纹及短斜线。在两圈短斜线之间有一圈铭文"见而日而之而光而天而下而大而明"。直径9.9厘米（图56，1）。

C型：1面（M105：1）。蟠虺纹镜。半圆钮，圆形钮座。座外饰一圈四组对称的蟠虺纹，暗纹为几何雷纹。宽平缘，缘内饰一圈内向连弧纹。直径7.7厘米（图56，2；图版二五，6）。

D型：1面（M86：1）。规矩纹镜。半圆钮，圆形钮座。座外饰矩形双线框，框外四边中心饰T形纹，T形纹两侧各饰乳丁纹。窄缘，缘内饰两圈三角锯齿纹及一圈弦纹，弦纹内侧饰一圈短斜线，短斜线内侧饰L形纹。在T、L形纹之间饰神兽云气纹。直径11.8厘米（图56，5；图版二五，2）。

E型：1面（M90：1）。画像镜。半圆形钮，圆形钮座。宽缘，缘内分饰一圈几何神兽纹、弦纹及铭文，铭文不清晰。铭文内侧饰一圈短斜线，在短斜线与钮座之间饰六个对称的乳丁及一高浮雕画像，画像图案不清晰。直径11.8厘米（图56，3；图版二五，5）。

带钩　1件（M64：9）。器身呈琵琶形，钩为兽首状，背部有一圆钮。长4.8厘米（图57，11；图版二五，1）。

指环　2件。剖面呈窄弧形。M86：13-1，直径1.9厘米（图57，4；图版

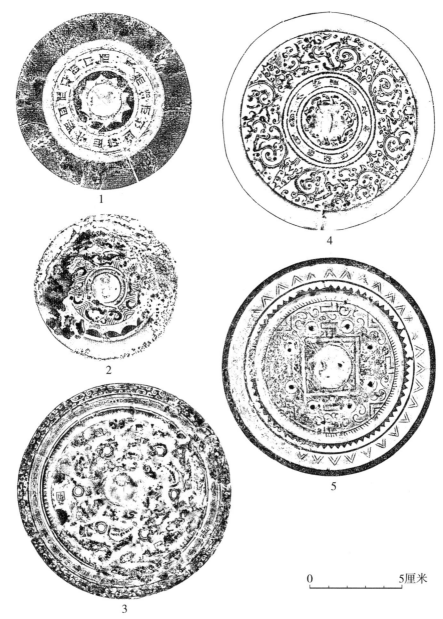

图 56　出土铜镜
1.B 型镜（M98：2）　　2.C 型镜（M105：1）　　3.E 型镜（M90：1）　　4.A 型镜
（M73：1）　　5.D 型镜（M86：1）

二六，4 左）。M86：13-2，直径 2.1 厘米（图 57，6；图版二六，4 右）。

　　铆钉　1 件（M81：3）。上为环形，下为长方体。长 5.5、宽 1.5、高 1.4 厘米（图 57，7）。

　　刷　1 件（M98：1）。烟斗状柄，兽首形尾。长 11.4 厘米（图 57，1；图

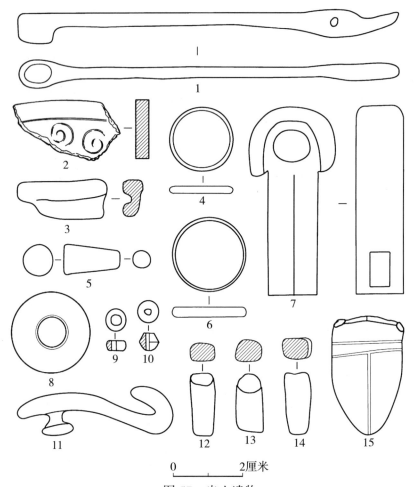

图 57　出土遗物

1.铜刷（M98∶1）　2.A型琉璃璧（M64∶11）　3.琉璃剑饰（M64∶12）　4、
6.铜指环（M86∶13-1、2）　5、12～14.琉璃塞（M102∶11、M98∶6-
1～3）　7.铜铆钉（M81∶3）　8.B型琉璃璧（M98∶5）　9、10.琉璃珠饰
（M86∶3-1、2）　11.铜带钩（M64∶9）　15.琉璃珌（M102∶10）

版二五，4）。

（四）铜钱

数量较多，分五铢、大泉五十和货泉三种，其中五铢钱最多。

五铢　8套。钱文"五铢"。"五"字交股两笔弧曲。依形制的差异，分为
两型。

A型：4套。钱文笔画清秀、清晰。"铢"字的"金"字旁稍低于"朱"
字。M5∶1-1，直径2.4、穿边长0.8厘米（图58，1）。M66∶1，直径2.4、穿
边长1厘米。M91∶2-1，直径2.6、穿边长1厘米（图58，2；图版二六，5）。

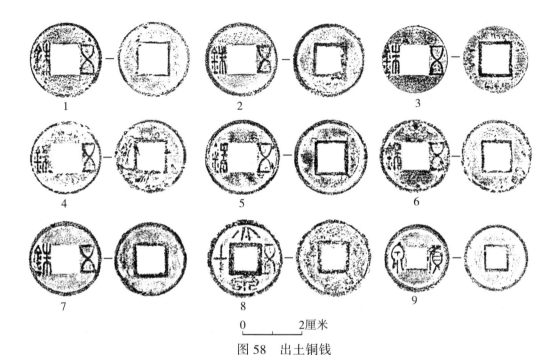

图 58 出土铜钱

1～3.A型五铢（M5：1-1、M91：2-1、M97：8） 4～7.B型五铢（M17：1、M29：1、M82：1、M90：3-1） 8.大泉五十（M91：2-2） 9.货泉（M5：1-2）

M97：8，剪轮五铢。直径 2.5、穿边长 1.1 厘米（图 58，3）。

B 型：4 套。钱文笔画稍宽大，"金"字旁的"∆"呈等边三角形。钱体稍轻薄，铸造质量较差。M17：1，直径 2.5、穿边长 1 厘米（图 58，4）。M29：1，直径 2.6、穿边长 1 厘米（图 58，5）。M82：1，直径 2.5、穿边长 1 厘米（图58，6）。M90：3-1，直径 2.6、穿边长 1 厘米（图 58，7；图版二六，6）。

大泉五十 1 枚（M91：2-2）。钱文"大泉五十"。直径 2.7、穿边长 0.8 厘米（图 58，8）。

货泉 1 枚（M5：1-2）。钱文"货泉"。直径 2.4、穿边长 0.8 厘米（图 58，9）。

（五）琉璃器

部分琉璃器残损严重，相对完整器有 8 件（套），包括璧、剑饰、珠饰、珩、塞。

璧 2 件。依表面纹饰的差异，分为两型。

A 型：1 件（M64：11）。残存一角。表面从外至内刻一圈弦纹及卷云纹（图 57，2）。

B 型：1 件（M98：5）。素面。直径 2.5 厘米（图 57，8；图版二六，3）。

剑饰　1件（M64：12）。灰白色。推测为剑格的一部分。残长2.7、宽1.1厘米（图57，3）。

珠饰　1串11枚（M86：3）。珠有白色与蓝色两种，对穿孔。其中白珠呈圆饼状，孔径稍大；蓝珠呈球状，孔径较小。直径0.4～0.8厘米（图57，9、10；图版二六，1）。

玲　1件（M102：10）。蝉形，表面弧凸，平底。长3.4、宽2、厚1厘米（图57，15；图版二六，2）。

塞　3套。圆柱状，上下端直径有大小之分。M86：2，直径0.5～0.7、长2厘米（图版二六，7）。M98：6，直径0.5、长1.6～1.8厘米（图57，12～14）。M102：11，直径0.5～0.9、长1.7厘米（图57，5）。

四、墓葬分期与年代

萧县植物园汉墓共有99座，其中形制清晰、出土遗物相对完整的有41座，包括M4、M5、M7～M11、M13、M20、M24、M29、M30、M32、M39、M43～M47、M52、M64～M66、M69、M73～M76、M80、M83、M86、M87、M90、M91、M94、M96～M98、M101、M102、M105。部分墓葬之间存在打破关系，其中M44打破M71、M72，M29打破M69、M70，M66打破M68、M69，M7打破M67。其中一些墓葬随葬有铜镜、铜钱等具有鲜明时代特征的遗物。这些信息均为墓葬分期与年代的推断提供了重要的参考依据。通过对上述41座汉墓的综合分析，初步将它们分为五期。

（一）第一期

本期墓葬数量较少，未发现具有纪年性质的器物。陶礼器组合为鼎、盒、壶、钫，日用陶器组合为罐、盘、杯、匜，还有少量模型明器磨、灶、溷、仓。陶礼器有Ba型Ⅰ式、Bb型鼎，Ⅰ式盒，甲类C型壶，乙类A、Ba、Ca型壶，Ⅰ式钫；日用器有A型盘，Ac、Eb型罐，B型杯；模型明器有Ba型磨、B型灶、Ab型溷、A型仓。其中，Ba型Ⅰ式鼎（M64：3、M80：4）分别与萧县汉墓出土B型Ⅰ式陶鼎（XPM111：9）[1]、宿州骑路塌堆汉墓出土陶鼎（M2：3）[2]相似，Bb型鼎（M105：9）与萧县汉墓出土A型Ⅰ式陶鼎（XFM47：4）相似，Ⅰ式盒（M64：5、M105：8）与萧县汉墓出土A型Ⅰ式陶盒（XPM62：6）、宿州骑路塌堆汉墓出土陶盒（M1：9、M2：3）[3]、淮安黄岗村墓群出土B型陶盒（M2：7）[4]相似，甲类C型壶（M64：8）与萧县汉墓出土Ⅰ式陶壶（XPM124：6）相似，乙类A型壶（M105：5）与淮安黄岗村墓群出土A型陶壶（M3：1）[5]相似，乙类 Ba 型壶（M105：3）与萧县汉墓出土 A 型 I 式陶壶（XPM111：4）、宿州骑路堌堆汉墓出土 I 式陶壶（M2：8）[6] 相似，I 式钫（M64：1）与萧县汉墓出土 I 式陶钫（XPM62：1）相似。日用器较少，其中 A 型折腹盘（M64：10）与萧县汉墓出土 A 型 I 式陶盘（M22：3）、萧县张村汉墓出土 I 式陶盘（M4：5）[7] 相似，B 型杯（M80：7）与淮安黄岗村墓群出土 A 型 I 式陶杯（M6：7）[8] 相似。其他器类有 A 型铜镜、C 型铜镜、A 型琉璃璧、铜带钩、琉璃剑饰等。A 型铜镜（M73：1）与仪征新集庙山下洼组 M5 出土铜镜 [9] 的纹饰完全相同，具有典型楚式镜风格；C 型铜镜（M105：1）与扬州农科所 M4[10]、仪征刘集何云村 M3[11] 出土蟠虺纹铜镜的形制完全相同。上述器物时代处于西汉早中期。典型墓葬有 M43、M64、M73、M75、M80、M105 等。墓葬形制有竖穴土坑墓 Aa～Ac、B 型等。综合墓葬形制及随葬品组合特征推断，该期墓葬年代为西汉早中期。

（二）第二期

本期墓葬数量最多，未发现具有纪年性质的器物。出土器物以日用陶器为主，陶礼器、模型明器极少见，仅有少量豆、壶。其中陶礼器有 II 式钫、豆；日用陶器中罐类数量较多、型式丰富，有 Aa、Ab、B、Ca～Cd、D、H、I 型罐。其中，II 式钫（M52：1）与萧县张村汉墓出土 II 式陶钫（M10：2）[12] 相似，Aa 型罐（M74：1、M102：1）与萧县张村汉墓出土 Ba 型 II 式陶盘口罐（M16：7）[13] 相似，B 型罐（M102：8、M99：3）与萧县汉墓出土 D 型 III 式陶罐（XZM16：4）相似，Ca 型罐与前李墓地出土 C 型 I 式陶罐（M35：1）[14] 相似，时代处于西汉中晚期。其他器类有琉璃珰、琉璃塞、铜钱。铜钱锈蚀严重，时代特征不明晰。典型墓葬有 M7～M11、M13、M20、M32、M39、M46、M47、M52、M74、M83、M101、M102。墓葬形制多为竖穴土坑墓，包括 Aa～Ae、B 型，比第一期增加了 Ad、Ae 型。综合墓葬形制与随葬品组合特征推断，该期墓葬年代为西汉中晚期。

（三）第三期

本期墓葬数量较少，未发现具有纪年性质的器物。出土器物以模型明器为主，器物组合较为丰富，有灶、磨、井、圈、溷、仓；日用陶器有罐、盘；陶礼器急剧减少，器形有鼎、盒、壶；出现了少量原始瓷壶。其中模型明器有 Aa 型溷，B、C 型灶，Ba、Bb 型磨，Ba、Bc 型井，A 型仓，A 型圈；日用器有 B 型盘，B、G、J 型罐；陶礼器有 Ba 型 III 式鼎、II 式盒、甲类 B 型壶。Aa 型溷（M66：2）与萧县汉墓出土 A 型陶溷（XFM57：3）、前李墓地出土陶圈厕

（M3∶9）[15]相似，B型灶（M66∶3）与萧县汉墓出土A型Ⅰ式陶灶（XZM9∶14）相似，C型灶（M97∶11）与萧县汉墓出土B型Ⅰ式陶灶（XPM106∶12）相似。Ba型Ⅲ式鼎（M98∶14）的足部完全退化成平底。上述器物年代处于西汉晚期。其他器类有B型铜镜、A型五铢铜钱、铁剑、琉璃塞、石黛板、原始瓷壶。B型铜镜、A型五铢铜钱（M97∶8）具有西汉晚期风格，原始瓷壶（M98∶11）与淮安黄岗村墓群出土B型釉陶壶（M8∶1）[16]相似。典型墓葬有M66、M97、M98。墓葬形制有竖穴土坑墓（Aa型）、长方形竖穴洞室砖墓（A、B型）。与前两期相比，此期出现了长方形竖穴洞室砖墓。综合墓葬形制及随葬品特征推断，该期墓葬年代为西汉晚期。

（四）第四期

本期墓葬数量较少，出土少量大泉五十、货泉铜钱等具有纪年性质的器物。出土器物以模型明器为主，器形有灶、磨、圈、仓、厕。日用陶器大幅减少，器形有罐、杯、耳杯、奁。陶礼器几近消失，仅有鼎。其中陶礼器有A型鼎；日用陶器有Ca、Ea型罐，A型杯，甲类A型壶，耳杯，奁；模型明器有A型灶，A、Bb型磨，B型仓，B型圈，Bc型井，厕等。其他器类有D型铜镜，A型五铢、大泉五十、货泉铜钱，铜指环，铁削，琉璃珠，琉璃塞等。D型铜镜与仪征新集国庆村M34出土的新莽禽兽博局纹镜[17]相似，大泉五十、货泉为典型的新莽钱币。典型墓葬有M5、M86、M91。墓葬形制有竖穴砖室墓（Aa、Ab、B型）、砖椁墓（A、B型）。综合墓葬形制及随葬品特征推断，该期墓葬年代为新莽时期。

（五）第五期

本期墓葬数量较多，未见具有纪年性质的器物。出土器物以模型明器为主，还有少量日用陶器，未见陶礼器。其中模型明器有A型灶、B型仓、Ab型井、Ba型磨、B型溷等，日用陶器有B型盘、A型盆、碗、甲类A型壶。A型灶（M44∶1、M45∶3）与萧县汉墓出土C型陶灶（XWM25∶2）相似，B型仓（M45∶6）与萧县汉墓出土C型陶仓（XFM3∶3）相似。其他器类有E型铜镜、B型五铢铜钱、铜泡钉等。其中E型铜镜（M90∶1）与扬州市司徒庙汉墓出土环列式神兽镜[18]相似，B型五铢铜钱（M29∶1、M82∶1）与萧县汉墓出土D型五铢铜钱相似。典型墓葬有M29、M44、M45、M82、M90、M94。此期出现了砖石结构墓。墓葬形制有砖室墓（Aa、Ab型）、砖石结构墓（A、Ba、Bb型）。综合墓葬形制及随葬品特征推断，该期墓葬年代为东汉中晚期。

五、结　语

（一）墓葬年代及墓主身份

从上文的分析可以看出，萧县植物园汉墓年代大致处于西汉早中期至东汉中晚期，其间有缺环，即东汉早期。墓葬形制有竖穴土坑墓、砖椁墓、砖室墓、洞室砖墓、砖石结构墓。其中，第一期均为竖穴土坑墓（Aa、Ab、Ac、B 型）；第二期比第一期增加了竖穴土坑墓 Ad、Ae 型；第三期竖穴土坑墓急剧减少，仅有 Aa 型，出现了长方形竖穴洞室砖墓（A、B 型）；第四期不见竖穴土坑墓，新增了砖椁墓（A、B 型）、砖室墓（Aa、Ab 型）；第五期除砖室墓外，新增了砖石结构墓（A、Ba、Bb 型）。随葬品方面，第一期器物组合以陶礼器为主，还有少量模型明器及日用器，A 型蟠螭纹铜镜、C 型蟠虺纹铜镜具有鲜明的西汉早中期特征。第二期器物组合以日用陶器罐类为主，陶礼器、模型明器少见，时代处于西汉中晚期。第三期器物以模型明器为主，陶礼器急剧减少，出现了少量原始瓷壶，A 型剪轮五铢铜钱、B 型铜镜具有西汉晚期风格。第四期器物以模型明器为主，出现了一些釉陶器，新增少量仿漆器的耳杯、奁，陶礼器几近消失，D 型铜镜、大泉五十、货泉铜钱属新莽时期。第五期器物仍以模型明器为主，不见陶礼器，釉陶器数量、品类进一步增多，E 型铜镜、B 型五铢铜钱具有较多东汉中晚期特征。从墓葬形制及随葬品组合看，这批墓葬时代特征鲜明，与本地区以往发掘的汉墓一致。

根据墓葬规格及特征，可将这批汉墓大致分为两个层次。其中，第一层次为砖石结构墓、砖室（砖椁）墓、洞室砖墓及出土随葬品丰富的土坑墓，典型墓葬有 M64、M66、M80、M105，其墓主身份比画像石墓的墓主身份低，推测为小地主；第二层次为随葬一两件陶罐或罐豆、罐壶组合的土坑墓，数量最多，为汉墓主体，推测墓主身份为平民。

（二）相关问题探讨

1. 家族墓群的分布

依据墓葬分布及排列规律，初步推断这批墓葬属 7 个家族，编号为 Ⅰ～Ⅶ族。其中，Ⅰ族墓位于东区东部，由 16 座汉墓组成，方向为 100～120 度；可辨异穴合葬墓有 4 组，包括 M46 与 M47、M54 与 M55、M56 与 M57、M58 与 M59，M38～M41 与 M26～M28、M30 分别以 M40、M28 为中心分布，时代均为西汉中晚期。Ⅱ族墓位于东区东北部，由 11 座汉墓组成，方向为 100～126 度；可辨异穴合葬墓有 3 组，包括 M19 与 M20、M50 与 M51、M42 与 M43，主体年代为西汉中晚期。墓群被后期墓葬破坏，如砖石结构墓 M44 打破 M72。Ⅲ族墓位于东区中部偏东，由 10 座汉墓组成，M8、M25 方向为 300～310 度，其他墓方向为 95～135 度；可辨异穴合葬墓有 4 组，包括 M8 与 M25、M53 与 M62、M21 与 M22、M13 与 M33，年代为西汉中晚期。Ⅳ族墓位于东区东部、Ⅲ族墓西侧，由 4 座墓葬组成，方向为 20～24 度；可辨异穴合葬墓有 2 组，包括 M64 与 M52、M60 与 M61，年代为西汉早期至中晚期。在该族墓废弃后出现东汉中晚期砖室墓 M45。Ⅴ族墓位于东区东部，东邻Ⅳ族墓，由 9 座墓葬组成，方向为 110～120 度；可辨异穴合葬墓有 1 组（M23 与 M24），年代为西汉中晚期。该族墓被后来的砖石结构墓（M5、M29）及砖椁墓 M4 叠压、打破。Ⅵ族墓位于东区西北侧，西邻龙腾大道，由 5 座墓葬组成，方向为 10～30 度；未见明显的异穴合葬现象。其中 M80 的年代为西汉早期，其他墓葬年代多为西汉中晚期，时代贯穿整个西汉。Ⅶ族墓位于西区南侧，由 6 座墓葬组成，方向为 200～215 度，墓葬年代为西汉中晚期至东汉中晚期；可确认异穴合葬墓 1 组（M91 与 M90），年代分别为新莽、东汉中晚期。

2. 墓葬文化因素分析

与萧县汉墓中规格较高的画像石墓相比，植物园汉墓规格多为中小型，以竖穴土坑木棺墓为大宗，约占 83%，除 M64、M66、M80、M105 随葬较多器物外，其他墓葬多随葬一两件 Ca、D 型陶罐，少数随葬罐壶或罐豆组合，墓主身份为平民。异穴合葬墓较多，初步统计约有 15 组。这在以往发现的汉墓中较为少见。少数竖穴土坑墓（M30）在棺四周放置石块以固定棺木。这些现象或与地方葬俗有关。

这批汉墓中有竖穴土坑墓 1 座（M11）、洞室砖墓 2 座（M97、M98），占汉墓总数的 3%。竖穴土坑洞室墓及洞室砖墓起源于中原地区战国时期，到了汉代初期发展开来，至西汉中晚期达到鼎盛，并向四周扩散。受其影响，在西汉中晚期至东汉该区出现了带洞室的汉墓 [19]。在这批汉墓中，第三期汉墓（M98）出土的两件原始瓷壶，与南方江浙一带汉墓出土的原始瓷壶 [20] 无论是器形、纹饰、胎质、釉色，还是制作工艺及烧成温度等如出一辙，与萧县汉墓出土的原始瓷壶（XPM145：10、XCM22：11）、瓿（XPM84：14）相似，胎质同属南方江浙一带典型的制瓷原料——瓷石，应来源于南方。第四期部分汉墓随葬一些具有中原文化因素的釉陶器，第五期汉墓随葬釉陶器数量、品类进一步增多，是北方釉陶文化向南传播的例证。该区作为南北方文化交流的通道，其汉墓丧葬礼俗既有鲜明的地域特征，亦有南北方文化的交融。

附记：本次发掘领队为宫希成，参加发掘的人员有任一龙、高雷、邱少贝、周水利、杨腾、姚静、金华超、毛玉思、杜康、王士刚，参加资料整理的人员有任一龙、刘松林。本文线图由任鹏绘制，照片由任一龙拍摄。

执笔者　任一龙　刘松林　李镇庭

注　释

[1]　安徽省文物考古研究所等：《萧县汉墓》，文物出版社，2008年。后文所引萧县汉墓资料均出自该书，不再加注。

[2]　安徽省文物考古研究所等：《安徽宿州市骑路堌堆汉墓发掘简报》，《华夏考古》2002年第1期。

[3]　前引《安徽宿州市骑路堌堆汉墓发掘简报》。

[4]　淮安市文物考古研究所：《江苏淮安黄岗村墓群发掘简报》，《东南文化》2019年第5期。

[5]　前引《江苏淮安黄岗村墓群发掘简报》。

[6]　前引《安徽宿州市骑路堌堆汉墓发掘简报》。

[7]　安徽省文物考古研究所等：《安徽萧县张村汉墓发掘简报》，《江汉考古》2000年第3期。

[8]　前引《江苏淮安黄岗村墓群发掘简报》。

[9]　仪征博物馆：《仪征馆藏铜镜》，江苏美术出版社，2010年。

[10]　徐忠文、周长源：《汉广陵国铜镜》，文物出版社，2013年。

[11]　前引《仪征馆藏铜镜》。

[12]　前引《安徽萧县张村汉墓发掘简报》。

[13]　前引《安徽萧县张村汉墓发掘简报》。

[14]　安徽省文物考古研究所等：《安徽泗县前李墓地发掘简报》，《华夏考古》2015年第3期。

[15]　前引《安徽泗县前李墓地发掘简报》。

[16]　前引《江苏淮安黄岗村墓群发掘简报》。

[17]　前引《汉广陵国铜镜》。

[18]　前引《汉广陵国铜镜》。

[19]　黄晓芬：《汉墓的考古学研究》，岳麓书社，2003年。

[20]　郑建明：《秦汉原始瓷略论》，《故宫博物院院刊》2021年第12期；张潇、贺云翱：《我国秦汉时期瓷器考古相关问题初探》，《东南文化》2020年第4期。

附表

萧县植物园汉墓登记表

墓号	墓葬形制	墓口尺寸（米）	方向（度）	葬具	葬式	是否盗扰	随葬品	时代
M1	砖室墓 B型	1.2	1	185	不详	不详	是		东汉
M2	砖室墓 B型	2.4	2~2.9	210	不详	不详	是		东汉
M4	砖椁墓 A型	3.4	0.96	15	不详	不详	是		汉
M5	砖石结构墓 A型	3.6	1.6	200	不详	不详	是	陶Ea型罐、Ca型罐、A型杯、耳杯、盒、A型灶、釜、Bb型磨、B型仓、铜钱1串（Aa型五铢与货泉）	新莽
M7	土坑墓 Aa型	2.32	1.16	115	不详	不详	否	陶Ca型罐	西汉中晚期
M8	土坑墓 Ab型	2.6	1.4	300	木棺1	不详	否	陶Ca、D型罐	西汉中晚期
M9	土坑墓 Ab型	2.5	1.4	20	木棺1	仰身直肢	否	陶Ca、D型罐	西汉中晚期
M10	砖室墓 Ab型	3	1.6	20	木棺1	仰身直肢	否	陶Ca型罐	西汉中晚期
M11	土坑墓 Ae型	2.5	1.3	95	木棺1	仰身直肢	否	陶Ca型罐	西汉中晚期
M12	土坑墓 Ab型	2.71	1.24~1.38	113	木棺1	不详	否	陶Ca、D型罐	西汉中晚期
M13	土坑墓 B型	2.6	1.28~1.5	95	木棺1	不详	否	陶Cc型罐	西汉中晚期
M14	土坑墓 Ab型	3	1.5~1.6	20	木棺1	仰身直肢	否		不明
M15	土坑墓 Ad型	2.5	1.6	120	不详	不详	否	陶Ca型罐	西汉中晚期
M16	土坑墓 Ab型	2.8	1.6	110	木棺1	仰身直肢	否	陶Ca型罐	西汉中晚期
M17	砖室墓 Ab型	3.7	1.04	104	不详	不详	是	五铢铜钱3枚	东汉
M19	土坑墓 Ab型	2.7	1.3	110	木棺1	仰身直肢	否	陶Ca、D型罐	西汉中晚期
M20	土坑墓 Ac型	2.6	1.3	110	木棺1	不详	否	陶Ca、D型罐	西汉中晚期
M21	土坑墓 Ab型	2.62	1.29~1.4	113	木棺1	不详	否	陶Ca型罐	西汉中晚期
M22	土坑墓 Ab型	2.6	1.44	100	木棺1	仰身直肢	否	陶Cb型罐	西汉中晚期
M23	土坑墓 Ab型	2.6	1.3~1.4	110	不详	不详	否	陶D型罐、罐	西汉中晚期
M24	土坑墓 Ab型	2.6	1.32	110	木棺1	仰身直肢	否	乙类陶Bc型、Ca型壶、罐	西汉中晚期
M25	土坑墓 Aa型	2.7	1.4	310	不详	仰身直肢	否	陶Ca、D型罐	西汉中晚期

续附表

墓号	墓葬形制	墓口尺寸（米）		方向（度）	葬具	葬式	是否盗扰	随葬品	时代
M26	土坑墓 Aa 型	2.34	1.12	120	木棺 1	仰身直肢	否	陶 Ca 型罐	西汉中晚期
M27	土坑墓 Ab 型	2.6	1.3	120	不详	仰身直肢	否		不明
M28	土坑墓 Ab 型	2.6	1.3	120	不详	仰身直肢	否		不明
M29	砖石结构墓 A 型	3.9	1.6	200	不详	不详	是	五铢铜钱数枚	东汉中晚期
M30	土坑墓 Ab 型	2.7	1.2	115	木棺 1	仰身直肢	否	乙类陶 Bd 型壶	西汉
M32	土坑墓 Ab 型	2.46	1.5	80	木棺 1	不详	否	乙类陶 Bc 型壶、D 型罐	西汉中晚期
M33	土坑墓 Aa 型	2.8	1.4	95	不详	不详	否	陶 Ca、D 型罐	西汉中晚期
M34	土坑墓 Aa 型	2.4	1.2	295	木棺 1	仰身直肢	否		不明
M35	土坑墓 Ab 型	2.6	1.4	100	不详	不详	否		不明
M36	土坑墓 Aa 型	2.1	0.9	120	不详	不详	否		不明
M37	土坑墓 Aa 型	2.4	1.2	20	不详	不详	否		不明
M38	土坑墓 Ab 型	2.6	1～1.08	90	不详	仰身直肢	否	陶 Ca、D 型罐	西汉中晚期
M39	土坑墓 Ab 型	2.8	1.4	105	不详	仰身直肢	否	陶 Ca、D 型罐	西汉中晚期
M40	土坑墓 Aa 型	2.5	1.4	108	不详	仰身直肢	否	陶罐	不明
M41	土坑墓 Ab 型	2.3	1.3	110	不详	仰身直肢	否	陶罐	不明
M42	土坑墓 Aa 型	2.3	1.1	100	木棺 1	不详	否		
M43	土坑墓 Ac 型	2.4	1.3	115	木棺 1	不详	否	乙类陶 Ca 型壶	西汉早中期
M44	砖石结构墓 Ba 型	3.8	1.4	200	不详	不详	是	甲类陶 A 型盆、A 型盘、碗、A 型灶、B 型甑、B 型仓、A 型井、A 型磨、Ba 型罐、铜钱数枚	东汉中晚期
M45	砖室墓 Aa 型	3.6	2	100	不详	不详	是	甲类陶 A 型甑 3、A 型灶、B 型甑、B 型仓、A 型井、Ba 型磨、B 型碗、铜线数枚、铁器	东汉中晚期
M46	土坑墓 Aa 型	2.8	0.9	108	不详	不详	否	陶豆、Ca 型罐、D 型罐	西汉中晚期
M47	土坑墓 Aa 型	2.6	1.1	110	不详	仰身直肢	否	陶 Cd、D 型罐	西汉中晚期

续附表

墓号	墓葬形制	墓口尺寸（米）		方向（度）	葬具	葬式	是否盗扰	随葬品	时代
M48	土坑墓 Ab 型	2.8	1.4	110	不详	仰身直肢	否	陶 Cd、D 型罐	不明
M49	土坑墓 Aa 型	2.2	1.2	115	木棺 1	不详	否		不明
M50	土坑墓 Ac 型	2.6	1.3	126	木棺 1	仰身直肢	否	陶 Cd、D 型罐	西汉中晚期
M51	土坑墓 Ab 型	2.5	1.6	110	木棺 1	不详	否	陶 Cb 型罐	西汉中晚期
M52	土坑墓 Ab 型	3	1.68	20	木棺 1	不详	是	陶 II 式钫	西汉中晚期
M53	土坑墓 B 型	2.7	1.32～1.42	115	不详	不详	否	陶 Cd、D 型罐	西汉中晚期
M54	土坑墓 Aa 型	2.7	1.4	120	不详	仰身直肢	否	陶 Cd 型罐	西汉中晚期
M55	土坑墓 Aa 型	2.5	1.1	115	不详	不详	是		不明
M56	土坑墓 Ac 型	2.5	1.2～1.28	100	不详	不详	是	陶 Cb 型罐	西汉中晚期
M57	土坑墓 Aa 型	2.6	1.08	100	不详	不详	是		不明
M58	土坑墓 Ab 型	2.6	1.36	110	不详	不详	否	陶罐	西汉中晚期
M59	土坑墓 Ab 型	2.5	1.48	100	不详	不详	否	陶 D 型罐、罐	西汉中晚期
M60	土坑墓 Aa 型	2.8	1.4	20	木棺 1	仰身直肢	否	陶 Cb 型罐	西汉中晚期
M61	土坑墓 Aa 型	2.7	1.36	20	不详	不详	是		不明
M62	土坑墓 Ac 型	2.3	1.4	120	不详	不详	是	陶罐 2	不明
M63	土坑墓 Ab 型	2.5	1.4	105	木棺 1	仰身直肢	否	陶 Ca、D 型罐	西汉中晚期
M64	土坑墓 Ad 型	3	2	24	木椁 1、棺 1	仰身直肢	否	陶 I 式钫、B 型 I 式鼎、I 式盒、甲类 C 型壶 2、A 型盘、铜带钩、琉璃璧、剑饰	西汉早中期
M65	土坑墓 Aa 型	2.46	1.2	108	不详	不详	否	陶罐	不明
M66	土坑墓 Aa 型	2.9	0.88	195	木棺 1	不详	否	甲类陶 B 型壶、B 型盘、Ba 型鼎 III 式鼎、Ba 型磨、Ba 型井、Ba 型灶、Aa 型瓿、Aa 型匜、铜五铢铜钱若干枚	西汉晚期
M67	土坑墓 Aa 型	2.6	1.4	25	不详	不详	是		不明
M68	土坑墓 Aa 型	2.6	1	115	不详	不详	是		不明

续附表

墓号	墓葬形制	墓口尺寸（米）	方向（度）	葬具	葬式	是否盗扰	随葬品	时代
M69	土坑墓 Aa 型	2.5	1.12	110	不详	不详	是	陶罐、乙类 Cc 型壶	西汉
M70	土坑墓 Ab 型	2.8	1.2～1.32	115	不详	仰身直肢	是	陶 Ca、D 型罐	西汉中晚期
M71	土坑墓 Aa 型	2.2	1.1	20	不详	不详	是		不明
M72	土坑墓 Aa 型	2.6	1.2	115	不详	不详	是		不明
M73	土坑墓 Ab 型	2.7	1.32	30	木棺 1	不详	否	陶 Ac 型罐、铜 A 型镜	西汉中晚期
M74	土坑墓 Ab 型	2.6	0.88	20	木棺 1	不详	否	陶 Aa 型罐、罐	西汉中晚期
M75	土坑墓 B 型	2.6	1.2～1.4	20	木棺 1	仰身直肢	否	陶罐、乙类 Ca 型壶	西汉早中期
M76	土坑墓 Ab 型	2.8	1.58	180	不详	不详	否	乙类陶 Cb 型壶	西汉
M77	土坑墓 Aa 型	3.2	1.2	12	不详	不详	是		不明
M78	土坑墓 Aa 型	3	1.2	20	不详	不详	是		不明
M79	土坑墓 Ab 型	3	1.5	25	木棺 1	仰身直肢	否	陶 Ca 型罐	西汉中晚期
M80	土坑墓 A 型	2.9	1.88～2	20	木棺 1	不详	否	乙类陶 Bb 型壶 2、I 式盒 2、F 型罐 2、Ba 型 I 式鼎、A 型器盖、B 型杯	西汉早中期
M81	土坑墓 Ab 型	2.6	1.34	20	木棺 1	仰身直肢	否	铜环 2、铆钉 4	西汉
M82	砖室墓 Aa 型	2.94	0.94	260	不详	不详	是	铁矛、L 形器 3、五铢铜钱 2 枚	东汉中晚期
M83	土坑墓 Ad 型	2.6	1.24	210	木棺 1	不详	否	陶 Ca、D 型罐	西汉中晚期
M84	土坑墓 Ab 型	3.1～3.2	1.6	10	木棺 1	仰身直肢	否		不明
M85	土坑墓 Ab 型	2.8	1.6	30	不详	不详	否	陶 I 型罐	西汉中晚期
M86	砖椁墓 A 型	2.84	1.34	30	木棺 1	仰身直肢	否	甲类陶 A 型壶 2、B 型圆壶、A 型灶、A 型井、A 型鼎、铜 D 型镜、铜削、指环 2、铁刀、塞、铜钱 11、琉璃珠数枚	新莽
M87	砖室墓 Ab 型	3.6	2.2	200	不详	不详	是	铜钱数枚	不明
M88	土坑墓 Aa 型	2.3	1.2	210	木棺 1	不详	是		不明
M90	砖室墓 Ab 型	3.4	0.7～0.9	215	木棺 1	仰身直肢	否	铜 E 型镜、大小泡钉 3、Aa 型五铢钱 1 串	东汉中晚期

续附表

墓号	墓葬形制	墓口尺寸（米）		方向（度）	葬具	葬式	是否盗扰	随葬品	时代
M91	砖室墓 Ab 型	4.24	1.04～1.2	200	不详	不详	是	陶 Ea 型罐，铜 Aa 型五铢钱数枚，大泉五十数枚	新莽
M93	土坑墓 B 型	2.8	1.3～1.4	200	木棺 1	仰身直肢	是		不明
M94	砖石结构墓 Bb 型	4.54	1.38～1.56	200	不详	不详	是	铜钱若干	东汉中晚期
M95	土坑墓 Ab 型	2.6	1.1～1.2	200	不详	仰身直肢	否	陶 Ca 型罐	西汉中晚期
M96	砖椁墓 B 型	2.3	0.7～1.04	195	不详	不详	是	铜钱	不明
M97	洞室砖墓 A 型	5.2	1.4	290	木棺 2	仰身直肢	否	陶 G 型罐 2、II 式盒 2、鼎、A 型灶、Bc 型井、C 型仓、原始瓷壶、铜镜、刷、带扣、Ab 型五铢钱数枚、铁剑、刀、削、石黛板、琉璃塞 2	西汉晚期
M98	洞室砖墓 B 型	5.6	1.1	115	木棺 1	仰身直肢	否	陶 B 型罐、J 型罐、A 型仓、C 型灶、Bb 型井、Bb 型磨、Ba 型壶、A 型圈、原始瓷鼎 2、铜 B 型镜、Ba 型五铢钱若干枚、刷、琉璃塞 2	西汉晚期
M99	土坑墓 Ab 型	3.02	1.24～1.3	210	木棺 1	不详	否	陶 B 型罐 4	西汉中晚期
M100	土坑墓 Ab 型	2.7	1.3～1.6	30	木棺 1	仰身直肢	否	陶 Ca 型罐	西汉中晚期
M101	土坑墓 Aa 型	2.7	1.5	200	木棺 1	仰身侧肢	否	陶 Ca 型罐	西汉中晚期
M102	土坑墓 Ab 型	2.8	1	190	木棺 1	仰身直肢	否	陶 Aa 型罐 5、Ab 型罐、B 型罐 3、琉璃玲、铜钱若干枚	西汉中晚期
M103	土坑墓 Ab 型	2.5	1.1	30	木棺 1	仰身直肢	否	陶 Ca 型罐	西汉中晚期
M104	土坑墓 Ab 型	2.3	1	20	木棺 1	仰身直肢	否		不明
M105	土坑墓 Ab 型	3.2	1.7	110	木棺 2	仰身直肢	否	陶 Eb 型罐、A 型壶 2、乙类 A 型壶 2、乙类 Ba 型盘、I 式鼎 2、II 式盒 2、B 型 I 式杯 2、匜 2、盂 2、A 型仓 2、井、Ba 型磨、B 型灶、Ab 型涵、铜 C 型镜	西汉早中期

说明：表中的出土遗物未标明数量者均为 1 件。

Brief Report on the Excavation of Han Tombs at the Botanical Garden in Xiaoxian County, Anhui

Anhui Provincial Institute of Cultural Relics and Archaeology and Xiaoxian County Institute of Cultural Relic Management

KEYWORDS: Xiaoxian County, Anhui   Han Tombs   Glazed Pottery   Proto-Porcelain

ABSTRACT: From 2018 to 2019, to facilitate the construction of the Xiaoxian County Botanical Garden, Anhui Provincial Institute of Cultural Relics and Archaeology et al. conducted a rescue excavation of a Han dynasty cemetery within the construction area, uncovering a total of 99 tombs. The burial types were diverse, including pit tombs, brick burial chamber tombs, brick chamber tombs, brick chambered cave tombs and brick-stone structured tombs. Approximately 248 artifacts (sets) were unearthed, made of pottery, glazed pottery, proto-porcelain, bronze, iron, and glass. The tombs date approximately from the mid-early Western Han period to the mid-late Eastern Han period, with a gap in between; early Eastern Han tombs were rare. During the second phase (mid-late Western Han), many tomb occupants were buried with one or two pottery jars near their heads, possibly reflecting local funerary customs. From the second to the fourth phase (mid-late Western Han to the Xinmang period), a few cave tombs and brick chambered cave tombs, as well as a significant amount of glazed pottery, were discovered, likely influenced by the burial practices of the northern Central Plains. During the third phase (late Western Han), a small number of proto-porcelain were found, and their glaze, clay, and technique suggest origins from the Jiangsu-Zhejiang region in south China, reflecting the cultural integration between northern and southern China in this area.

（责任编辑　洪　石）

从出土情境看带钩功用的多样性

——以东周时期长城地带中段地区墓葬为例

吴雅彤　　张礼艳

关键词： 带钩　情境分析　长城地带　东周时期

内容提要： 带钩是兼具实用性和装饰性的器物。长城地带中段地区从春秋晚期开始流行使用带钩。至战国中期，带钩的类型逐渐丰富，包括琵琶形、曲棍形、长牌形、耜形、水禽形和烟斗形等。战国中期以后，带钩的发展趋向衰落。从出土情境看，该地区的带钩具有多种功能和使用方式。功能包括腰带、服饰、佩器、系挂和随葬用钩，使用方式有单钩法、环钩法、钩链法和双钩法。带钩在长城地带中段地区并非男性专有用具，女性同样使用带钩。长城地带中段地区的带钩虽受三晋两周地区带钩的影响，但不同族群在带钩的接纳和使用上呈现出不同的方式，带钩功用的多样化折射出北方民族与华夏族群在文化融合方面的"和而不同"。

　　关于带钩的著录和研究，古已有之[1]。今人对带钩的研究主要集中于名称、用途、来源和传播以及考古类型学分析和分期研究等，代表性学者有长广敏雄[2]、高去寻[3]、王仁湘[4]等。其中王仁湘对带钩的研究最为全面，奠定了目前学界对带钩的认识基础。王仁湘将带钩的用途归纳为束带和佩系两种，使用方法归纳为单钩法、并钩法和环钩法三种，同时认为中国境内的带钩为本土起源，春秋中期至战国早期分布中心在三晋和关中地区，其后不断向周边地区传播。长城地带中段地区包括内蒙古自治区中南部、山西省西部以及陕西省北部，处于中原地区与北方草原地区的过渡地带，南与三晋两周地区毗邻，北与北方草原相连。东周时期，该区域人群多元，互动频繁，物质文化面貌相对复杂，目前已发现大量出土铜、铁带钩的墓葬。这些墓葬中带钩出土位置不一，共出

作者：吴雅彤、张礼艳，长春市，130024，东北师范大学历史文化学院。

器物不同，墓主既有男性也有女性，反映出北方地区东周时期不同族群和性别的人群在带钩使用上的差异。本文在前人研究基础上，以东周时期长城地带中段为考察区域、出土情境为考察视角，以类型学分析和分期研究为基础，探讨这一时空范围内带钩的功能和使用方式，继而讨论不同人群对带钩的接纳态度和带钩使用的性别差异等问题。

一、东周时期长城地带中段地区带钩的类型与分期

目前已发表的长城地带中段地区出土的铜、铁带钩约有214件，其中铜带钩有192件，铁带钩有22件。为方便讨论，本文选取有明确出土位置的112件带钩进行类型学分析和分期研究。因铁质带钩与铜质带钩不存在类型差异，故不按材质进行区分。依钩体造型差异，可分为六型。

A型：64件。钩体呈琵琶形，长短不一，可分为四个亚型。

Aa型：19件。禽首，背弧，钩尾圆弧，钩面多饰凸棱。寨头河M51∶7，钩面饰云雷纹，长7厘米[5]（图1，1）；柳林杨家坪华晋焦煤公司宿舍区95LYM4∶13，长10.2厘米[6]（图1，2）。

Ab型：27件。钩柄较短，至钩尾渐宽；钩尾弧度大；钩面多饰凸棱。依钩钮位置，可分为两式。

Ⅰ式：15件。钩钮靠近钩尾。毛庆沟M81∶1，钩部呈鸟头状，钩钮距尾部约为器长的三分之一，长13.4厘米（图1，3）[7]。

Ⅱ式：12件。钩钮上移至钩体中部左右。石口子M1∶14，钩钮位于钩体中部，长21厘米（图1，4）[8]。

Ac型：8件。钩体瘦长，断面呈三角形，钩尾微肥大。李家崖83草M7∶3，长8.3厘米（图1，5）[9]。

Ad型：10件。钩体较短，断面呈半圆形，钮端肥大。李家崖83草M13∶1，长4.8厘米（图1，6）[10]；车家湾AM25∶3，残长5厘米（图1，7）[11]。

B型：14件。钩体呈较匀称的曲棍形，钩体弧度较小。依钩体断面差异，可分为两个亚型。

Ba型：8件。钩体断面呈半圆形，钩身细长，钩钮距钩尾较近，部分钩背较平直。寨头河M57∶4，禽首，弧背，长9.3厘米（图1，8）[12]。

Bb型：6件。钩体断面呈椭圆形，钩身细长。依钩钮位置，可分为两式。

Ⅰ式：4件。钩钮位于钩身近三分之一处。寨头河M83∶1，禽首，弧背，钩面饰凸棱，长15.9厘米（图1，9）[13]。

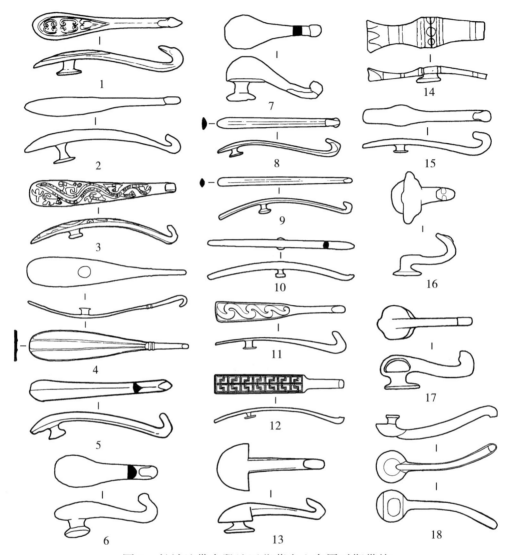

图1 长城地带中段地区墓葬出土东周时期带钩

1、2.Aa型（寨头河M51：7、柳林杨家坪华晋焦煤公司宿舍区95LYM4：13） 3.Ab型Ⅰ式（毛庆沟M81：1） 4.Ab型Ⅱ式（石口子M1：14） 5.Ac型（李家崖83草M7：3） 6、7.Ad型（李家崖83草M13：1、车家湾AM25：3） 8.Ba型（寨头河M57：4） 9.Bb型Ⅰ式（寨头河M83：1） 10.Bb型Ⅱ式（十一窑子M7：3） 11.Ca型（寨头河M10：14） 12.Cb型（李家崖83草M4：6） 13.D型（柳林县看守所98LYM23：9） 14.Ea型（毛庆沟M21：1） 15.Eb型（寨头河M45：2） 16.Ec型（西园M5：13） 17、18.F型（寨头河M79：1、水泉M16：1）

Ⅱ式：2件。钩钮上移至钩体中部左右。十一窑子 M7：3，钩钮位于钩体中部，长 15.6 厘米（图1，10）[14]。

C 型：17件。长牌形，钩体呈规则或不规则的长方形，钩钮距钩尾较近，表面多有纹饰。依钩体差异，可分为两个亚型。

Ca 型：15 件。钩颈细长，钩体呈圆弧长方形。寨头河 M10：14，表面饰水波纹，长 9.8 厘米（图 1，11）[15]。

Cb 型：2 件。钩尾呈规则的长方形。李家崖 83 草 M4：6，残长 11.6 厘米（图 1，12）[16]。

D 型：9 件。耜形，钩体连接钩颈的两边较平直，下呈椭圆弧形，尺寸较小。柳林县看守所 98LYM23：9，长 5.1 厘米（图 1，13）[17]。

E 型：5 件。水禽形。依钩体差异，可分为三个亚型。

Ea 型：3 件。钩体中部较肥大，下端作燕尾形，断面呈半圆形。毛庆沟 M21：1，器身呈鸟状，T 形钮位于钩体中部，长 8.8 厘米（图 1，14）[18]。

Eb 型：1 件（寨头河 M45：2）。鸭嘴形钩首，近钩尾端似有向两侧张开的双翼。钩钮距钩尾较近，长 7.8 厘米（图 1，15）[19]。

Ec 型：1 件（西园 M5：13）。钩体腹部似展开的双翼，钩首向下弯曲，尺寸较小。长 3 厘米（图 1，16）[20]。

F 型：3 件。烟斗形，钩尾端呈圆形或椭圆形，钩体细长且弯曲，钩钮位于尾端背面。寨头河 M79：1，残长 3.5 厘米（图 1，17）[21]；水泉 M16：1，长 9.3 厘米（图 1，18）[22]。

根据上述各型、式带钩出现和流行的年代，可将东周时期长城地带中段地区带钩的发展分为两期。

第一期：带钩类型多样，上述各型带钩全部见于此期（见图 1，1、3、5、6、8、9、11 ～ 17）。其中 C、D、E 型带钩仅见于此期，Ac、Ba 型带钩也仅在此期使用。此期带钩数量较多，有明确出土位置的带钩共计 90 件（附表）。从带钩形态特征看，此期带钩的钮多靠近钩尾。

此期出土带钩的墓葬，以寨头河、李家崖和毛庆沟墓地为代表。学界对上述墓地的年代研究成果较多[23]。本文对带钩年代的判定主要参考发掘简报和学者们的相关研究成果。寨头河 M51 出土的 Aa 型带钩，与圆折肩陶罐、三矮足陶鬲共出，年代为战国早期；史家河 M2 出土的 Ab 型 I 式带钩，共出的单耳陶罐等器物集中出现于战国早中期[24]，则可推定 Ab 型 I 式带钩的年代为战国早中期；李家崖 83 草 M7 出土的 Ac 型带钩，与斜收腹平裆鬲、子母口鼎等陶器共出，年代为战国早期；李家崖 83 草 M13 出土的 Ad 型带钩，与矮领溜肩深腹罐、敛口浅盘豆等陶器共出，年代为春秋晚期；寨头河 M57 出土的 Ba 型带钩，与铜戈共出，年代为战国早期；寨头河 M53 出土的 Bb 型 I 式带钩，与铜戈及其他器物共出，年代为战国早期；寨头河 M10 出土的 Ca 型带钩，与铜戈、矮领圆腹矮足陶鬲等器物共出，年代为春秋晚期；李家崖 83 草 M4 出土的 Cb 型带钩，与陶豆、鬲、罐共出，年代为春秋晚期；柳林 98LYM23 出土的 D 型带钩，与深腹圜底蹄形足陶鼎、敞口束颈陶壶等器物共出，年代为战国早期；李家崖 83 草 M30 出土的 Ea 型带钩，与双耳陶罐、溜肩小平底陶罐等器物共出，年代为战国中期；寨头河 M45 出土的 Eb 型带钩，与三翼式铜镞和骨络饰共出，推断其年代为战国早期；西园 M5 出土的 Ec 型带钩，与铜扣形饰、镞等器物共出，年代为春秋晚期[25]；李家崖 83 草 M5 出土的 F 型带钩，与双耳陶罐、小肩圆折斜收腹陶罐等器物共出，年代为战国中期。综上，第一期的年代范围为春秋晚期至战国中期，是长城地带中段地区带钩发展的繁荣期。

第二期：带钩种类明显减少，仅有 A、B 和 F 型（见图 1、2、4、7、10、18）。数量也较上一期有明显下降，有明确出土位置的带钩共计 22 件（见附表）。从带钩形态特征看，此期长度在 10 厘米以上的带钩的钮已置于钩体近中部。

此期出土带钩的墓葬以杨家坪、石口子和车家湾墓地等为代表。杨家坪 95LYM4 出土的 Aa 型带钩，与陶鼎、壶等器物共出，年代可延续至战国晚期；石口子 M1 出土的 Ab 型 Ⅱ 式带钩，与两件铜印共出，结合铜印形制和其上文字判断，年代为战国晚期；车家湾 AM25 出土的 Ad 型带钩，与陶罐、甑、钵、釜等器物共出，年代可延续至战国晚期；十一窑子 M7 出土的 Bb 型 Ⅱ 式带钩，与短颈鼓腹平底陶罐、折腹陶碗等器物共出，年代为战国晚期；水泉 M16 出土的 F 型带钩，结合墓葬分期，年代为战国晚期。综上，此期年代为战国晚期。

二、从出土情境看带钩的功能和使用方式

考古学研究中的情境分析是观察考古遗存的出土环境，利用考古遗存间的共存关系，发现遗存联系形式的必然性，从而得出对遗存性质与功能的认识，并进而重建历史[26]。带钩作为服饰品，除了具有装饰搭配意义外，还具有礼仪、护身、地位象征和文化习俗等含义。探究带钩的功用和所体现的文化内涵，分析其出土情境不失为一种行之有效的方法。

长城地带中段地区目前所见东周时期的带钩均出土于墓葬中，能判断带钩功用的墓葬共计 96 座（见附表）。这些带钩在墓中的位置并不固定。根据带钩与人骨的位置关系及器物组合，可将带钩的出土情境归纳为以下五种。

第一种：位于墓主盆骨处或腰腹部附近，单独随葬或与环饰共出。

第二种：位于墓主肩部或头骨附近，单独随葬或与环饰、骨簪等装饰品共出。

第三种：位于墓主身侧，与铜环、刀、剑等共出。

第四种：位于墓主身侧、双膝间或棺壁、椁内等远离人骨处，与铜镜、印章及砺石等带孔、钮的器物共出。

第五种：带钩的首与体断为两截，分别置于墓主人身侧，不与其他器物共出。

（一）功能分析

1. 腰带用钩

上述第一种出土情境，即位于墓主盆骨处或腰腹部附近的带钩，用途应为腰带用钩。长城地带中段地区共计43座墓葬符合此种出土情境。从年代上看，第一期有32座，第二期有11座。属于第一种情境的带钩形态主要有A、B和Ca型，长度一般为7～18厘米。

2. 服饰用钩

上述第二种出土情境，即带钩位于墓主肩部或头骨附近，长城地带中段地区共计38座墓葬符合此种出土情境。从年代上看，第一期有33座，第二期有5座。以往曾有学者将肩部附近的带钩视为衣襟钩[27]，王仁湘曾就衣襟钩的问题做过讨论，指出究竟有没有衣襟钩，还需更可靠的证据[28]。无论有无衣襟钩，位于肩部的带钩属服饰用钩无疑，理由是这些出土于肩部附近的带钩在器形、大小和共出器物上与第一种情境中的带钩基本相同，用途也应相同，可暂将位于肩部的带钩统称为服饰用钩。属于第二种情境的带钩形态主要有Aa、Ab、B、D型，长度一般为6～20厘米。

3. 佩器用钩

上述第三种情境，即带钩位于墓主身侧并与铜刀、剑等器物共出，其带钩的用途应为佩器用钩。长城地带中段地区共计7座墓葬符合此种出土情境，年代集中于第一期。典型墓葬如柳林县看守所98LYM51，出土的Ac型带钩与环首刀共出，钩首被压于环首刀下；李家崖83草M3，出土的D型带钩与铜剑共出于墓主上肢骨右侧，钩尾靠近剑端。属于第三种情境的带钩形态主要有Ac、D型，长度一般为5～11厘米。

4. 系挂用钩

上述第四种情境，即带钩与铜镜、印章及砺石等带孔、钮的器物共出，这些带孔、钮的器物可能是通过带钩佩戴于墓主腰间。这类带钩的功能为系挂用钩。长城地带中段地区共计 7 座墓葬符合此种出土情境。从年代上看，第一期有 5 座，第二期有 2 座。典型墓葬如毛庆沟 M58，出土的 Ac 型带钩与带孔砺石共出于墓主腰侧；石口子 M1，出土的 Ab 型带钩与带钮铜镜、印章等共出于墓主身侧。属于第四种情境的带钩形态主要有 Aa、Ab、B、Ca 型，长度一般为 10～21 厘米。

5. 随葬用钩

上述第五种情境，即带钩断为两截分置于墓中，长城地带中段地区共计 2 座墓葬符合此种出土情境，年代集中于第一期。典型墓葬如十一窑子 M5，出土的 Aa 型带钩自头部断为两截，分别握于墓主两手中。这种情境下，带钩失去了使用的原始位置，其功能为随葬用钩。属于第五种情境的带钩形态主要有 Aa、Ab 型。

（二）使用方式[29]

1. 单钩法

单钩法指使用单个带钩束带、装饰、佩器或系挂的方法。单钩法是带钩的主要使用方式，腰带、服饰、佩器和系挂用钩均使用此法，但具体使用方式存在差别。作为腰带用钩时，是将钩钮嵌入革带一端，钩首钩挂在革带另一端的穿孔中横置于腰间使用[30]。如包头二〇八墓地 M2，带钩横置于墓主盆骨中间靠下位置（图 2）。长城地带中段地区有 38 座墓葬出土带钩使用此法。服饰用钩使用时则斜置于肩部。如饮牛沟 97YM13，带钩置于墓主左肩，钩首朝上。长城地带中段地区有 30 座墓葬出土带钩使用此法。佩器用钩和系挂用钩是将带钩置于腰侧，钩钮嵌入革带，钩首垂直向下使用。如柳林县看守所 98LYM23，带钩与铜剑共出并平行置于墓主身侧。长城地带中段地区有 6 座墓葬出土带钩作佩器用钩使用此法，2 座墓葬出土带钩作系挂用钩也使用此法。

使用单钩法的带钩形态主要有 A、B、Ca、D、Ea 和 F 型。

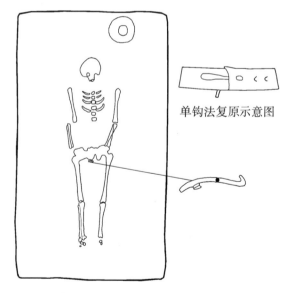

单钩法复原示意图

图 2　包头二〇八墓地 M2 出土腰带用钩及单钩法复原示意图

2. 环钩法

环钩法指以钩与环钩连的形式来束结革带、装饰和佩器的方法。从带钩的出土情境看，除单独随葬外，带钩常与铜、铁、玛瑙环等共出，位置靠近，显然是配套使用的。环钩法是仅次于单钩法的带钩使用方式，腰带、服饰和佩器用钩均使用此法，但在具体使用方式上也存在区别。腰带用钩者，带钩与环钩连于腰间。如寨头河 M61 中的带钩与铜环共出于墓主盆骨处。长城地带中段地区共有 4 座墓葬出土带钩使用此法。服饰用钩者，带钩与环钩连于肩部。如毛庆沟 M81 中带钩与玛瑙环共出于墓主右肩。长城地带中段地区共有 7 座墓葬出土带钩使用此法。佩器用钩者，带钩与环钩连竖置于腰侧，钩首向下，与环钩连，环下配有铜刀、剑等工具和武器。如李家崖 83 草 M3 中带钩与铜环、剑共出于墓主身侧（图 3）。长城地带中段地区仅有这 1 座墓使用此法。

使用环钩法的带钩形态主要有 Aa、Ab、Ad、Ba、Ca 型。

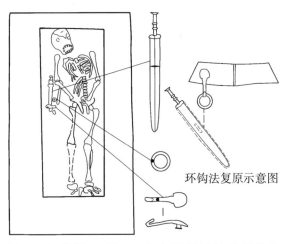

图 3　李家崖 83 草 M3 出土佩器用钩及环钩法复原示意图

3. 钩链法

钩链法指以钩与铜链钩连的形式来束带和系挂的方法。从出土情境看，带钩与一种小铜器共出于墓主腰部或身侧。该铜器由环和链连接组成，仅见于出土带钩的墓葬中，如寨头河 M82（图 4）和 M60（图 5，1）。此外，延安市文物研究所[31]和绥德县博物馆[32]（图 5，2）还藏有 4 件带钮系一条铜链的带钩。可见，在带钩的使用方式中的确存在钩链法。长城地带中段地区共

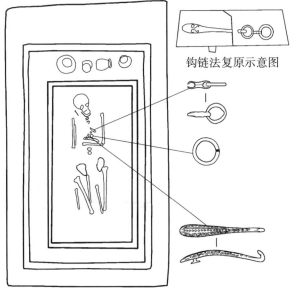

图 4　寨头河 M82 出土腰带用钩及钩链法复原示意图

有2座墓葬出土带钩使用钩链法。腰带用钩和系挂用钩均见此法。腰带用钩者，带钩与铜链钩连横置于腰间。长城地带中段地区有1座墓葬出土带钩使用此法。系挂用钩者，带钩竖置于腰侧、钩首向下并与铜链相钩连。长城地带中段地区有1座墓葬出土带钩使用此法。

使用钩链法的带钩形态主要有 Aa、Bb 型。

4. 双钩法

双钩法指用两件带钩进行系挂的方法。从出土情境看，长城地带中段地区存在一墓随葬两件带钩的现象，且两件带钩的尺寸、形制多数基本相同。目前，仅在系挂用钩中见到此法，使用时两件带钩的钩首向下竖置于腰间，钩首上常钩挂带孔、钮的砺石、铜链和印章等。如寨头河 M60 出土的两件带钩分置于墓主身侧（见图 5，1）。长城地带中段地区有5座墓葬出土带钩使用此法。

使用双钩法的带钩形态主要有 Aa、Ab、Ac、Ba、Bb 型。

综上，长城地带中段地区墓葬出土的腰带和服饰用钩数量最多。腰带用钩主要使用单钩法，辅以环钩法和钩链法。服饰用钩主要使用单钩法和环钩法。佩器用钩和系挂用钩数量少。佩器用钩多数使用单钩法，也存在环钩法。系挂

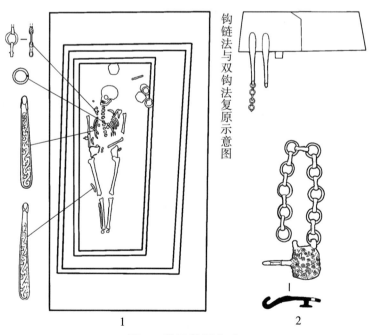

图 5　带钩使用方式
1.寨头河M60出土系挂用钩及钩链法、双钩法复原示意图　2.绥德博物馆藏带铜链的带钩

用钩则主要使用双钩法，单钩法和钩链法都仅见1例。从年代上看，佩器用钩和钩链法仅见于第一期。

三、长城地带中段地区带钩使用的人群差异和性别差异

长城地带中段地区的带钩多出自墓葬。对于墓葬材料来说，包括墓葬形制结构、墓向和殉牲习俗在内的葬俗是最能体现文化传统的综合性指标[33]。带钩作为服饰品，具有使用功能并能反映文化传统与审美观念[34]，是区分不同人群文化特质的重要因素。我们尝试将带钩置于出土背景之中以探讨其使用的人群差异和性别差异。

（一）人群差异

长城地带中段地区人群构成复杂，综合以往学者对相关遗存的族属推断，根据不同遗存分布的地理范围，以战国秦长城为界，可将长城地带中段地区出土带钩的墓葬分为以文献所称的林胡、楼烦和诸胡人群为主体的北部地区与戎、狄人群主要活动区域的南部地区。不同人群汇集于此，形成多元文化格局。

1. 北部地区

东周时期，北部地区的墓葬有包头西园墓地[35]、桃红巴拉墓地[36]、公苏壕墓葬[37]、西沟畔墓地[38]、呼鲁斯太墓葬[39]、玉隆太墓葬[40]、速机沟墓葬[41]、毛庆沟墓地[42]、饮牛沟墓地[43]、崞县窑子墓地[44]、水泉墓地[45]、忻州窑子墓地[46]、小双古城墓地[47]、阿鲁柴登墓地[48]、沟里头墓葬[49]、二〇八墓地[50]、石口子墓地[51]、城嘴子墓地[52]、大堡山墓地[53]、十一窑子墓地[54]、呼和乌苏墓地[55]、将军沟墓地[56]、岢岚窑子坡墓葬[57]和平鲁井坪墓葬[58]等，其中出土带钩的墓葬有包头西园墓地、二〇八墓地、饮牛沟墓地、毛庆沟墓地、水泉墓地、石口子墓地、城嘴子墓地、大堡山墓地、十一窑子墓地、呼和乌苏墓地、将军沟墓地、岢岚窑子坡墓葬和平鲁井坪墓葬等。这些墓葬所属族属一般认为是楼烦和诸胡人群。其中能明确带钩功用的墓葬共计33座（一期墓葬有19座，二期墓葬有14座），包括服饰用钩16座、腰带用钩11座、系挂用钩3座、随葬用钩2座和佩器用钩1座，使用单钩法的有27座、双钩法的有3座、环钩法的有1座。可见，北部地区的人群使用带钩以服饰用钩为主，使用方式上以单钩法为主。随葬用钩仅在这一区域发现。将带钩有意打断入葬的现象在侯马乔村墓地[59]、河南辉县战国墓葬[60]等三晋两周地区墓葬中都有发现。打断带钩当是人们有意为之，属一种特殊的"毁器"葬俗。在随葬品组合方面，北部地区出土带钩的这些墓中基本不见陶器，带钩与玛瑙环、料珠等小件装饰品共出，多数

墓葬甚至仅随葬一件带钩。

值得注意的是，位于北部地区的毛庆沟墓地包含了东西向和南北向两个方向的墓葬。根据墓中随葬品组合关系、葬俗和人种鉴定结果可知，两个方向的墓葬代表两种不同人群。东西向墓葬不使用任何葬具，填土中有殉牲，多随葬具有草原文化因素的北方文化器物，墓主属于当地的北方人；南北向墓葬有葬具，无殉牲，随葬品多为带钩，墓主应是从中原北上的居民[61]。毛庆沟墓地的年代在春战之际到战国中期，即本文划分的第一期，也就是说南北向墓葬的主人应是在赵国占领此地之前就已居住在这一带的中原人。

毛庆沟墓地有15座墓葬出土带钩[62]，其中南北向墓葬8座、东西向墓葬7座。代表中原人群的南北向墓中随葬Ab型和Ea型带钩，多放置于墓主肩部。其中M21中带钩与石棒形器共出，M81中带钩与料珠和玛瑙环共出，其余墓葬中只见带钩。此外，南北向墓葬中存在将带钩的钩首有意打断入葬的现象，属于一种特殊的葬俗。而代表当地人群的东西向墓则随葬Ac型和Eb型带钩，多置于墓主腰部和肩部，与铜环、料珠、铜铃、铜印章、砺石等共出，反映出当地人将带钩主要作为腰带、服饰和系挂之用，使用单钩法、环钩法和双钩法，不见将带钩的钩首有意打断入葬的现象。毛庆沟墓地材料表现出了明显的当地人和北上中原人在带钩使用上的葬俗差异，折射出北方民族与华夏族群文化融合上的"和而不同"。

2. 南部地区

南部地区出土带钩的墓葬分布范围大致以吕梁山脉为界，分为以李家崖墓葬等为代表的南部偏东地区和以寨头河墓地等为代表的南部偏西地区。

南部偏东地区出土带钩的墓葬主要有李家崖墓葬[63]、临县三交墓葬[64]、柳林杨家坪墓葬[65]、柳林看守所墓葬[66]和车家湾墓地[67]等。这些墓葬的墓主族属可能是狄人，主要随葬Aa、Ac、Ad、Cb、D、F型带钩。南部偏东地区能确定带钩功用的墓葬共计20座（一期墓葬有16座，二期墓葬有4座），包括腰带用钩11座、佩器用钩5座和服饰用钩4座，使用单钩法的有18座、环钩法的有2座。南部偏东人群主要用带钩进行束带和佩器，在带钩的使用上偏好单钩法。在随葬品组合方面，出土带钩的墓葬中常见陶容器，北方文化的陶双耳罐、矮三足鬲与中原文化的陶豆及石圭等器物共出，不见其他腰部装饰品。

南部偏西地区出土带钩的墓葬主要有寨头河墓地[68]和史家河墓地[69]，一般认为其族属为戎人[70]，主要随葬Aa、Ba、Bb、D、Ec和F型带钩。能确定带钩功用的墓葬共计43座，年代集中于第一期，包括腰带用钩21座、服饰用钩 18 座、系挂用钩 4 座和佩器用钩 1 座，使用单钩法的有 31 座、环钩法的有 9 座、钩链法和双钩法的各有 2 座。通过统计南部偏西地区人群使用带钩的情况可以发现：寨头河墓地流行环钩法，属于北方系青铜器的扣、管、铃等常与带钩共出于墓主腰部，应是与带钩共同作为腰带饰使用，暗含了南部偏西地区人群的服饰习惯。

3. 小结

长城地带中段地区出现带钩无疑是受中原地区的影响，而该地区的人群之所以会接纳带钩，应是看中了带钩的实用功能，相比于有装饰和系结功能的北方系带扣或牌饰[71]，带钩的佩器和系挂之用凸显。北部地区的东周墓葬中，在当地人和北上中原人的墓葬中均出土了带钩。以毛庆沟墓地为例，前文提到从出土情境看，当地人将带钩作为腰带、服饰和系挂之用。这些当地人在习用装饰性更强的带扣或腰牌饰的情况下，仍然使用了一定数量的带钩，看重的是带钩的系挂功能。南部偏东的狄人墓中除带钩外不见其他腰部装饰品，看重的是带钩的束带和佩器功能。南部偏西的戎人则将具有自身服饰特征的腰带饰如铜扣、小铜管等与带钩配套使用，在使用带钩的同时还保留了自身服饰风格。此外，环钩法在这一区域使用得最为广泛。

值得注意的是，三个地区中，狄人对带钩的接纳度最高，表现在以下几个方面。首先，陕北地区东周时期有一种兽形带钩，在冀北地区也有发现，而在其他地区很少见到，这种兽形带钩属于狄的遗存[72]。可见，狄人不仅接纳带钩，还创造出具有自身风格的带钩样式。其次，三个地区中只有出土带钩的狄人墓中不见其他腰带饰。狄人不使用其他腰带饰，部分原因可能是其长期受中原文化的影响，但也与这一人群的文化传统有关。目前考古发现的与狄人相关的遗存[73]中均发现带钩，如中山灵寿城及中山国王陵出土了鎏金兽纹带钩、镶金凤银带钩、铜带钩及带钩范等[74]，原平刘庄塔岗梁墓地出土了 4 件带钩[75]，浑源李峪村 M2 出土了 1 件带钩[76]，玉皇庙文化遗存中有 63 件带钩[77]。此外，狄系统下的玉皇庙文化出现带钩的年代早至春秋中期晚段[78]，与中原地区大致同时。三晋两周地区到了战国早期使用带钩系带还并不普遍，而同时期的玉皇庙文化遗存中却出现了各种与中原地区具有明显形制差别的带钩[79]，很可能使用带钩是狄人的服饰风格。

（二）性别差异

中原地区的带钩一般被看作男性束带和佩系的用具，而长城地带中段地区东周墓葬资料表明，男性和女性均可随葬带钩，带钩并非男性专有用具，寨头河墓地、柳林看守所墓地、毛庆沟墓地、水泉墓地和大堡山墓地中女性随葬带钩的比例甚至高于男性（图6）。我们依据男女两性墓葬中带钩的出土情境，从带钩的摆放位置和随葬品的组合关系等方面考察带钩使用上的性别差异。

首先，从随葬带钩的类型看，男性墓中常见 Aa、Ab、Ac、B、Ca 型带钩，女性墓中常见 Aa、Ab、Ca、D 型带钩，其中 Ac 型带钩目前仅见于男性墓葬。男女两性墓葬中出土带钩的纹饰风格无明显差异，但男性墓出土带钩整体上稍长一些，尺寸在 20 厘米以上的带钩仅见于男性墓葬，这可能与两性体型差异有关。两性墓葬随葬带钩的类型差异暗含了二者在带钩选择上存在偏好。

其次，摆放位置上，男性墓中带钩多放置在身侧或盆骨附近，女性墓中则多放置在肩部、头部或盆骨附近。共出器物中，男性墓中带钩多与环首刀、铜剑、铜戈、铜镞、骨络饰等工具、武器和车马器共出，女性墓中带钩多与簪、珠子和骨笄等装饰品共出。长城地带中段地区东周时期女性虽然可以随葬带钩，但出土位置和共出器物与男性不同，反映出在带钩使用上女性与男性存在差异。

最后，从带钩功能看，腰带用钩中男性墓葬有 17 座、女性墓葬有 14 座，服饰用钩中男性墓葬有 15 座、女性墓葬有 17 座，佩器用钩中仅有 5 座男性墓葬，系挂用钩中男性墓葬有 5 座、女性墓葬有 2 座。可见，男性将带钩作为腰带、服饰、佩器和系挂之用，其中佩器用钩佩挂的是工具和武器，仅见于男性墓葬；女性主要将带钩作为腰带和服饰之用，个别女性还使用带钩系挂铜玺等

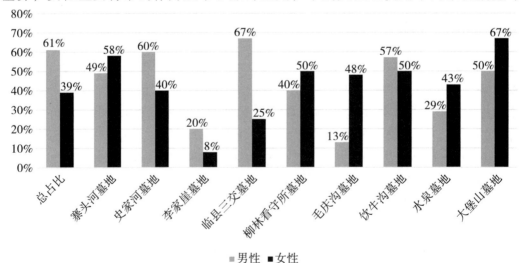

图 6 随葬带钩墓葬中两性占比

器物。带钩功用上的性别差异反映出北方长城地带中段地区男性使用带钩更具实用性和多样性，而女性佩戴带钩主要用于服饰，更注重带钩的装饰功能。

四、结　语

带钩是兼具实用性和装饰性的器物。长城地带中段地区从春秋晚期开始流行使用带钩，至战国中期，带钩的类型逐渐丰富，包括琵琶形、曲棍形、长牌形、耜形、水禽形和烟斗形等。战国中期以后，带钩的发展趋向衰落。从出土情境看，长城地带中段地区带钩的功能有腰带用钩、服饰用钩、佩器用钩、系挂用钩和随葬用钩，使用方式有单钩法、环钩法、钩链法和双钩法，其中腰带用钩和服饰用钩在长城地带中段地区最为流行，使用方式主要是单钩法。与中原地区相比，长城地带中段地区带钩出现的时间较晚，带钩在型式上基本涵盖了中原地区的所有类型。在用途方面，中原地区的带钩可以确定的功能有束带、佩器、佩物和佩饰，在此基础上，我们又分出了专门随葬用的带钩。使用方式上，中原地区有单钩法、并钩法和环钩法，其中并钩法不见于长城地带中段地区，而长城地带中段地区还使用钩链法和双钩法。

受中原地区的影响，长城地带中段地区的人群接纳了带钩，但在带钩的使用上呈现出多元化现象。北部地区的林胡、楼烦和诸胡人群主要看重带钩的装饰和系挂功能，南部地区的狄人更看重带钩的束带和佩器功能、戎人则重视带钩的束带和装饰功能；使用方式上都偏好单钩法，戎人还流行使用环钩法。在中原地区，带钩一般被认为是男性束带和佩系用具，但从长城地带中段地区的情况看，女性同样使用带钩，只不过男性注重带钩的实用性，女性更看重带钩的装饰性。

长城地带中段地区不同族群在带钩的接纳和使用上呈现出的不同，折射出北方民族与华夏族群在文化融合方面的"和而不同"。带钩使用的多样性在一定程度上暗含了这一地区文化和人群的多样性。带钩这一小小的器物成为北方青铜文化与华夏文化交流、碰撞的见证。

注　释

[1] 王仁湘对此已做过总结，本文不再赘述。王仁湘：《带钩概论》，《考古学报》1985年第3期。

[2] [日]长广敏雄：《带钩の研究》，《古代支那工藝史に於ける带鈎の研究》，東方文化研究所，1943年。

[3] 高去寻：《战国墓内带钩用途的推测》，《"中央研究院"历史语言研究所集刊》1952年第23

本下。

[4] 王仁湘：《古代带钩用途考实》，《文物》1982年第10期；前引《带钩概论》。

[5] 陕西省考古研究院等：《寨头河——陕西黄陵战国戎人墓地考古发掘报告》，上海古籍出版社，2018年。

[6] 山西省考古研究所等：《柳林杨家坪华晋焦煤公司宿舍区墓葬发掘报告》，《三晋考古》第三辑，2006年。

[7] 内蒙古文物工作队：《毛庆沟墓地》，《鄂尔多斯式青铜器》，文物出版社，1986年。

[8] 中山大学南中国海考古研究中心等：《内蒙古自治区准格尔旗石口子遗址发掘简报》，《文物春秋》2019年第1期。

[9] 陕西考古研究院：《李家崖》，文物出版社，2013年。

[10] 前引《李家崖》。

[11] 山西省考古研究所等：《吕梁环城高速离石区阳石村墓地与车家湾墓地发掘简报》，《三晋考古》第四辑，2012年。

[12] 前引《寨头河——陕西黄陵战国戎人墓地考古发掘报告》。

[13] 前引《寨头河——陕西黄陵战国戎人墓地考古发掘报告》。

[14] 乌兰察布博物馆：《内蒙古丰镇市十一窑子战国墓》，《考古》2003年第1期。

[15] 前引《寨头河——陕西黄陵战国戎人墓地考古发掘报告》。

[16] 前引《李家崖》。

[17] 山西省考古研究所等：《柳林县看守所墓葬发掘报告》，《三晋考古》第三辑，2006年。

[18] 前引《毛庆沟墓地》。

[19] 前引《寨头河——陕西黄陵战国戎人墓地考古发掘报告》。

[20] 内蒙古文物考古研究所等：《包头西园春秋墓地》，《内蒙古文物考古》1991年第1期。

[21] 前引《寨头河——陕西黄陵战国戎人墓地考古发掘报告》。

[22] 内蒙古自治区文物考古研究所等：《岱海地区东周墓群发掘报告》，科学出版社，2016年；内蒙古自治区文物考古研究所：《凉城县水泉东周墓地发掘简报》，《草原文物》2012年第1期。

[23] 孙周勇等：《黄陵寨头河战国墓地相关问题探讨》，《考古与文物》2012年第6期；王震：《陕西清涧李家崖东周墓葬的年代及相关问题》，《边疆考古研究》第26辑，2019年；陈畅：《毛庆沟墓地年代学研究》，《考古与文物》2010年第1期。

[24] 孙周勇等：《黄陵史家河战国墓地相关问题探讨》，《考古与文物》2015年第3期。

[25] 杨建华：《春秋战国时期中国北方文化带的形成》，文物出版社，2004年。

[26] 许永杰：《中国考古学研究中的情境分析》，《考古与文物》2011年第1期。

[27] 前引《鄂尔多斯式青铜器》第110、111页。

[28] 前引《古代带钩用途考实》《带钩概论》。

[29] 受限于出土材料的保存情况，带钩使用方式的复原主要参考了同时期青铜人像及兵马俑的服饰细节，仅为示例。

[30] 前引《古代带钩用途考实》《带钩概论》。

[31] 姬乃军：《延安地区文管会收藏的匈奴文物》，《文博》1989年第4期。

[32] 曹玮主编：《陕北出土青铜器》第五卷第852、858、885～887页，巴蜀书社，2009年。

[33] 王立新：《秦统一前内蒙古中南部地区的文化多元化及其历史背景》，《先秦考古微探》，科学出版社，2016年。

[34] 前引《春秋战国时期中国北方文化带的形成》。

[35] 前引《包头西园春秋墓地》。

[36] 田广金：《桃红巴拉的匈奴墓》，《考古学报》1976年第1期。

[37] 前引《桃红巴拉的匈奴墓》。

[38] 伊克昭盟文物工作站等：《西沟畔匈奴墓》，《文物》1980年第7期。

[39] 塔拉等：《呼鲁斯太匈奴墓》，《文物》1980年第7期。

[40] 内蒙古博物馆等：《内蒙古准格尔旗玉隆太的匈奴墓》，《考古》1977年第2期。

[41] 盖山林：《内蒙古自治区准格尔旗速机沟出土一批铜器》，《文物》1965年第2期。

[42] 前引《毛庆沟墓地》。

[43] 内蒙古自治区文物工作队：《凉城饮牛沟墓葬清理简报》，《内蒙古文物考古》，1984年；内蒙古文物考古研究所等：《岱海考古（二）：中日岱海地区考察研究报告集》，科学出版社，2001年。

[44] 内蒙古文物考古研究所：《凉城崞县窑子墓地》，《考古学报》1989年第1期。

[45] 前引《岱海地区东周墓群发掘报告》《凉城县水泉东周墓地发掘简报》。

[46] 前引《岱海地区东周墓群发掘报告》。

[47] 前引《岱海地区东周墓群发掘报告》。

[48] 田广金等：《内蒙古阿鲁柴登发现的匈奴遗物》，《考古》1980年第4期。

[49] 崔利明：《内蒙古兴和县沟里头匈奴墓》，《考古》1994年第5期。

[50] 包头市文物管理处：《包头市二〇八墓地》，《内蒙古文物考古》1997年第2期。

[51] 前引《内蒙古自治区准格尔旗石口子遗址发掘简报》。

[52] 内蒙古自治区文物考古研究所：《清水河县城嘴子遗址发掘报告》，《内蒙古文物考古文集》第三辑，2004年。

[53] 内蒙古师范大学历史文化学院等：《和林格尔县大堡山墓地发掘报告》，《草原文物》2013年第2期。

[54] 前引《内蒙古丰镇市十一窑子战国墓》。

[55] 曹建恩：《察右前旗呼和乌苏战国汉代北魏墓葬》，《中国考古学年鉴（1996）》，文物出版社，1998年。

[56] 张全超：《内蒙古和林格尔县新店子墓地人骨研究》，科学出版社，2010年。

[57] 山西省考古研究所等：《岢岚窑子坡遗址古墓葬发掘报告》，《三晋考古》第四辑，2012年。

[58] 支配勇等：《平鲁井坪楼烦墓》，《文物季刊》1992年第1期。

[59] 山西省考古研究所：《侯马乔村墓地（1959～1996）》，科学出版社，2004年。

[60] 中国科学院考古研究所:《辉县发掘报告》,科学出版社,1956年。

[61] 杨建华等:《毛庆沟墓地的两种墓葬所反映的不同社会结构》,《边疆考古研究》第八辑,2009年。

[62] 前引《毛庆沟墓地》。

[63] 前引《李家崖》。

[64] 山西省考古研究所等:《临县三交战国墓发掘简报》,《三晋考古》第一辑,1994年。

[65] 吕梁地区文物事业局等:《1997年柳林县杨家坪战国墓葬清理简报》,《山西省考古学会论文集》(三),山西古籍出版社,2000年。

[66] 前引《柳林县看守所墓葬发掘报告》。

[67] 前引《吕梁环城高速离石区阳石村墓地与车家湾墓地发掘简报》。

[68] 前引《寨头河——陕西黄陵战国戎人墓地考古发掘报告》。

[69] 陕西省考古研究院等:《戎与狄——陕北史家河与辛庄战国墓地考古报告》,文物出版社,2021年。

[70] 前引《黄陵寨头河战国墓地相关问题探讨》《黄陵史家河战国墓地相关问题探讨》。

[71] 潘玲等:《东周时期中国北方系腰带研究(一)》,《边疆考古研究》第21辑,2017年。

[72] 杨建华等:《欧亚草原东部的金属之路:丝绸之路与匈奴联盟的孕育过程》第372页,上海古籍出版社,2017年。

[73] 杨建华:《中国北方东周时期两种文化遗存辨析——兼论戎狄与胡的关系》,《考古学报》2009年第2期。

[74] 河北省文物研究所:《战国中山国灵寿城——1975~1993年考古发掘报告》,文物出版社,2005年;《墓——战国中山国国王之墓》,文物出版社,1996年。

[75] 忻州地区文物管理处等:《山西原平刘庄塔岗梁东周墓第二次清理简报》,《文物季刊》1998年第1期。

[76] 山西省考古研究所:《山西浑源县李峪村东周墓》,《考古》1983年第8期。

[77] 王继红等:《玉皇庙文化青铜带钩研究(上)》,《文物春秋》2013年第6期。

[78] 金东一:《玉皇庙文化青铜器研究》,吉林大学博士学位论文,2018年。

[79] 滕铭予等:《东周时期三晋地区的北方文化因素》,《边疆考古研究》第10辑,2011年。

附表

东周时期长城地带中段地区带钩的出土情境与使用方式统计

地区		墓葬	带钩类型	墓主性别	出土位置	共出器物	其他随葬品	出土情境	功能分类	使用方式	时代
北部地区	饮牛沟	97YM13	D	女	墓主左肩	无	铜饰件及琉璃、铁、铜珠	第二种	服饰	单钩	战国中
		97YM2	Bb	女	墓主右膝附近	无	无	*	*	*	战国末
		97YM3	Ab	男	墓主右肩	无	猪肩胛骨、肋骨	第二种	服饰	单钩	战国中
		97YM9	Ab	男	墓主腰腹部	无	犬骨	第一种	腰带	单钩	战国末
		97YM10	Ab	女	墓主头侧	无	石器、猪腿骨	第二种	服饰	单钩	战国中
		97YM12	D	男	墓主头侧	无	陶罐、羊肩胛骨、肋骨	第一种	服饰	单钩	战国中
		97YM15	Ab	男	墓主盆骨处	无	无	第二种	腰带	单钩	战国晚
		97YM16	D	男	墓主左腿外侧	无	无	*	*	*	战国中
		97YM17	D	女	墓主左肩	无	动物脊椎骨	第二种	服饰	单钩	战国中
		97YM19	D	女	墓主腰腹部附近	无	鹿角簪、动物骨骼	第一种	腰带	单钩	战国中
		97YM21	D	女	墓主右脚处	无	猪肩胛骨、腿骨	*	*	*	战国中
		97YM23	Ab	男	填土中	无	无	*	*	*	战国晚
		82E·M9	Ab	男	墓主左侧腰部	无	陶罐、动物形铜牌饰、殉牲	第一种	腰带	单钩	战国晚
		82E·M8	Ab	男	墓主右肩	无	石环、骨匕	第二种	服饰	单钩	战国晚
	水泉	M1	Bb	男	墓主左腿外侧	无	羊肩胛骨	第二种	*	*	战国晚
		M2	Ab	男	墓圹前壁	无	羊肩胛骨	*	*	*	战国中晚
		M3	Ab	?	墓主头骨前方	无	无	第二种	服饰	单钩	战国中晚
		M8	Ab	女	墓主头骨右侧	无	无	第二种	服饰	单钩	战国中晚
		M10	Ab	女	墓主头骨右侧	无	无	第二种	服饰	单钩	战国中晚
		M11	Ab	男	墓主盆骨附近	无	无	第一种	腰带	单钩	战国中晚
		M15	Ab	?	两截分别位于墓主头骨右侧、脚骨左侧骨存左壁外侧处	无	无	第五种	特殊葬俗	打断	战国中晚
		M16	F	男	墓主盆骨附近	无	无	第一种	腰带	单钩	战国晚
		M18	Ab	女	墓主头骨下方	骨簪	铜环、铁云纹牌饰、石印章	第二种	服饰	单钩	战国中晚
		M28	Ab	男	墓主右侧股骨下端	无	骨管	*	*	*	战国晚

续附表

地区	墓葬	带钩类型	墓主性别	出土位置	共出器物	其他随葬品	出土情境	功能分类	使用方式	时代
北部地区	平鲁井坪 M192	Aa	男	墓主下肢右侧	无	铜环首削、"丁"字形骨器、玉串珠	第三种	佩器	单钩	春秋战国之交
	石口子 M1	Ab	男	墓主腰部	铜镜、印章、水晶、骨管、珠	铜管、玉环、绿松石、料珠	第四种	系挂	双钩	战国晚
	大堡山 M35	Ab	?	墓主身侧	无	无	第一种	腰带	单钩	战国晚
	M44	Ab	女	墓主头侧	无	无	第二种	服饰	单钩	战国晚
	M1	Aa	男	墓主左股骨东侧	无	铜釜、盆、镞、镜	第一种	腰带	单钩	战国晚
	M16	Ab	男	墓主盆骨附近	无	陶罐、豆、铜玺、铁铧、蚌壳、牲骨	第一种	腰带	单钩	战国晚
	M26	Ab	女	墓主盆骨附近	无	铜黄、玛瑙环	第一种	腰带	单钩	战国晚
	M30	Ab	女	墓主盆骨附近	玛瑙环、料珠	铜玺	第四种	系挂	双钩	战国晚
	十一窑子 M7	Bb	?	墓主右肩	无	陶罐、碗	第二种	服饰	单钩	战国晚
	M5	Aa	?	握于墓主左右手	无	无	第五种	特殊葬俗	打断	战国中晚
	毛庆沟 M21	Ea	女	墓主右肩	陶纺轮、石棒形器	无	第二种	服饰	单钩	战国早
	M81	Ab	女	墓主右肩	玛瑙环、料珠、角器、骨块	无	第二种	服饰	环钩	战国早
	M58	Ac	男	墓主腰部	无	陶罐、铜戈、管状饰、短剑、挂钩、砺石	第四种	系挂	双钩	战国早
	西园 M5	Ec	男	?	?	铜环、扣形饰、管形饰、镞、蚌环、黄形饰、绿松石	?	?	?	春秋晚
	二〇八 M2	Bb	?	墓主盆骨处	无	陶罐	第一种	腰带	单钩	战国中晚
	岢岚窑子坡 M1	Ad	男	墓主右肩	无	无	第二种	服饰	单钩	战国中晚
	M2	Ab	男	墓主肩部附近	无	无	第二种	服饰	单钩	战国晚
	M3	Ad	男	墓主下肢左侧	无	骨簪	*	*	*	战国中晚

续附表

地区		墓葬	带钩类型	墓主性别	出土位置	共出器物	其他随葬品	出土情境	功能分类	使用方式	时代
南部偏东地区	杨家坪	95LYM4	Aa	女	棺壁右侧	无	陶壶、钵、盆、豆、鼎、高、骨簪	第一种	腰带	单钩	战国晚
	柳林	98LYM51	Ac	男	棺壁右侧	铜环首刀	陶壶、高、豆、石圭、铜剑、玛瑙环	第三种	佩器	单钩	战国中
		98LYM23	D	男	墓主上肢右侧	铜剑	陶壶、盖豆、豆、鼎	第三种	佩器	单钩	战国早
		98LYM58	Aa, Ab	女	墓主头部	骨簪	陶鼎	第二种	服饰	单钩	战国中
	车家湾	AM25	Ad	?	墓主盆骨处	铜环	陶罐、甑、钵、釜、铁锸	环钩	腰带	环钩	战国晚
		BM38	Aa	?	墓主右肩侧	无	陶罐、铜铃、玛瑙环	第二种	服饰	单钩	战国晚
		BM39	Aa	?	墓主盆骨处	无	陶壶、鼎、豆、碗	第一种	腰带	单钩	战国晚
	李家崖	83草M3	D	男	墓主上肢右侧	铜环、剑	陶高、钵	第二种	佩器	环钩	春秋晚
		83草M4	Cb	女	墓主肩部附近	无	陶豆、高、罐、石饰、圭	第二种	服饰	单钩	战国晚
		83草M5	F	?	墓主肩部附近	无	陶盂、罐	第二种	服饰	单钩	战国中
		83草M7	Ac	男	墓主下肢左侧	无	陶罐、豆、高、鼎、铜镞、石圭	*	*	*	战国早
		83草M13	Ad	?	墓主腰部附近	无	陶豆、罐、钵	第一种	腰带	单钩	春秋晚
		83草M15	Ac	?	墓主腰腹部附近	无	陶豆、盂、高、罐、环、石圭、料珠	第三种	腰带	单钩	战国早
		83草M17	Ac	?	墓主盆骨附近	无	无	第二种	腰带	单钩	战国早
		83草M18	Aa	?	墓主腰腹部附近	无	陶钵、豆、罐、壶、石圭	第一种	腰带	单钩	春秋晚
		83草M19	Ac	?	墓主头一侧	铜剑剑柄	陶鼎、高、豆、壶、玉玲、铜弩机、石圭	第三种	佩器	单钩	春秋晚
		83草M30	Ea	?	墓主腰部附近	无	陶罐、盆、石圭	第一种	腰带	单钩	战国中
		83峰M1	Ca	?	墓主腰腹部附近	无	陶壶、豆、双耳罐	第一种	腰带	单钩	战国中
		83峰M4	D	?	墓主盆骨右侧	无	陶罐、盆、高	第二种	腰带	单钩	春秋晚
		83峰M7	Ac	?	棺内	铜矛	陶壶、豆、罐、铜镞	第三种	佩器	单钩	春秋晚
		83草M16	Ac	男	墓主腰部	无	铜剑	第一种	腰带	单钩	战国早

续附表

地区		墓葬	带钩类型	墓主性别	出土位置	共出器物	其他随葬品	出土情境	功能分类	使用方式	时代
南部偏西地区	寨头河	M10	Ca	男	墓主上肢左侧	铜戈	陶鬲、罐、盆、铜镞、环、马衔	第三种	佩器	单钩	春秋晚
		M11	Ca	女	墓主肩部	骨笄	陶罐、鬲	第二种	服饰	单钩	战国中
		M17	Ca	男	墓主盆骨附近	无	陶罐、铜戈、纽扣	第一种	腰带	单钩	战国中
		M20	Ab	女	墓主腹部	铜镯	无	第一种	腰带	单钩	战国早
		M22	Ca	女	墓主腰左侧	骨笄	陶罐、残铁块、铜布币	第一种	腰带	单钩	战国早
		M23	Aa	女	墓主右肩	铜环、石环	陶罐	第二种	服饰	环钩	战国早
		M26	Ba	男	墓主右肩	铜环、骨络饰	陶罐	第二种	服饰	环钩	战国早
		M27	Ca	男	墓主右肩	铁环	陶罐、料珠	第二种	服饰	环钩	战国早
		M28	Aa	男	墓主右肩	无	陶罐、铜镞	第二种	服饰	单钩	战国早
		M38	Aa	男	墓主左肩	无	陶罐	第二种	服饰	单钩	战国中
		M44	Ba	男	墓主腰部	无	陶罐	第一种	腰带	单钩	战国早
		M45	Eb	男	墓主右肩	骨匕	铜镞、骨络饰	第二种	服饰	单钩	战国早
		M46	Aa	女	墓主盆骨附近	铜环、骨络饰	铜扣、铁环、骨镞	第一种	腰带	单钩	战国早
		M48	Aa、Ba	男	墓主下肢右侧	骨笄	陶罐、鬲、铁环、骨笄	第四种	系挂	双钩	战国中
		M51	Aa	女	墓主腰部	无	陶罐、豆、骨镞	第一种	腰带	单钩	战国早
		M52	Ba	男	墓主左肩	无	铜布币	第二种	服饰	单钩	战国早
		M53	Bb	?	?	无	无	?	?	?	战国早
		M55	Ca	男	墓主上肢左侧	铁环	陶罐、铜剑、戈、镞、车辖、管饰、小刀、铁镯、骨笄、蜻蜓眼	第一种	腰带	环钩	战国中
		M56	Aa	女	墓主盆骨处	铜环	无	第一种	服饰	环钩	战国早
		M57	Ba	男	墓主盆骨处	无	陶鬲、罐、骨镞、铜戈	第二种	腰带	单钩	战国早
		M60	Bb	男	墓主上肢和下肢右侧	铜环、饰件	陶盆、罐、铜镯、骨牙饰、玛瑙珠	第四种	系挂	双钩和钩链	春秋晚

续附表

地区	墓葬	带钩类型	墓主性别	出土位置	共出器物	其他随葬品	出土情境	功能分类	使用方式	时代
南部偏西地区（寨头河）	M61	Ca	女	墓主盆骨处	铜环	陶罐、铜扣、绿松石、骨笄	第一种	腰带	环钩	战国中
	M62	Aa	女	?	无	陶罐、盂	?	?	?	战国早
	M68	?	男	墓主盆骨处	无	陶罐、剑、长方体石器	第一种	腰带	单钩	战国早
	M70	?	女	墓主右肩	无	陶盆、杯、骨笄	第二种	服饰	单钩	战国早
	M71	Ca	男	远离墓主	铜马面饰	陶罐、铜环、牙饰	*	*	单钩	战国中
	M73	Ca	女	墓主腰部	无	无	第一种	腰带	单钩	战国早
	M74	Ca	?	墓主盆骨处	无	陶罐、盂	第一种	腰带	单钩	战国中
	M76	Aa、Bb	女	墓主胸部和腹部	铜铃、管	陶豆、罐、玉珠环、骨笄	第一、第二种	腰带和服饰	单钩	战国中
	M77	Ba	男	墓主肩部附近	无	陶罐、骨笄	第二种	服饰	单钩	战国早
	M79	F	?	墓主右肩	无	无	第二种	服饰	单钩	战国中
	M80	Ca	男	墓主肩侧	铁环	陶罐	第二种	服饰	环钩	战国早
	M81	?	女?	墓主右肩	铁环	陶罐、盂、戈、珠	第一种	服饰	环钩	战国早
	M82	Aa	女	墓主胸部	铜环、铜器	陶罐、铜管、骨笄、玛瑙珠	第一种	腰带	钩链	战国早
	M83	Bb	男	墓主肩部附近	铁环	陶罐	第二种	服饰	环钩	战国中
	M86	Ba	女	墓主下肢左侧	铜环	铜方形饰片、泡、骨笄	第四种	系挂	单钩	战国早
	M90	Ba	女	墓主左肩	无	陶盂、罐	第二种	服饰	单钩	春秋晚
史家河	M2	Ab	女	墓主腹侧	无	陶罐、壶	第一种	腰带	单钩	战国早
	M3	Ab	男	墓主腰部	无	无	第一种	腰带	单钩	战国早
	M6	Ca	男	墓主盆骨部	无	陶罐、铜篙、马衔、管、骨珠串、牙饰、绿松石珠、铸、戈、镳、阳	第一种	腰带	单钩	战国中
	M13	Ba	男	墓主肩部附近	无	陶罐、骨笄	第二种	服饰	单钩	战国中
	M16	Bb	女	墓主头部附近	无	陶罐、铜饰、环、管、铃、骨镞	第一种	腰带	单钩	战国早
	M17	Ad	?	墓主右肩	铁片	无	第二种	服饰	单钩	战国早
	M30	Ca	男	椁底东南部	砺石	陶罐、骨镳	第四种	系挂	单钩	战国早
	M31	Aa	男	墓主盆骨处	无	无	第一种	腰带	单钩	战国中
	M36	Ea	男	墓主盆骨处	无	陶壶	第一种	腰带	单钩	战国中

说明：此表仅统计能够明确带钩形式及其出土位置的墓葬；其中，"?"表示情况不明，"*"表示暂时无法判断。

Viewing Functional Diversity of Belt Hooks from Archaeological Contexts: Case Studies of Tombs in the Middle Section of the Great Wall during the Eastern Zhou Period

Wu Yatong and Zhang Liyan

KEYWORDS: Belt Hook   Contextual Analysis   The Great Wall Area   Eastern Zhou Period

ABSTRACT: Belt hooks, serving both utilitarian and ornamental purposes, became prevalent in the middle section of the Great Wall area from the late Spring and Autumn period. By the mid-Warring States period, their typological diversity expanded significantly, encompassing forms such as *pipa*-shaped, hockey-stick-shaped, long-plaque-shaped, *si* spade-shaped, waterfowl-shaped, and pipe-shaped designs. Following the mid-Warring States period, belt hooks gradually declined. Archaeological contexts reveal that belt hooks in this region fulfilled multiple functions and were used in varied ways, including use as belt fasteners, garment ornaments, accessory attachments, suspension devices, and funerary goods, with fastening methods such as the single-hook, loop-hook, chain-hook, and double-hook systems. Notably, belt hooks were not exclusive to males in this region; they were also utilized by females. While influenced by belt hook traditions from the Three Jin and Two Zhou regions, the acceptation and use of these artifacts among different ethnic groups in the middle section of the Great Wall area demonstrate distinct regional preferences. The functional diversification of belt hooks reflects a pattern of harmony in diversity during the cultural integration between northern groups and the Chinese communities.

（责任编辑　洪　石）

战国秦汉雁足灯研究

姚 逸

关键词： 雁足灯　灯具　铜器　战国秦汉时期

内容提要： 雁足灯是战国秦汉时期贵族所使用的铜灯之一，制作精巧，造型别致。经全面收集、考察相关资料可知，雁足灯滥觞于战国晚期，经过两汉时期的发展，最终被陶瓷灯具所取代。依底座形制，可将战国秦汉时期雁足灯分为类物型座、三趾座、方形座和圆盘座四型。从四型灯的形制看，其造型呈现明显的时代特色，并有一定承袭关系。通过系统梳理考古出土以及传世文献中两汉时期有铭雁足灯可知，雁足灯多由考工、尚方工官制作，存在工匠、主造和监造官吏三级管理制度。其使用者身份等级较高，一般为刘氏宗室及外戚等。

雁足灯是一类动物形铜灯，它的柄部和底座呈雁足形，不仅造型独特，同时承载了丰富的社会历史信息，前人已有所关注。叶小燕、梁白泉、麻赛萍等学者曾对雁足灯进行过探讨，取得了不少成果[1]，但有关其铸造及使用者身份等问题还有进一步深化的空间。本文拟在全面梳理出土及传世雁足灯的基础上，结合文献记载，就其类型、时代特点、铸造制度、使用者身份及源流等问题进行考察，以求教于方家。

一、雁足灯的类型

从现有考古资料来看，雁足灯出土于陕西、河南、山西、安徽、江苏、山东、河北、湖南等地，共计 21 件（附表）。依底座形制，可将雁足灯分为类物型座、三趾座、方形座、圆盘座四型。

A 型：3 件。类物型座。依底座具体形制，可分为两个亚型。

Aa 型：2 件。桃形座。陕西咸阳塔儿坡窖藏出土。环形灯盏，盏内置三个

作者：姚逸，南京市，210024，南京师范大学历史文博学院。

烛钎，柄身中部呈卷云状（图1，1）[2]。

　　Ab 型：1件。鳖形座。陕西旬邑马栏农场汉墓出土。圆形灯盏，以铜片将灯盏分隔为两部分，每部分均置烛钎（图1，4）[3]。

　　B 型：2件。三趾座。江苏盱眙大云山 M1[4] 出土。依灯盏形制，可分为两个亚型。

　　Ba 型：双灯盏。灯盏皆近圆形（图1，3）。

　　Bb 型：三灯盏。灯盏呈 M 形，盏内置三个圆锥状烛钎，柄身中部饰箍状纹（图1，2）。

　　C 型：5件。方形座。环形灯盏。依雁足形制，可分为两个亚型。

　　Ca 型：2件。四趾状雁足。山东临淄商王村 M1、M2 出土。盏内置三个烛钎；雁足三趾在前，一趾在后（图2，1）[5]。

　　Cb 型：3件。三趾状雁足。山西朔县 M19 出土1件，雁足三趾内敛（图2，

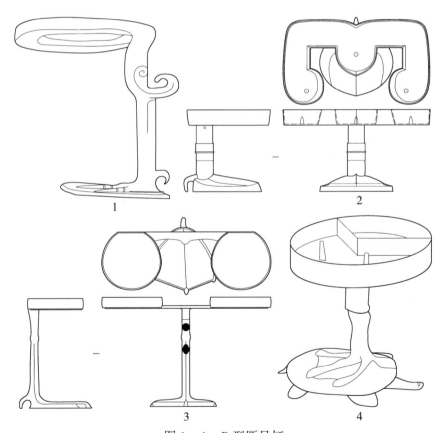

图1　A、B 型雁足灯

1.Aa型（咸阳塔儿坡窖藏出土）　2.Bb型（盱眙大云山M1：3649）　3.Ba型（盱眙大云山M1：3648）　4.Ab型（旬邑马栏农场汉墓出土）

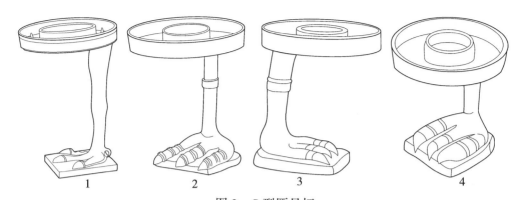

图 2　C 型雁足灯

1.Ca型（临淄商王村M1：120）　2～4.Cb型（朔县M19：3、宝鸡六甲村汉墓出土、扬州巴家墩汉墓出土）

2）[6]。此型灯在陕西宝鸡六甲村汉墓[7]、江苏扬州巴家墩汉墓[8]中均有出土（图2，3、4）。

D 型：11 件。圆盘座。依柄部形制，可分为三个亚型。

Da 型：1 件。双竹节状柄。湖南望城风篷岭汉墓 M1 出土。灯盏已残，两雁足柄并列（图3，1）[9]。

Db 型：5 件。细竹节状柄。依灯盏形制，可分为两式。

Db 型 I 式：4 件。环形灯盏。山东临淄金岭镇 M1 出土 1 件（图3，2）[10]。江苏邗江甘泉 M1、M2[11] 和睢宁刘楼汉墓[12] 均出土此型灯（图3，3）。

Db 型 II 式：1 件。圆形灯盏。江苏高淳固城遗址附近汉墓出土。盏中心有一烛钎（图3，4）[13]。

Dc 型：5 件。三叉形足柄。依灯盏形制，可分为两式。

Dc 型 I 式：1 件。环形灯盏。江苏徐州土山 M1 出土（图3，5）[14]。

Dc 型 II 式：4 件。圆形灯盏。山东章丘市东平陵故城出土。盏中心有一烛钎（图3，6）[15]。此型灯在安徽合肥西郊乌龟墩汉墓[16]、河北邯郸张庄桥 M1[17]、河南秋高龙乡石牛沟村汉墓[18] 均有出土。

二、雁足灯的分期与时代特点

结合类型学分析及时代较为明确的墓葬资料，可将雁足灯的发展演变分为六期（表1）。

第一期：见 Aa、Ca 型灯。出土 Aa 型灯的是陕西咸阳塔儿坡窖藏，根据共出的铭刻铜器可知，这是一处秦代窖藏[19]。出土 Ca 型灯的临淄商王村墓葬年代为战国晚期[20]。因此本期年代为战国晚期至秦。

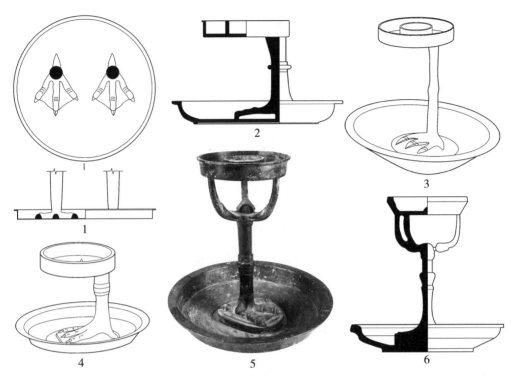

图 3 D 型雁足灯

1.Da型（凤篷岭M1∶130）　2、3.Db型Ⅰ式（临淄金岭镇M1∶31、邗江甘泉M2∶82）　4.Db型
Ⅱ式（高淳固城遗址附近汉墓出土）　5.Dc型Ⅰ式（徐州土山M1出土）　6.Dc型Ⅱ式（东平陵
故城ZD∶09）

表 1   雁足灯的型式与时代

型式 时代	A 型		B 型		C 型		D 型		
	Aa	Ab	Ba	Bb	Ca	Cb	Da	Db	Dc
战国晚期至秦	√				√				
西汉早中期		√	√	√					
西汉中晚期						√	√		
东汉早期								Ⅰ Ⅱ	
东汉早中期									Ⅰ
东汉晚期									Ⅱ

　　第二期：见 Ab、Ba、Bb 型灯。出土 Ba、Bb 型灯的江苏盱眙大云山 M1，
墓主为第一代江都王刘非，卒于武帝元朔元年（公元前 128 年），故该墓年代应
为西汉早中期[21]。出土 Ab 型灯的墓葬中出土西汉早期的铜蒜头壶、茧形壶[22]。
因此本期年代为西汉早中期。

第三期：见 Cb、Da 型灯。出土 Da 型灯的湖南望城风篷岭 M1，墓主为长沙炀王、孝王或缪王之王后[23]。出土 Cb 型灯的山西朔县 M19，出土元帝、成帝时期的洛阳烧沟Ⅲ式五铢钱。上述墓葬年代大致为西汉中晚期[24]。出土于陕西宝鸡六甲村 M1 的 Cb 型灯有"建昭三年"纪年[25]。因此本期年代大致为西汉中晚期。

第四期：见 Db 型Ⅰ、Ⅱ式灯。出土 Db 型Ⅰ式灯的墓葬有江苏邗江甘泉M1、M2 和山东临淄金岭镇 M1、江苏睢宁刘楼汉墓。根据甘泉 M1、M2 出土的雁足灯铭中的"建武廿八年"纪年以及"广陵王玺"金印可知，墓主为东汉广陵思王刘荆及其王后[26]。而山东临淄金岭镇 M1 墓主为齐炀王刘石[27]，卒于明帝永平十三年（公元 70 年）。睢宁刘楼汉墓虽没有明确纪年，但出土西汉晚期至东汉前期流行的昭明镜以及建武五铢钱[28]。以上墓葬的年代均为东汉早期。因此本期年代为东汉早期。

第五期：仅见 Dc 型Ⅰ式灯。出土 Dc 型Ⅰ式灯的江苏徐州土山 M1，虽无明确纪年，但相关学者推论同一封土下的土山 M2 为东汉楚王刘英夫妇或彭城靖王刘恭夫妇合葬墓[29]。刘英卒于永平十四年（公元 71 年），刘恭卒于元初四年（公元 117 年），而 M1 的年代应与 M2 较为接近，为东汉中期。因此本期年代为东汉早中期。

第六期：仅见 Dc 型Ⅱ式灯。出土 Dc 型Ⅱ式灯的有河北邯郸张庄桥 M1、安徽合肥乌龟墩汉墓、河南偃师石牛沟村汉墓以及山东章丘东平陵故城。张庄桥 M1 墓主是赵惠王刘乾的可能性较大，卒于延熹七年（公元 164 年）[30]。而乌龟墩汉墓为横前堂后室墓，出土有陶屋、井、灶、磨模型明器组合，故该墓年代为东汉晚期[31]。东平陵故城遗址出土雁足灯的同批次遗物中有"延平元年"铜鉴，年代为东汉晚期[32]。因此本期年代为东汉晚期。

通过类型学分析可以看出，雁足灯形制上的变化主要表现在灯座的造型上。咸阳塔儿坡秦代窖藏出土的 Aa 型灯柄部造型比较灵动，呈卷云状。此型灯与临淄商王村战国晚期墓出土的 Ca 型灯的雁足都呈四趾状，与汉代雁足灯有明显区别，同时在形制上又与西汉早期雁足灯有很大关联。汉代雁足灯可能沿袭了战国至秦雁足灯的铸造风格。西汉时期雁足灯的样式呈现多样化，西汉早期出现两种不同类型的雁足灯，分别是 Ab 型和 B 型。其中大云山汉墓出土的 B 型灯，器体较大，造型写实，器身采用双灯盏或三灯盏的方式，但是足底的设计则简化。陕西旬邑汉墓出土的 Ab 型灯，灯盏以铜片分隔为两部分，可以点燃多只灯芯，且以鳖为底盘。这种底盘也见于安徽天长西汉墓出土龟驮凤鸟灯上（图 4）[33]。

图 4　安徽天长西汉墓出土龟驮凤鸟灯

图 5　河南密县打虎亭汉墓出土画像石上的侍者持灯图

西汉中期之后出现的 Cb 型灯，灯盏以环形为主，足柄偏于灯盘一侧。值得注意的是，底座沿用 Ca 型灯方形足底的设计，但雁足的三趾逐步内收。到了西汉晚期，部分雁足灯借鉴卮灯的设计理念，在底座下增加圆形托盘，推测用途与密县打虎亭东汉墓画像石上的侍者持灯图（图5）[34] 相似。此外 Da 型灯格外引人注目，呈双雁足状，惜因残缺，不见灯盏，无法知晓其造型。东汉早期雁足灯部分借鉴西汉时期雁足灯的设计，以甘泉 M2 出土的 Db 型 I 式灯为代表。此式灯除托盘采用圆形外，其他部分基本沿用西汉时期雁足灯的设计。东汉早中期，以土山汉墓出土 Dc 型 I 式灯为代表，柄上部采用三个弧形圆柱支撑，但只有一个烛钎。东汉晚期出现的 Dc 型 II 式灯，沿用圆形灯盏，灯身与 Dc 型 I 式灯相似。此时期雁足灯的设计相较早期复杂化，且托盘更趋于扁平，雁足的造型则更为立体。

综上分析，从形制观察，两汉雁足灯经历两次比较大的变化。一次发生在西汉早期至中期，主要表现在从早期多灯盏向单一灯盏以及各式底座向方形底座发展，并且在西汉晚期使用托盘。此设计或可增加雁足灯的稳定性。另一次变化发生在西汉晚期至东汉早期，主要表现在从早期的竹节状雁足向柄端三叉形支架发展，并延续至汉末。

三、相关问题探讨

（一）雁足灯的铸造

经搜集整理可知，有 14 件刻铭雁足灯（表2），其中 4 件是考古发掘出土，另 10 件散见于有关铭文考释的书籍之中。

表 2   两汉雁足灯铭统计表

帝号	年代	灯铭	出土墓葬或著录文献
武帝	元朔元年（公元前 128 年）	江都宦者。容□升半升，重十斤十二两	江苏盱眙大云山 M1[35]
宣帝	元康元年（公元前 65 年）	元康元年，考工工贤友缮、作府啬夫建、护万年、般长当时主令长平、右丞义省，重二斤十三两	《小校经阁金文拓本》[36]
	神爵元年（公元前 61 年）	长安下领宫雁足灯，重十斤五两，神爵元年工锜建造	《海外中国铜器图录》[37]
	黄龙元年（公元前 49 年）	上林荣宫铜雁足灯下有盘并重八斤。黄龙元年，民工李常造第四	《集古录跋尾》[38]
元帝	永光四年（公元前 40 年）	永光四年，寺工弘作，护张建省。重二斤二两	《汉代铜器铭文文字编》[39]
	建昭三年（公元前 36 年）	外圈：建昭三年，考工宪造，铜雁足灯重三斤九两。护建、啬夫福、掾光主、右丞宫、令相省，五年十二月输 内圈：中宫内者第一故家	宝鸡陈仓公社六甲村汉墓[40]
		外圈：建昭三年，考工辅为内者造，铜雁足灯重三斤八两。护建、佐博、啬夫福、掾光主、右丞宫、令相省 内圈：中宫内者第五故家 后大厨今阳平家画一至三阳朔元年赐	《积古斋钟鼎彝器款识》[41]
	竟宁元年（公元前 33 年）	竟宁元年，寺工护为内者造铜雁足灯，重三斤十二两。护武、啬夫霸、掾广汉主、右丞赏、守令尊、护工卒吏不禁省	《小校经阁金文拓本》[42]
		考工辅造，护建、佐博、啬夫博、掾光主、右丞宫、令相省	《秦汉金文录》[43]
成帝	永始四年（公元前 13 年）	蒲反首山宫铜雁足八寸，盖重六斤，永始四年二月工贾庆造	《考古图》[44]
	绥和元年（公元前 8 年）	绥和元年，供工谭为内者造铜雁足灯。护相、守啬夫博、掾并主、右丞扬、令贺省，重六斤	《国家图书馆藏陈介祺藏古拓本选编·青铜卷》[45]
光武帝	建武二十八年（公元52年）	山阳邸铜雁足短灯，建武廿八年造比廿	江苏邗江甘泉 M1[46]
		山阳邸铜雁足长灯，建武廿八年造比十二	江苏邗江甘泉 M2[47]
和帝	永元二年（公元 90 年）	永元二年，中尚方造铜雁足灯重九斤，工宋次等作	《小校经阁金文拓本》[48]

根据铭文可知，雁足灯的制作机构主要为考工和尚方工官。《汉书·百官公卿表上》少府条下载："属官有尚书、符节、太医、太官、汤官、导官、乐府、若卢、考工室、左弋、居室、甘泉居室、左右司空、东织、西织、东园匠十二官令丞。"考工属少府，初为秦置，两汉时期沿用，东汉时改属于太仆，又为内者属官。《汉书·窦田灌韩传》引颜师古曰："考工，少府之属官也，主作器械。"两汉时期考工的主要职能是掌管铜器的制作。根据《后汉书·百官志二》记载，铜器生产活动有着严格的"令丞—令史—工"三级管理制度。其中"工"

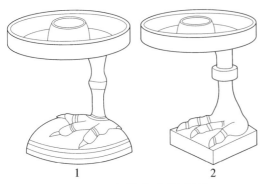

图6 金石文献著录的雁足灯
1.永始四年雁足灯 2.元康元年雁足灯

负责器物的制造,"令史"主持作坊的生产工作,"令丞"负责器物的质检。表2中的元康元年、建昭三年、竟宁元年、永始四年雁足灯(图6,1、2)等均为考工所制;永元二年雁足灯为中尚方所制。《汉书·百官公卿表上》少府条下引颜师古曰:"钩盾主近苑囿,尚方主作禁器物,御府主天子衣服也。"尚方工官两汉皆有,为少府属官。永元二年雁足灯铭文中的中尚方,其实是尚方令,为武帝时所设职官[49]。

竟宁元年及永光四年雁足灯铭中的"寺工",以往学界误认为是"考工"。黄盛璋认为"考工"和"寺工"不一样,各有一套职官体系[50]。郭俊然认为"寺工"是《汉书·百官公卿表》所载之"寺互"[51]。其实不然,有西汉"寺工丞印"封泥[52]可以佐证,确有寺工。

"物勒工名"制度同样在雁足灯的制作上得到体现。"物勒工名"制度是指将器物制造者、监造者、制造机构等的名字刻在器物上,以便考察工匠和官员的绩效及产品的质量,从而加强国家对手工业生产和产品质量的管理,早在先秦时期就已经出现。《礼记正义·月令》载:"物勒工名,以考其诚。功有不当,必行其罪,以穷其情。"郑玄注曰:"勒,刻也,刻工姓名于其器,以察其信,知其不功致。功不当者,取材美而器不坚也。"[53]雁足灯的"物勒工名"大致包括器名、重量、制作年代和工匠名。其中黄龙元年雁足灯铭中的工名有"李常",其他雁足灯的工名还有"辅""赏庆""护""贤""谭"等。由此可见,汉代雁足灯多在官营手工业作坊铸造,其中刻有铭文的雁足灯大多集中在西汉中晚期。官营手工业制作机构——工官组织的完善,具体表现在形成考工、主、省三级管理体系,即工匠、主造和监造官吏[54]。出土和著录的工官造雁足灯的铭文内容亦包括以上三级名称。

(二)雁足灯使用者身份

雁足灯无论是造型还是制作工艺都比同时期一般铜灯精致,属于高级灯具。考古发现山东临淄商王村战国晚期墓出土雁足灯底座上面阴刻"越陵夫人",陕西咸阳塔儿坡秦代窖藏与雁足灯同出"私官"铭文鼎,证明汉以前雁足灯的使用者就拥有比较高的社会地位,其身份等级为贵族。

通过梳理有关考古材料可知，几乎出土雁足灯的两汉时期墓葬中同时出土有玉衣片。玉衣是汉代皇室及高级贵族的殓服。《后汉书·礼仪志下》载："大丧……守宫令兼东园匠将女执事，黄绵、缇缯、金缕玉柙如故事"，"诸侯王、列侯、始封贵人、公主薨，皆令赠印玺、玉柙银缕；大贵人、长公主铜缕。"可见，玉衣的使用有着严格的等级制度。而雁足灯的使用可能也有严格的限制。此外，有个别东汉晚期的大型墓葬无玉衣片出土，如安徽合肥西郊乌龟墩M1。东汉和帝时期，"罢盐铁之禁，纵民煮铸，入税县官如故事。"[55]这说明东汉中期之后盐铁对私人开放。那么，铜器的制作则自然向民间开放，私人手工作坊仿造的雁足灯可以在市场上流通。因此，不排除东汉中晚期一些豪族大贾僭越使用雁足灯的可能性。就目前已经出土的雁足灯而论，诸侯王所使用的雁足灯更大，造型精美，甚至使用多灯盏、多雁足设计，且刻有铭文。而其他贵族使用的雁足灯造型相对普通。虽然雁足灯的使用没有明确的等级规定，但使用者身份的差别从其器形和铭文上可以得到体现。以宝鸡卧龙寺六甲村M1出土的"建昭三年"雁足灯为例，此灯是汉成帝赐予其舅大将军王凤的，输入中宫的时间为"建昭五年"[56]。以上材料说明雁足灯可能作为一种特殊的器物通过皇帝赏赐的方式为外戚或宗室所有。

雁足灯所用的燃料以及燃烧方式，也能反映雁足灯的使用者身份。两汉时期雁足灯的燃烧方式有两种。一种为秉烛燃烧，即盏内有烛钎来固定灯芯使之燃烧。烛钎也称为支钉，用于支撑固态燃料燃烧，而灯盏则承接熔化下来的、未及焚烧的燃料，以回收利用。据麻赛萍统计，汉代带烛钎灯具在灯具总量中占比较少，仅为18.5%左右，且以铜质灯具为主[57]。另一种则类似豆形灯的燃烧方式，即将油脂盛放在灯盏中并放入软质灯芯，点燃即可照明。关于秦汉时期灯具的燃料，文献中已有记载。据《史记·秦始皇本纪》载，始皇帝陵寝中"以人鱼膏为烛，度不灭者久之。"桓谭《新论》曰："余后与刘伯师夜然脂火坐语，灯中脂索，而炷焦秃，将灭息……"[58]另外，满城M1出土卮灯中的残留物为牛油[59]，大云山江都王陵出土一批铜灯所用的固体燃料为蜂蜡。因此，牛油、蜂蜡、脂膏等有机混合物应是雁足灯所用燃料。可见，雁足灯所用燃料在当时比较珍贵，其使用者身份等级较高，一般为刘氏宗室及外戚等。

（三）雁足灯的源流

古代工匠"制器尚象"，就灯具而言，"汉人之灯，往往取象于物。"[60]而以雁作为制器造型的来源，不仅因为雁为自然之物，也因为雁在古人生活中承载着道德意义。《白虎通·瑞贽》称："臣见君有贽何？贽者，质也，质己之诚……大夫以雁为贽者，取其飞成行，止成列也。"[61]《艺文类聚》卷九十一引《雁赋》载："鸣则相和，行则接武，前不绝贯，后不越序。齐力不期而并至，同趣不要而自聚。当其赴节，则万里不能足其路；苟泛一壑，则众物不能易其所。"[62]要之，雁被赋予诚信与秩序的道德含义。另外，旬邑马栏农场汉墓出土的 Ab 型雁足灯，造型独特，呈雁踩鳖鼋状（见图 1，4）。这类以鳖或龟为底座承托凤鸟的器物并不少见。除上文提及的安徽天长西汉墓出土的龟驮凤鸟灯外，另有陕西西安西北医疗设备厂 M92 出土的龟驮凤鸟铜器座（图 7，1）[63]、江苏徐州拖龙山 M3 出土的龟驮凤鸟铜熏炉（图 7，3）[64]、山东日照海曲 M107 出土的龟驮凤鸟铜灯（图 7，2）[65]。那么，此类动物组合有什么寓意？《汉书·司马相如传》曰："其中则有神龟蛟鼋，毒冒鳖鼋。"张揖曰："蛟状鱼身而蛇尾，皮有珠。鼋似蜥蜴而大，身有甲，皮可作鼓。毒冒似鼱螭，甲有文。鼋似鳖而大。"可知鳖是一种神兽，即神龟。《墨子间诂》卷十三《公输》载："江汉之鱼鳖鼋鼍为天下富。"[66]由此推断，雁与鳖的组合可能寓意富足。

以雁足为形作器可上溯至战国晚期。西安北郊一座铸铜工匠墓出土了 1 件雁足灯（座）的陶模具。此模具残缺，仅存柄和底座，灯座由两层足踏板和雁足趾组成，长 12.6、宽 11、残高 14 厘米（图 8）[67]。值得关注的是，从此模具的造型及尺寸看，与塔儿坡秦代窖藏出土的雁足灯相似，且该墓出土的鼎、壶、罐、缶在形制上均与此窖藏的相关铜器相似，应属同源。此外，秦始皇帝陵 K0007 陪葬坑出土铜雁也从侧面佐证了秦人有尚雁的传统，据此推断早在战国

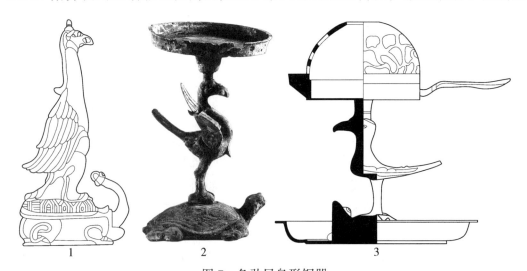

图 7 龟驮凤鸟形铜器
1.西安西北医疗设备厂 M92 出土龟驮凤鸟器座 2.日照海曲 M107 出土龟驮凤鸟灯 3.徐州拖龙山
M3 出土的龟驮凤鸟熏炉

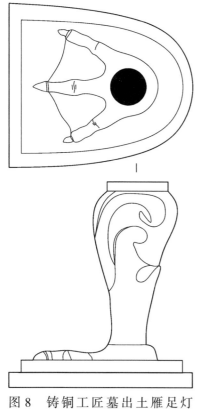

图 8　铸铜工匠墓出土雁足灯
（座）的陶模具

时期秦国贵族就开始铸造及使用雁足灯。而从设计上看，雁足灯也是对豆形灯具的继承。孙机先生认为豆形灯中一般只设一枚火主，只能燃一炷灯火。有时将这类灯的柄和座制成雁足形，则名雁足灯[68]。西汉早中期雁足灯的柄部与灯座均是借鉴豆形灯的设计，如山西朔县汉墓出土雁足灯与河北鹿泉高庄汉墓出土的豆形灯，除了柄部造型外，大体一致。到了东汉时期，雁足灯开始借鉴行灯的某种设计，外加承盘，可能增加了某种行灯的功能。东汉末到三国两晋时期，在战乱及政权不断交替的历史背景下，以雁足灯为代表的铜灯铸造受到极大影响。汉以后墓葬中的雁足灯已基本不见，少量出土的铜灯造型较为简单，或直接采用战国时期豆形灯的设计，如南京御道街标营 M1[69] 及安徽马鞍山采石 M1[70] 出土的两件灯具。陶瓷烧制技术的成熟导致陶瓷灯具逐步取代了铜灯。陶瓷灯具有羊、熊、狮、蟾蜍等动物造型，灯盘也多为圜底小盏。总的来说，三国两晋时期，瓷器开始成为日常生活器具的主体，铜器不再流行。秦汉以来包括雁足灯在内的铜灯制作工艺亦趋衰退，但雁足灯的某些特征在陶瓷灯具中依然可见。

四、结　　语

雁足灯作为战国秦汉时期特有的铜灯，盛行于战国晚期至东汉晚期，及至魏晋南北朝时期则消失不见。通过对出土雁足灯的类型、燃料以及燃烧方式的考察可知，雁足灯的使用在战国晚期至东汉中期有严格限制。两汉时期雁足灯作为官营手工业的产品，多为考工和尚方工官所制。通过对雁足灯铭文的分析可知，"物勒工名"制度对确保雁足灯的质量起到了重要作用。从造型上看，当时人们主要选择一些代表祥瑞的动物形象，将其融入灯具中。而作为祥禽的雁，自然是其中的代表。以雁足为形作灯，可以达到实用功能与艺术审美的统一。

附记：本文在写作过程中，得到南京师范大学王志高教授、徐州博物馆李银德研究员悉心指导，谨致谢忱！

注　释

[1] 叶小燕：《战国秦汉的灯及有关问题》，《文物》1983年第7期；梁白泉：《雁足灯探原》，《梁白泉文集·博物馆卷》，文物出版社，2013年；朱笛：《随阳之鸟，鸿雁于飞——汉代雁足铜灯考》，《汉代陵墓考古与汉文化》，科学出版社，2016年；麻赛萍：《汉代灯具研究》，复旦大学出版社，2016年。

[2] 咸阳市博物馆：《陕西咸阳塔儿坡出土的铜器》，《文物》1975年第6期。

[3] 关双喜：《旬邑出土鳖座雁足灯等一批文物》，《文博》1987年第2期。

[4] 南京博物院等：《大云山——西汉江都王陵1号墓发掘报告》第399页，文物出版社，2020年。

[5] 淄博市博物馆等：《临淄商王墓地》第31页，齐鲁书社，1997年。

[6] 平朔考古队：《山西朔县秦汉墓发掘简报》，《文物》1987年第6期。

[7] 李仲操：《汉建昭雁足灯考》，《考古与文物》1988年第2期。

[8] 束家平：《扬州发掘巴家墩西汉木椁墓》，《扬州文博》1992年第1期。

[9] 长沙市文物考古研究所等：《湖南望城风篷岭汉墓发掘简报》，《文物》2007年第12期。

[10] 山东省文物考古研究所：《山东临淄金岭镇一号东汉墓》，《考古学报》1999年第1期。

[11] 南京博物院：《江苏邗江甘泉东汉墓清理简况》，《文物资料丛刊》第4辑，1981年；《江苏邗江甘泉二号汉墓》，《文物》1981年第11期。

[12] 睢文等：《江苏睢宁县刘楼东汉墓清理简报》，《文物资料丛刊》第4辑，1981年。

[13] 高淳文物志编纂委员会：《高淳文物志》第149页，南京出版社，2012年。

[14] 南京博物院：《土山M1发掘简报》，《文博通讯》1977年第9期。

[15] 宁萌棠、牛祺安：《山东章丘市东平陵故城出土汉代铜器》，《文物》1997年第4期。

[16] 安徽省博物馆筹备处清理小组：《合肥西郊乌龟墩古墓清理简报》，《文物参考资料》1956年第2期。

[17] 马小青：《张庄桥古墓小考》，《邯郸职业技术学院学报》2006年第1期。

[18] 郭洪涛：《河南偃师商城博物馆藏青铜器》，《考古与文物》1997年第1期。

[19] 咸阳市文物考古研究所：《塔儿坡秦墓》第2页，三秦出版社，1998年。

[20] 前引《临淄商王墓地》。

[21] 前引《大云山——西汉江都王陵1号墓发掘报告》。

[22] 前引《旬邑出土鳖座雁足灯等一批文物》。

[23] 何旭红：《湖南望城风篷岭汉墓年代及墓主考》，《文物》2007第12期。

[24] 前引《山西朔县秦汉墓发掘简报》。

[25] 前引《汉建昭雁足灯考》。

[26] 前引《江苏邗江甘泉东汉墓清理简况》《江苏邗江甘泉二号汉墓》。

[27] 前引《山东临淄金岭镇一号东汉墓》。

[28] 前引《江苏睢宁县刘楼东汉墓清理简报》。

[29] 徐州博物馆等：《江苏徐州市土山二号汉墓发掘简报》，《考古》2024年第8期。

[30] 前引《张庄桥古墓小考》。

[31] 前引《合肥西郊乌龟墩古墓清理简报》。

[32] 前引《山东章丘市东平陵故城出土汉代铜器》。

[33] 天长市文物管理所：《安徽天长西汉墓发掘简报》，《文物》2006年第11期。

[34] 河南省文物研究所：《密县打虎亭汉墓》第57页，文物出版社，1993年。

[35] 前引《大云山——西汉江都王陵1号墓发掘报告》第399页。

[36] （清）刘体智：《小校经阁金文拓本》第2239页，中华书局，2016年；前引《梁白泉文集·博物馆卷》第138页。

[37] 陈梦家：《海外中国铜器图录》第91页，中华书局，2017年。

[38] （宋）欧阳修：《集古录跋尾》第26页，人民美术出版社，2010年。

[39] 徐正考：《汉代铜器铭文文字编》第66页，吉林大学出版社，2005年。

[40] 前引《汉建昭雁足灯考》。

[41] （清）阮元：《积古斋钟鼎彝器款识》第525页，商务印书馆，1937年。

[42] 前引《小校经阁金文拓本》第2244页。

[43] 容庚：《秦汉金文录》第160页，中华书局，2012年。

[44] （宋）吕大临：《考古图》第149页，中华书局，1987年。

[45] 国家图书馆金石拓片组：《国家图书馆藏陈介祺藏古拓本选编·青铜卷》第108页，浙江古籍出版社，2008年。

[46] 前引《江苏邗江甘泉东汉墓清理简况》。

[47] 前引《江苏邗江甘泉二号汉墓》。

[48] 前引《小校经阁金文拓本》第2227页。

[49] 陈直：《汉书新证》第40页，天津人民出版社，1979年。

[50] 黄盛璋：《寺工新考》，《考古》1983年第9期。

[51] 郭俊然：《出土资料所见的汉代中央工官考》，《南昌师范学院学报》2016年第1期。

[52] 孙闻博、周晓陆：《新出封泥与西汉齐国史研究》，《南都学坛》2005年第5期。

[53] （清）阮元校刻：《十三经注疏》第2992页，中华书局，2009年。

[54] 徐正考：《汉代铜器铭文综合研究》第135页，作家出版社，2007年。

[55] 《后汉书·和帝纪》。

[56] 前引《汉建昭雁足灯考》。

[57] 麻赛萍：《汉代灯具燃料与形制关系考》，《考古与文物》2019年第1期。

[58] （汉）桓谭撰，朱谦之校辑：《新辑本桓谭新论》第33页，中华书局，2009年。

[59] 前引《汉代灯具燃料与形制关系考》。

[60] （宋）张抡：《绍兴内府古器评》第28页，中华书局，1986年。

[61] （汉）班固撰集，（清）陈立疏证：《白虎通疏证》第355、356页，中华书局，1994年。

[62] （唐）欧阳询：《艺文类聚》第1580页，中华书局，1965年。

[63] 西安市文物保护考古所：《西安龙首原汉墓》第121页，西北大学出版社，1999年。

[64] 徐州博物馆:《徐州拖龙山五座西汉墓的发掘》,《考古学报》2010年第1期。

[65] 山东省文物考古研究所等:《山东日照海曲汉墓》,《2002中国重要考古发现》第80页,文物出版社,2003年。

[66] (清)孙诒让:《墨子间诂》第485页,中华书局,2001年。

[67] 陕西省考古研究所:《西安北郊战国铸铜工匠墓发掘简报》,《文物》2003年第9期。

[68] 孙机:《汉代物质文化资料图说(增订本)》第406页,上海古籍出版社,2011年。

[69] 蒍家瑾:《南京御道街标营第一号墓清理概况》,《文物参考资料》1956年第6期。

[70] 马鞍山市文物管理所:《马鞍山采石东吴墓发掘简报》,《文物研究》第14辑,2005年。

附表　　　　　　　　　　**战国秦汉雁足灯一览表**

出土地点	数量	尺寸(厘米)	墓葬年代	墓主身份
山东临淄商王村 M1、M2	2	盘径 24、通高 36	战国晚期	贵族
陕西咸阳塔儿坡秦墓	2	盘径不详、通高 40	战国晚期	贵族
陕西旬邑汉墓	1	盘径 14.3、通高 14.3	西汉早中期	
江苏盱眙大云山汉墓	1	盘径 12.8、通高 22.8	西汉早中期	江都王刘非
江苏盱眙大云山汉墓	1	盘径 31.2、通高 17.2	西汉早中期	江都王刘非
陕西宝鸡卧龙寺六甲村 M1	1	盘径 12、通高 14.3	西汉中晚期	大将军王凤
山西朔县汉墓	1	盘径不详、通高 13	西汉中晚期	
江苏扬州巴家墩汉墓	1	不详	西汉中晚期	刘姓宗室
湖南望城风篷岭 M1	1	盘径 30、通高 10.3	西汉中晚期	长沙王后张氏
江苏邗江甘泉 M1	1	盘径 24、通高 14	东汉早期	广陵王刘荆
江苏邗江甘泉 M2	1	盘径 24.5、通高 22.4	东汉早期	广陵王刘荆
江苏徐州睢宁刘楼汉墓	1	盘径 15.2、通高 20	东汉早期	下邳王族
江苏高淳固城遗址附近汉墓	1	盘径 14.7、通高 10.1	东汉早期	
山东临淄金岭镇 M1	1	盘径 13.8、通高 8.9	东汉早期	齐殇王刘石
江苏徐州土山 M1	1	盘径 13.6、通高 26	东汉早中期	楚王刘英或彭城靖王刘恭
安徽合肥西郊乌龟墩汉墓	1	盘径 20.3、通高 17.5	东汉晚期	两千石或豪族
山东章丘东平陵故城	1	盘径 23.4、通高 23.4	东汉晚期	济南王族
河南偃师秋高龙乡石牛沟村汉墓	1	盘径 24、通高 24.5	东汉晚期	
河北邯郸张庄桥 M1	1	不详	东汉晚期	赵惠王刘乾

Study of Lamps with Goose–foot Stems during the Warring States through Qin and Han Periods

Yao Yi

KEYWORDS: Lamp with Goose-foot Stem   Lighting Device   Bronze Artifact   Warring States through Qin and Han Periods

ABSTRACT: Lamps with Goose-foot stems, distinguished by their exquisite craftsmanship and distinctive form, served as one kind of bronze lighting devices for aristocrats during the Warring States through Qin and Han periods. By comprehensive analysis of related data, it is revealed that these lamps first emerged in the late Warring States period, flourished through the Western and Eastern Han dynasties, and were eventually replaced by ceramic lamps. Based on the form of base, lamps with Goose-foot stems can be classified into four typological categories: skeuomorphic bases, three-toed bases, square bases, and circular disc bases. The formal evolution of these types demonstrates both era-specific characteristics and clear developmental continuity. Systematic study of inscribed lamps with Goose-foot stems from Han-era archaeological finds and received texts indicates that most were produced under a rigorous three-tiered supervisory system involving artisans, production supervisors, and administrative overseers in state-controlled workshops like the *kaogong* (imperial artisans office) and *shangfang gongguan* (palace artisans office). These lamps were predominantly used by high-ranking individuals, particularly members of the imperial Liu clan and consort families.

（责任编辑　洪　石）

邺城遗址核桃园5号门址出土瓦制品制作工艺与生产模式研究

吕　梦　沈丽华

关键词： 邺城遗址　核桃园5号门址　瓦制品　制瓦工艺　生产模式

内容提要： 通过对邺城遗址核桃园5号门址出土瓦制品的观察与研究，分析、统计了瓦制品表面的制作痕迹，从而复原瓦的制作工艺，并对其基本的生产模式进行推测，进而探讨邺城地区北朝晚期制瓦手工业的生产状况。研究表明，5号门址的瓦制品呈现出强烈的继承性与统一性，其工具、技术细节与北魏平城、洛阳一脉相承，成型、修整痕迹的高度相似性又暗示了严格统一的生产模式。这种继承性与统一性确保了大型城市营建工程所需瓦制品的质量，并使大量生产成为可能。

瓦制品是中国古代建筑基址及砖瓦窑址等遗迹中出土量最大的遗物，蕴含了与城市营建及手工业生产相关的丰富历史信息。特别是北朝时期出现了包括黑光筒瓦与黑光板瓦在内的新的瓦制品样式，莲花纹成为檐头筒瓦前端瓦当的主流纹饰。这种组合一直沿用至唐末，成为研究北朝隋唐史的重要实物资料。

邺城遗址核桃园5号门址发掘于2014年，当时对出土的瓦制品连同碎片进行了全部收集、整理。本文以核桃园5号门址出土瓦制品为主要研究对象，希望通过分析其制作痕迹，探究该建筑制瓦作坊的工艺细节与生产模式，从而加深对邺城地区北朝晚期制瓦手工业的了解。

一、北朝瓦的研究现状及核桃园5号门址瓦制品的出土情况

北朝时期的瓦制品主要发现于都城内的大型建筑基址群，以宫殿、寺院遗

作者：吕梦，日本石川县白山市，924-8511，金城大学。
　　　沈丽华，北京市，100101，中国社会科学院考古研究所。

址为主，如北魏平城的操场城遗址、云冈石窟窟顶寺院遗址，北魏洛阳的永宁寺遗址，东魏北齐邺城的核桃园北齐佛寺、赵彭城北朝佛寺遗址等。北朝瓦的现有研究大多集中于类型学分析，将其大体分为黑色压光（后文简称黑光类型）和素面灰色（此类板瓦后文简称布纹类型，筒瓦简称素面类型）两种类型。黑光类型的瓦制品制作精良、致密坚实，板瓦凹面和筒瓦凸面，即瓦制品铺于屋顶时向上的使用面漆黑并有光泽，其余一面保留制作时留下的痕迹。布纹和素面类型在成型后未经过黑色压光处理，板瓦和筒瓦的凸面多为素面，凹面仍残留布纹和模具压痕[1]。相对于类型学分析，对北朝瓦制品包括制作工艺、生产模式、管理方式在内的生产状况的研究较为罕见。2011 年出版的《古代東アジアの造瓦技術》[2] 一书，汇集了中、日、韩三国学者的研究成果，其中中国部分涉及平城、洛阳、邺城、长安、建康等多个古代城市的瓦制品，从具体材料入手，分析了瓦制品的样式规格和基本制作流程。不过，这些研究多为概述性分析，较少涉及工艺细节，亦未谈及制瓦手工业的生产模式。

核桃园北齐佛寺位于东魏北齐邺城朱明门外大道东侧，在该地点目前发现处于同一中轴线上的数座建筑基址及相关附属遗迹。其中，1 号塔基位于最南端，5 号门址在塔基的正北方约 40 米处。5 号门址的夯土台基之上有 4 层地层堆积，其中第 4 层为建筑的倒塌堆积层，内含大量北朝时期的建筑砖瓦残块。经过全面整理统计，5 号门址出土板瓦碎片 10534 块、筒瓦碎片 2840 块、瓦当碎片 215 余块。以使用面特征为分类依据，板瓦包括黑光和布纹类型，檐头板瓦均为黑光类型，其前端带有双层波浪纹；筒瓦包括黑光和素面类型，檐头筒瓦衔接单瓣莲花纹瓦当，均经过了黑色压光处理。另有少量残损严重的当沟、兽面瓦与鸱尾碎块[3]。笔者曾对 5 号门址出土瓦制品进行过全面统计研究[4]，拟在此基础上，将出土量较大的主体瓦即板瓦与筒瓦作为研究对象，尝试对前人较少涉及的制作痕迹进行分析。通过对制作痕迹的观察与定性分析，还原制瓦工艺中的各种细节；通过对制作痕迹的统计与定量分析，探讨制瓦作坊的宏观生产模式。

二、核桃园5号门址出土瓦制品的制作工艺

除尺寸、纹饰等明显的"目的性"特征外，瓦制品的表面还保存有许多细微的"无目的性"痕迹。这些痕迹源于瓦的生产过程，暗含着与制作工艺及制作者相关的很多历史信息。关于瓦制品的制作过程，学者已多有研究，一般将其分为特制陶泥、瓦坯圆桶成型、坯桶修整、板瓦下缘装饰、取出模具、分割坯桶、刮削修整、筒瓦衔接瓦当、加黑压光、入窑烧成等步骤[5]。本文将利用

该过程中遗留下来的痕迹，对瓦制品的制作工具与工艺细节进行复原研究。这些痕迹大体上可分为成型痕迹与修整痕迹两类：成型痕迹指瓦坯桶在成型、分割过程中留下的一次加工痕迹；修整痕迹指消除成型痕迹时留下的二次加工痕迹。

（一）板瓦的桶形模具与筒瓦的瓶状模具

在核桃园 5 号门址出土的部分板瓦碎片的凹面，发现了栅栏状排列的纵向板压痕（图 1，1）。这种纵向痕迹宽度约 4 厘米，表面平整，边界明显，应为连续的长条形木板按压而成，暗示这批板瓦在制作中使用了桶型模具，即木板围成的可拆卸模具。有学者推测北朝时期的板瓦在成型过程中使用了类似圆桶的模具，但由于该时期板瓦的凹面大多经过了压光处理，与模具相关的

图 1　板瓦凹面痕迹
1.布纹板瓦的纵向板压痕与布纹　2.黑光板瓦边缘的布纹

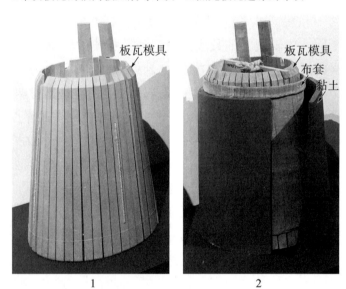

图 2　民俗学资料中的桶形板瓦模具
1.板瓦模具　2.板瓦模具、布套、黏土

制作痕迹难以留存[6]。核桃园 5 号门址的瓦制品出土量大，包括碎片在内的全部遗存均被收集，为寻找制作痕迹、还原板瓦模具创造了条件。有民俗调查资料显示，东亚地区传统的制瓦作坊使用这种桶形模具制作板瓦，模具由窄木板围成桶形，上下两圈绳索缝合固定（图 2）[7]。这种模具组合牢固，待瓦坯桶成型后，又可自由拆卸，从坯桶内取出，便于后续分割步骤的实施。此外，核桃

1　　　　　　　　2

图 3　板瓦凹面上缘的横向压痕

园 5 号门址出土板瓦在凹面靠近上、下缘的位置通常有一至两条横向压痕（图 3），为连续的凹线或断续的凹痕，痕迹的宽度不足 1 厘米。这些痕迹可能为固定模具用的绳索的压痕。

筒瓦凹面没有板瓦凹面常见的纵向板压痕，整体上较为平缓。凹面的空腔如图 4 所示，筒身部分粗细均匀，瓦舌部分收束。根据民俗资料，东亚地区的筒瓦模具可大体分为筒状和瓶状两种，后者的上部形状略有变化。筒状模具只支撑筒身部分，瓦舌部分需单独制作后连接，而使用瓶状模具时，筒身与瓦舌可一起制作[8]。核桃园 5 号门址出土的筒瓦碎片显示，筒身和瓦舌的黏土连为一体，两者之间过渡平滑，为一起制作，说明这批筒瓦使用了瓶状模具。

（二）模具、布套与黏土

核桃园 5 号门址出土布纹板瓦的凹面未经过修整，保留大面积布纹（见图 1，1）；黑光板瓦的凹面在后期加工过程中已将成型痕迹去除，但部分标本的边缘部位还保留少量布纹（图 1，2）。布纹的存在说明成型过程中，黏土与模具之间夹有一层布套。在有些瓦制品凹面的布纹上存在一条或多条排列有序的纵向压痕（图 5），应为布套缝合线的痕迹。目前在板瓦凹面发现的缝合线痕迹可分为两种类型：A 型为一列左右间隔分布的凸起，B 型为一列斜向凹线。部分标本的主要缝合线痕迹的两侧或单侧有辅助缝合线的痕迹。辅助缝合线痕迹为一列间隔分布的

图 4　筒瓦凹面瓶状模具痕迹及布纹、
布套缝合线痕迹

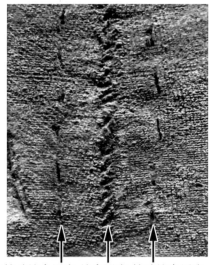

缝合压痕　辅助缝合压痕　　　　辅助缝合压痕 缝合压痕 辅助缝合压痕
1　　　　　　　　　　　　　　　2

图 5　板瓦凹面的布套缝合线压痕
1.A型　2.B型

凹痕。在筒瓦凹面亦发现布纹和缝合线痕迹，后者集中于瓦舌部分，但均为 A
型，且未发现辅助缝合线的痕迹（见图 4）。

　　布套的使用可追溯至秦汉之际。在对秦都雍城及其周边遗址的调查工作中，
发现了大量瓦制品遗存。其中板瓦大多外饰绳纹，内为素面；筒瓦外饰绳纹，
内为麻点纹 [9]。至秦代晚期兴建的秦始皇东巡行宫，如河北秦皇岛市的金山咀
遗址，出土的筒瓦凹面已大多留有布纹，板瓦凹面则存在窝点纹、菱形纹、方
格纹、素面等多种样式 [10]。西汉初年的未央宫、桂宫遗址出土板瓦的凹面仍为
素面，但在长安城中数座西汉中晚期瓦窑内发现了为数不少的凹面有布纹的板
瓦 [11]。综上所述，布套在筒瓦制作工艺中的使用可追溯至秦代晚期，在板瓦制
作工艺中的普及可能在西汉中晚期。

　　模具外侧套上布套，再在布套外
侧将黏土塑形，制成瓦坯桶。这一制
作工艺可以有效防止黏土与模具粘连，
便于取出模具、分割坯桶等后续步骤
的实施。该工艺一直沿用至后世。核
桃园 5 号门址出土瓦制品凹面的布纹
痕迹即是这一工艺传承的体现。至于
北朝时期的黏土塑形方法，是将黏土

图 6　板瓦凹面黏土条连接痕

制成条状，再盘绕模具，形成瓦坯桶。在这批瓦制品上可以看到黏土条连接部位的横向缝隙（图6）。

（三）瓦制品凸面修整

瓦制品的凸面原本存在成型痕迹，如汉代瓦的凸面普遍保留大面积的绳纹。这些痕迹可能是缠有细绳的陶拍在拍打塑形过程中留下的痕迹。通过这一工艺，黏土条连为一体。不过核桃园5号门址出土瓦制品的修整工作较为彻底，成型痕迹已全部消失，瓦制品凸面只保留刮削痕、手抚痕等修整痕迹（图7）。刮削痕可能由某种板状工具形成，在不同瓦片上宽度差异较大，最窄为2厘米左右，最宽接近6厘米。同一瓦片上刮削痕的宽度相似，痕迹边缘相互叠压，横刮与纵刮方式配合使用。横刮痕迹靠近瓦片两端，纵刮痕迹在中段。手抚痕迹大多位于板瓦上缘，可能是用手指按压坯桶的口沿，同时转动转盘，揩去多余的黏土，指纹会在上缘表面划出一条条细线。

（四）分割瓦坯桶与侧缘修整

核桃园5号门址出土瓦制品的侧缘存在切割痕迹，均位于瓦制品侧缘靠近凹面的一边，侧缘的其余部分大多不做处理，保留有瓦坯分离时形成的碴口（图8，1）。该痕迹表明这些瓦坯桶是在尚未干透的状态下，被刀类锐器在内侧轻轻切割出一道纵向痕迹，再在完全晾干后施加外力，使瓦坯桶沿切割痕自然裂开。部分瓦制品的侧缘被全部刮削、碾压平整（图8，2）。这种类型的瓦制品通常为檐头瓦。

图7　瓦制品凸面的痕迹
1.刮削痕迹　2.手抚痕迹

（五）黑色泥浆状物质与压光痕迹

黑光板瓦的凹面布纹被抹去后，在凹面及口沿涂抹有黑色粘稠的泥浆状物质，在部分板瓦的上缘凸面一侧可以看到其向下流淌的痕迹（图9，1）。黑色泥浆状物质渗入胎土后，表层胎土被完全染成黑色，随着深度增加，黑色变浅，逐渐过渡到胎土本身的蓝灰色。另外，在板瓦凹面还可以看到宽数毫米、相互重叠的压光痕迹（图9，2），使被染黑的表面紧实致密，呈现光泽。黑光筒瓦凸面亦存在上述痕迹。

《邺中记》中有以胡桃油涂抹邺南城屋瓦的记录，所制之瓦表面有光泽，不生苔藓[12]。核桃园5号门址出土的黑光类型瓦制品或许就是文献中记载的胡桃油瓦。不过，被涂抹在瓦制品表面的黑色泥浆状物质是否即为胡桃油？其准确

侧缘内侧切线
侧缘无处理
1

侧缘黑色压光
2

图8　瓦制品侧缘状态
1.切割痕（无修整）　2.压光处理

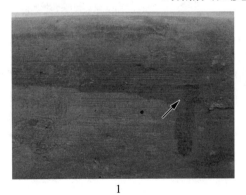 

1　　　　　2

图9　板瓦表面痕迹
1.黑色泥浆状物质　2.压光痕迹

性还有待于成分测试分析。另外,《营造法式》中记载有青掍瓦的制作方法：需以瓦石磨擦,以洛河石掍研,再涂上滑石粉末令表面光滑[13]。前文中提到的压光痕迹可能即为这一工艺的细部特征。综上所述,核桃园5号门址出土的黑光类型瓦制品的使用面,可能经过了涂抹黑色泥浆状物质与压光两道工艺,近1500年后的今天仍然乌黑油亮。

（六）瓦当范的特征

核桃园5号门址出土瓦当,根据基本花纹组成和花瓣特征可分为三型：长圆形花瓣（A型）、肥大上卷花瓣（B型）、长圆形花瓣加外区连珠纹（C型）,再结合花瓣数量、纹饰细节等又可细分。这些样式的差异在瓦当铺于屋顶之后也能被直接观察到,是设计层面的差别。另外,由于瓦当范为手工制作,瓦当的细部特征,如莲子数量、莲子与莲瓣的位置关系,以及细部尺寸,如花瓣与当心的高差会有微小差别。根据这些差别可知,Aa型有1个范,Ab型有4个范,B型有2个范,Ca型和Cb型分别有1个范。设计导致的样式差异和制作导致的瓦当范差异属于两个分类层级。下文将在样式分类的基础上,对同一样式内的瓦当范差异进行分析。

A型瓦当为长圆形花瓣,间瓣呈"T"字形,当心凸起,直径为14.7～16.1厘米。Aa型有9个花瓣,当心莲子的分布为中央1颗、周围8颗,出土数量区间为13～32件[14]。Ab型有8个花瓣,当心莲子的分布为中心1颗、周围6～8颗,出土数量区间为25～52件。根据细部特征与尺寸的差异可知,A型瓦当在生产过程中使用了5个范（表1；图10,1～5）。

表1   核桃园5号门址出土A型瓦当的细部特征与尺寸   （长度单位：厘米）

	正面	花瓣数量	莲子数量	直径	花瓣长度	花瓣宽度	花瓣厚度	当心直径	当心厚度
Aa	长圆形花瓣；间瓣呈"T"字形；当心莲子分布紧凑	9	1+8	15.4 ± 0.5	3.3 ± 0.2	2.2 ± 0.2	2.3 ± 0.45	4.4 ± 0.3	1.5 ± 0.4
Ab1	长圆形花瓣；间瓣呈"T"字形；当心莲子分布紧凑,莲子与花瓣相对	8	1+8	15.4 ± 0.7	3.6 ± 0.5	2.6 ± 0.2	2.3 ± 0.95	4.1 ± 0.3	1.7 ± 0.4
Ab2	长圆形花瓣；间瓣呈"T"字形；当心莲子分布分散	8	1+7						
Ab3	长圆形花瓣；间瓣呈"T"字形；当心莲子分布分散	8	1+6						
Ab4	长圆形花瓣,部分瓣尖略上翘或有压痕；间瓣呈"T"字形,向当心一端下陷；当心下陷,莲子与间瓣相对	8	1+8	15.4 ± 0.2	3.7 ± 0.2	2.6 ± 0.1	2.4 ± 0.4	4 ± 0.2	1.3 ± 0.5

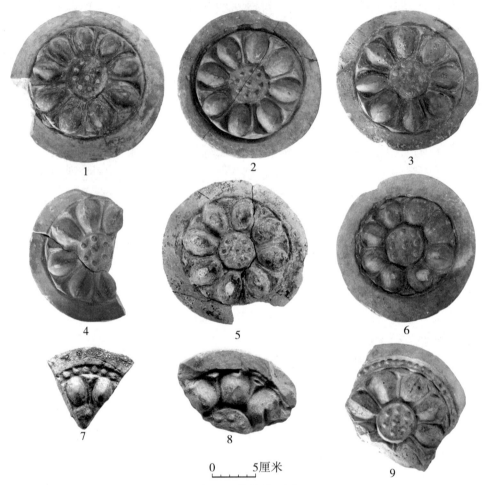

图 10　莲花纹瓦当

1.Aa　2.Ab1　3.Ab2　4.Ab3　5.Ab4　6.B1　7.Cb　8.B2　9.Ca

　　B 型瓦当有八个肥大上卷花瓣，间瓣呈 "T" 字形，当心凸起，当心莲子的分布为中央 1 颗、周围 8 颗，直径为 15～15.4 厘米，出土数量区间为 11～27 件。根据细部特征与尺寸的差异可知，B 型瓦当存在 2 个范（表 2；图 10，6、8）。

表 2　　核桃园 5 号门址出土 B 型瓦当的细部特征与尺寸　　　　　（长度单位：厘米）

	正面	花瓣数量	莲子数量	直径	花瓣长度	花瓣宽度	花瓣厚度	当心直径	当心厚度
B1	花瓣肥大，尖端上卷；间瓣呈 "T" 字形；莲子与间瓣相对	8	1+8	15.1 ± 0.3	2.8 ± 0.4	2.6 ± 0.2	2.1 ± 0.45	4.2 ± 0.15	1.6 ± 0.35
B2	花瓣肥大，尖端上卷；间瓣呈 "T" 字形；莲子与花瓣相对	8	不明	不明	3.7	3.2	2.7	不明	2

C 型瓦当为长圆形花瓣，间瓣呈"T"字形，花瓣外围绕一圈连珠纹。Ca 型瓦当的连珠纹与花瓣之间有一圈弦纹，当心凸起，当心莲子的分布为中央 1 颗、周围 6 颗，直径在 16.3 厘米左右，出土数量区间为 2～3 件。Cb 型瓦当仅 1 件，其连珠纹与花瓣之间没有弦纹，除花瓣信息外，其余不明。根据细部特征与尺寸的差异可知，C 型瓦当存在 2 个范（表 3；图 10，7、9）。

表3 核桃园5号门址出土C型瓦当的细部特征与尺寸　　　　　（长度单位：厘米）

	正　面	花瓣数量	莲子数量	直径	花瓣长度	花瓣宽度	花瓣厚度	当心直径	当心厚度
Ca	长圆形花瓣，间瓣呈"T"字形，花瓣外侧有一圈弦纹，弦纹外有一圈连珠纹	8	1+6	16.3	3.45 ± 0.15	2.65 ± 0.05	1.95	4.5	不明
Cb	长圆形花瓣，间瓣呈"T"字形，花瓣与边轮之间有一圈连珠纹	不明	不明	不明	2.9	1.9	2	不明	2

（七）瓦当背面的加工痕迹

核桃园 5 号门址出土瓦当的背面加工痕迹较为统一，均为半圈放射状刻痕。大部分瓦当的刻痕又宽又长（图 11，1），但少量标本的刻痕较为细、短。后者的背面往往还带有贯穿线，将有刻痕的半边与无刻痕的半边分开（图 11，2）。

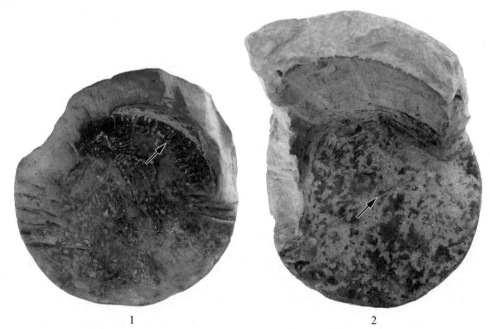

1　　　　　　　　　　　　　　2

图 11　瓦当背面加工痕迹
1.放射状刻痕　2.贯穿线

（八）小结

在成型技术上，5号门址出土的板瓦为桶形模具加黏土条成型，筒瓦为瓶状模具加黏土条成型。黏土与模具之间施加布套的做法应承袭自秦汉。撤去模具与布套后，瓦坯桶从内侧被分割。在修整技术上，对瓦坯桶凸面的轮修加工以及分割后对凹面的黑色压光处理，使板瓦凸面素面平整、凹面漆黑并富有光泽；对筒瓦的黑色压光处理施于凸面，凹面保留成型时留下的布纹。瓦当当面均用范模印而成，花纹立体感强，表面平滑，经过了黑色压光处理。相同样式的瓦当之间也会存在莲子数量、花瓣尺寸等制作层面的细微差异，说明同样式的瓦当拥有多个范。例如出土量最多的Ab型瓦当至少存在4个范，而多个范的使用使瓦当的批量生产成为可能。

三、核桃园5号门址出土瓦制品的生产模式

生产模式指作坊内部生产组织、技术系统的运作方式。合理的生产模式是大规模、体系化的手工业生产得以实现的关键。这里将通过对制作痕迹的统计分析，探讨核桃园5号门址出土瓦制品的生产模式。

（一）制作痕迹与筒瓦、板瓦的对应关系

核桃园5号门址出土筒瓦与板瓦的样式分类较为简单，筒瓦以黑光为主，兼有少量素面；板瓦亦以黑光为主，兼有布纹。瓦制品样式及其制作痕迹见表4[15]，凹面布纹经纬线数量的散点分布如图12所示。

表4　　　　　　　　　核桃园5号门址出土瓦制品的表面痕迹

		凸面修整痕	凹面成型痕布纹（经/纬）	凹面修整痕	侧缘修整痕
筒瓦	无瓦当黑光筒瓦（A型）	黑色压光，瓦舌抚平	14～18/8～10	无	无
	无瓦当黑光筒瓦（B型）	黑色压光，瓦舌抚平		无	无
	带瓦当黑光筒瓦（B型）	黑色压光，瓦舌抚平		无	削去凹面一侧棱线，黑色压光
	无瓦当素面筒瓦（C型）	刮削，瓦舌抚平	13～15/9～12	无	无
板瓦	单波浪纹黑光板瓦（B型）	刮削，上缘抚平	8～9/16～19	黑色压光	无
	双层波浪纹黑光板瓦（A、B型）	近下缘处黑色压光，其余刮削，上缘抚平		黑色压光	黑色压光
	单波浪纹布纹板瓦	刮削，上缘抚平	8～10/15～18	无	无

核桃园5号门址出土的瓦制品制作较为精良，大部分板瓦的凹凸两面均不见成型痕迹，但仍有一定比例的板瓦凹面有布纹；筒瓦凸面亦不见成型痕迹，

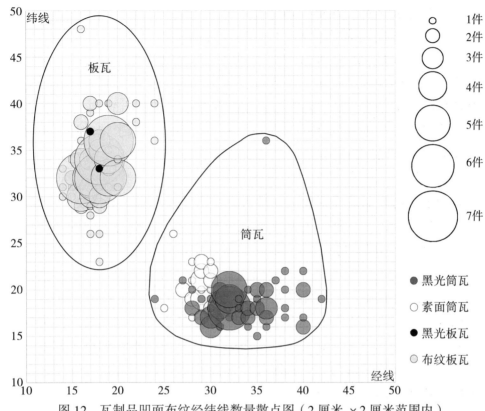

图 12　瓦制品凹面布纹经纬线数量散点图（2厘米 ×2厘米范围内）

凹面存在布纹。取2厘米 ×2厘米范围内的布纹经纬线数量置于散点图中，可以看到同类型瓦制品的布纹经纬线数量有集中分布的倾向。板瓦与筒瓦之间、素面筒瓦与黑光筒瓦之间散点分布的差异较大，但布纹板瓦与黑光板瓦的布纹经纬线数量落于散点图的同一区域。

修整痕迹的差异主要体现在黑光筒瓦与素面筒瓦之间、黑光板瓦与布纹板瓦之间、带瓦当筒瓦与无瓦当筒瓦之间、双层波浪纹黑光板瓦与单波浪纹黑光板瓦之间。其中，后三者的两类瓦制品之间有功能上的互补关系：黑光板瓦为屋面瓦，布纹板瓦为压脊瓦；下缘带装饰的类型为檐头瓦，无装饰的类型为屋面瓦。只有黑光筒瓦与素面筒瓦之间无功能上的互补关系，其修整痕迹上的差异应为制作工艺的差别，暗示存在不同的技术体系。

（二）瓦当正面特征与背面加工痕迹之间的对应关系

瓦当正面范的特征与背面的加工痕迹之间存在固定的对应关系。例如，瓦当背面的贯穿线只见于 Ab4 型标本，而这些标本属于瓦当的主体样式，即长圆形花瓣设计，但范的个性较为明显，花纹整体较模糊，呈现花瓣突出、当心凹陷的特征。具体表现在：花瓣尖端略上翘或有压痕；花瓣与间瓣向当心一端下陷；当心与花瓣之间的高差较大，以花瓣厚度减去当心厚度，差值在1.1厘米左右，而Aa及Ab1、Ab2、Ab3型标本的当心与花瓣高差只有0.6～0.7厘米。总体上看，核桃园5号门址出土的大部分瓦当尽管在瓦当范甚至样式上有所不同，但其背面加工手法一致，均有半圈放射状刻痕；而拥有独特正、背面特征，特别是独特背面加工手法的Ab4型莲花纹瓦当，可能暗示了特殊技术体系的存在，而技术体系可以作为区分工匠集团的标准。

（三）小结

从表面痕迹与瓦制品样式的关联性来看，黑光瓦基本为相同工匠集团所制，故而表面痕迹较为统一。筒瓦与板瓦之间、檐头瓦与屋面瓦之间的制作技术不尽相同，但相互之间有功能上的互补，其差别应包含在同一技术体系之中。另外，布纹板瓦的修整手法虽然不同于黑光板瓦，但两者的模具、布套相同，且使用位置有异，功能互补，亦可归为相同工匠集团制品。

核桃园5号门址出土的瓦制品中仍然存在少量例外。例如素面筒瓦在修整手法、成型工具上与黑光筒瓦有很大差异，二者应属于不同的技术体系。素面筒瓦只发现于遗址的东西两端，可能是两侧连廊的材料。又如Ab4型瓦当的背面加工痕迹明显不同于其他标本，而同于北魏时期的兽面纹瓦当。该型瓦当的正面花纹为北齐时期常见的单瓣莲花纹样式，却保留有源自北魏兽面纹瓦当的当背加工技术，其工匠集团之间可能有着直接的传承关系。

四、余　论

前文从工艺与模式两个方面探讨了核桃园5号门址出土瓦制品的生产状况。资料显示，该遗址属于北齐时期的皇家敕建寺院——大庄严寺[16]，其营建过程中所用瓦制品的生产作坊可以在一定程度上反映北齐官营制瓦手工业的形态，且因为标本数量大，分析时可以深入细节。

在制瓦工艺方面，核桃园5号门址出土的瓦制品在很大程度上承袭了北魏平城时代以来的技术体系。山崎信二分析了东亚地区板瓦制作技术的发展演变，指出从五胡十六国时期到北魏平城、洛阳城，再到东魏北齐邺城，太行山以东地区均以"桶形模具围绕黏土条"为主要成型方法，从板瓦的角度论证了北齐邺城制瓦技术与北魏之间的关联[17]。黑色压光技术的源头也指向北魏平城。云冈石窟窟顶西区寺院属于云冈佛教寺院群中的早期寺院，学者推测其时代应早于平城内的宫殿与明堂。该寺院遗址出土少量黑色压光瓦，但制作相对粗糙，板瓦凹面靠近侧缘与上下缘的部位残留布纹，板瓦凹面与筒瓦凸面的黑色并不均匀，光泽也较为暗淡[18]。该遗址出土的黑色压光瓦很可能展示了黑色压光技术的初期形态，至平城时代末期，技术逐渐成熟，操场城遗址与明堂遗址[19]出土的高规格瓦已具有均匀且乌黑光泽的表面。北魏洛阳、东魏北齐邺城的黑色压光瓦亦承袭了这一技术。根据文献记录，邺城的居民完全由北魏洛阳城迁入[20]，城内原住居民则迁至邺城西侧百里之外[21]。从洛阳迁来的40万户应包括制瓦手工业者，故邺城瓦在制作工艺上与北魏洛阳一脉相承，其技术体系又可向前追溯至北魏平城时代。而平城瓦的制作技术则源自太行山以东地区[22]，其后发展出黑色压光、莲花纹等特色。

在生产模式方面，核桃园5号门址出土的同类瓦制品不仅使用面状态、尺寸、纹饰等特征极其相似，成型、修整痕迹也较为一致，推测应由同一工匠集团制作。核桃园5号门址的主用瓦类型为黑色压光瓦，包括筒瓦、板瓦两种功能互补的类型；布纹板瓦为压脊瓦，与黑光板瓦配套使用，两者在制作痕迹上亦较为相似。以重量计算，占出土标本总量99%以上的黑光筒瓦、黑光板瓦与布纹板瓦[23]可能源于同一工匠集团。这批瓦制品中存在少量例外，如素面筒瓦与背面带贯穿线的瓦当，它们与其他瓦制品属于不同技术体系，工匠集团可能不同。但这些特例的数量较少，不影响整体的统一性。综上所述，大庄严寺中门的瓦制品样式单一，生产技术一致，工具差异小，说明作坊内部实行统一的生产管理，且管控力度较强。根据文献记载可知，北朝隋唐时代的制瓦手工业受甄官署管辖，北齐的甄官署由太府寺管理[24]，而太府寺为专司皇室府库及皇家用品生产的机构。瓦在北齐邺城可能属于高级建筑材料，故而其生产规格较高，由太府寺下属甄官署严格统一管理。

核桃园5号门址出土瓦制品的制作工艺与生产模式体现出强烈的继承性与统一性。它既暗示了北齐与北魏在政治、文化、人员上的传承关系，又展示了北齐官府手工业的勃兴。源自北魏的技术与样式确保了瓦制品的质量与正统，严格统一的官府生产则保证了瓦制品的大量供应。这些成为北齐邺城城市营建活动的基础。

瓦制品的可研究范围广阔，在以核桃园5号门址出土瓦制品为典型案例的分析过程中，我们曾撰文对资料整理工作的思路和方法进行了探讨，并在全面统计分析的基础上对建筑屋顶瓦制品的样式组成、建筑的破坏程度及毁弃原因等问题进行了探讨[25]。另外，由于这批瓦制品上大多留有戳印文字，内容以与生产相关的工官为主，故而对其进行综合研究还有助于探讨瓦制品的生产管理方法。我们的研究从基础的类型学分析出发,扩展至具体的生产与使用状况,并期待着能从这批材料以及更多的瓦制品材料中挖掘出更为丰富真实的历史片段。

　　附记:本文为科研费项目"中国における蓮華文瓦当の系譜とその拡散—三次元計測による製作技術の解析を中心に—"(21K13134)的成果,该项目由日本学术振兴会科学研究费助成事业(JSPS)资助。

注　释

[1] 朱岩石:《北朝陶瓦制作技术考古学研究》,《古代東アジアの造瓦技術》,奈良文化財研究所,2011年;又见《庆贺徐光冀先生八十华诞论文集》,科学出版社,2015年。

[2] 前引《古代東アジアの造瓦技術》。

[3] 中国社会科学院考古研究所、河北省文物研究所邺城考古队:《河北临漳县邺城遗址核桃园5号建筑基址发掘简报》,《考古》2018年第12期。

[4] 沈丽华、吕梦:《邺城遗址核桃园5号建筑基址出土瓦制品的整理与研究》,《南方文物》2020年第3期。

[5] 前引《北朝陶瓦制作技术考古学研究》;向井佑介:《中国北朝における瓦生産の展開》,《古代》78卷5号,2004年;山崎信二:《古代造瓦史—東アジアと日本—》,雄山閣,2011年。

[6] 山崎信二:《平瓦製作技法からみた古代東アジア造瓦技術の流れ》,前引《古代東アジアの造瓦技術》。

[7] 竹中大工道具館:《千年の甍:古代瓦を葺く 竹中大工道具館企画展展覧会図録》,竹中大工道具館,2017年。本文图2为作者拍摄、制作。

[8] 大脇潔:《丸瓦の製作技術》,《奈良国立文化財研究所研究論集9》,奈良文化財研究所,1991年。

[9] 陕西省考古研究院等:《秦雍城豆腐村制陶作坊遗址发掘简报》,《考古与文物》2011年第4期。

[10] 河北省文物研究所等:《金山咀秦代建筑遗址发掘报告》,《文物春秋》1992年增刊。

[11] 中国社会科学院考古研究所汉城工作队刘振东:《汉长安城新发现六座窑址》,《考古》2002年第11期。

[12] 《邺中记》载:"北齐起邺南城,其瓦皆以胡桃油油之。油即祖珽所作也。盖欲其光明映日,历风雨而不生藓耳。"见许作民辑校注:《邺都佚志辑校注》第114页,中州古籍出版社,1996年。

[13] 李诫《营造法式》载:"青掍瓦等之制:以乾坯用瓦石摩擦;次用水湿布揩拭,候干;次以洛河石掍研;次掺滑石末令匀。"见《梁思成全集》第七卷第279页,中国建筑工业出版社,2001年。

[14] 假设每一残片都来自一个独立的瓦当,残片总数为瓦当的最大可能数;假设所有残片都可

以拼合到一起，将某个类型瓦当的莲瓣数量相加，再用总数除以该类型完整瓦当的莲瓣数量，可估算出该类型瓦当的最小可能数。

[15] 黑光筒瓦与布纹板瓦的布纹统计样本为戳印瓦标本，前者有78件，后者有122件，可保证一个样本代表一个瓦制品个体；素面筒瓦与黑光板瓦的统计样本为大型碎片，前者有32件，后者有2件，可能存在重复计数。其余项目的观察对象为包含标本与碎片在内的全部瓦制品。表4中的筒瓦A、B、C型与板瓦A、B型为依尺寸分类，详情请参考前引《邺城遗址核桃园5号建筑基址出土瓦制品的整理与研究》。

[16] 中国社会科学院考古研究所、河北省文物研究所邺城考古队：《河北临漳邺城遗址核桃园一号建筑基址发掘报告》，《考古学报》2016年第4期；前引《河北临漳县邺城遗址核桃园5号建筑基址发掘简报》。

[17] 前引《平瓦製作技法からみた古代東アジア造瓦技術の流れ》。

[18] 云冈石窟研究院等：《云冈石窟窟顶西区北魏佛教寺院遗址》，《考古学报》2016年第4期。

[19] 山西省考古研究所等：《大同操场城北魏建筑遗址发掘报告》，《考古学报》2005年第4期；大同市博物馆：《山西大同市北魏平城明堂遗址1995年的发掘》，《考古》2001年第3期。

[20] 《魏书·常景传》载："天平初，迁邺，景匹马从驾。是时诏下三日，户四十万狼狈就道。"

[21] 《魏书·孝静纪》载："徙邺旧人西径百里以居新迁之人。"

[22] 《魏书·太祖纪》载："（天兴元年春正月）徙山东六州民吏及徒何、高丽杂夷三十六万，百工伎巧十万余口，以充京师。"

[23] 前引《邺城遗址核桃园5号建筑基址出土瓦制品的整理与研究》。

[24] 《唐六典》卷二十三载："甄官令掌供琢石、陶土之事；丞为之贰。……凡砖瓦之作，瓶缶之器，大小高下，各有程准"，"北齐太府寺统甄官署"。见（唐）李林甫等：《唐六典》第597页，中华书局，1992年。

[25] 前引《邺城遗址核桃园5号建筑基址出土瓦制品的整理与研究》。

Study on the Manufacturing Technique and Production Mode of Tiles Unearthed from No. 5 Gate Site at Hetaoyuan in the Yecheng Site

Lyu Meng and Shen Lihua

KEYWORDS: Yecheng Site　　No. 5 Gate Site at Hetaoyuan　　Tile Artifact　　Tile Manufacturing Technique　　Production Mode

ABSTRACT: Through observation and study of tile fartifacts excavated from No.5 gate site at Hetaoyuan in the Yecheng site, this study reconstructs tile manufacturing techniques by analyzing and conducting statistics of surface marks and proposes their production mode, thereby discussing the production status in the Yecheng region during the late Northern Dynasties. It is also revealed that tile artifacts from No. 5 gate site exhibit strong technical continuity and uniformity. Manufacturing tools and technical details align with those from the Northern Wei Pingcheng and Luoyang regions. High similarity in forming/finishing traces implies a rigorous and uniformed production mode. This continuity and uniformity not only guaranteed quality control for large-scale urban construction projects but also enabled mass production.

（责任编辑　洪　石）

成都平原先秦时期铜器生产体系研究

黎海超　　崔剑锋　　陈建立　　周志清　　左志强　　田剑波

关键词：成都平原　铜器生产体系　先秦时期

内容提要：通过对成都平原 200 多件铜器全面的成分及铅同位素分析，结合全新的微量元素和铅同位素分析方法，初步复原了成都平原先秦时期铜器的生产体系。成都平原先秦时期存在本土和外来两条铜器生产脉络。外来脉络以三星堆祭祀坑的一部分铜器为代表，技术水平高。本土脉络在商时期以金牛、青羊地点的低质量小件铜器为代表，其后发展到西周时期以金沙遗址为代表的铜器，再到东周成熟的巴蜀系铜器。两条铜器发展脉络在技术、原料上完全不同。三星堆祭祀坑部分铜器到金沙铜器仅是文化上的继承，生产脉络分属于外来和本土，由此可以理解金沙铜器"衰落"的原因。

对于中国古代青铜器的研究，学者们关注的主要是类型、纹饰、铭文等方面，对于铜器生产体系的问题讨论较少[1]，尤其缺乏基于某一特定时空区域的系统性研究。这一维度信息的缺失在很大程度上限制了铜器研究的深入。反言之，若能对某一特定文化地理区域的铜器生产体系进行长时段的考察，复原铜器生产的发展脉络，则可判断特定铜器群是否符合这一脉络的发展特征，并进一步解决关于铜器产地、文化互动等的诸多问题，从新的角度揭示该区域考古学文化的发展与演变。

成都平原是古蜀文明的核心区域，属于独立的文化地理区块，商周时期的文化序列较为完善[2]。铜器也有着从三星堆、金沙到东周巴蜀系铜器这一完整序列，但尚有一些亟待解决的问题。比如三星堆祭祀坑铜器的产地，三星堆与金沙铜器的关系，东周巴蜀系铜器的形成过程等。简言之，自商至东周时期，铜器发展似呈跳跃式，虽年代序列相对完整，但各时期铜器形态、技术差异较

作者：黎海超，成都市，610065，四川大学考古文博学院、四川大学考古科学中心。
　　　崔剑锋、陈建立，北京市，100871，北京大学考古文博学院。
　　　周志清、左志强、田剑波，成都市，610072，成都市文物考古研究院。

大，发展脉络不够清晰。我们认为构建该区域长时段的铜器生产体系将有助于理清铜器发展脉络，促进对古蜀文明更为深入的解读。梳理铜器发展脉络的前提是区分本土的发展脉络和外来文化的输入及影响，因此成都平原在不同时期与外界的联系同样是我们考察的重点。

我们基于以往对其他区域铜器的研究提出了复原铜器生产、流通体系的基本思路和方法[3]。具体来说，首先开展考古学分析，建立相关分类标准，提出问题；之后再根据考古学问题设计相应的科技分析方案，开展成分、铅同位素等方面研究；最后综合考古分析和科技数据结果进行综合解读。这种考古先行，科技验证，风格、技术、原料相结合的思路被证明是极为有效的[4]。

对于成都平原铜器的研究也采取这一思路。在考古学分析部分，主要依据形制、风格建立铜器的考古学分类体系。科技分析部分着重于依据科技数据对应考古学分类体系，同时总结各时期铜器的原料特征，寻找本土原料的标准，并与区域外铜器进行对比。目前学界对于成都平原早期的铜器来源仍有争议，但对东周尤其是战国时期的巴蜀系铜器则公认为本地生产。由已知推导未知，本文将东周的巴蜀系铜器作为本地生产铜器的代表。由东周时期倒序地向前推导，以化学成分和铅同位素数据两方面为主线，建立各时期铜器的原料数据特征。最终，综合考古和科技两方面的分析，复原铜器生产体系，理清铜器发展脉络。

一、材料与方法

本文分东周、西周、商三个时期进行讨论，分析材料包括成都百寿路墓地出土的战国时期铜器45件、清江路墓地出土的战国时期铜器16件、星河路墓地出土的春秋晚期铜器39件，金沙遗址"祭祀区"出土的商时期铜器7件、商末至西周中晚期铜器14件、西周晚期至春秋中期铜器8件，以及金牛城乡一体化（简称"金牛"）地点出土4件、青羊兴城建（简称"青羊"）地点出土11件和三星堆祭祀坑出土的多件铜器（铅同位素数据：68例；微量元素数据：45例）。上述材料中，除三星堆祭祀坑出土铜器的68例铅同位素数据及30例微量元素数据引自其他学者的研究成果[5]外，其余全部数据及三星堆祭祀坑出土铜器的15例微量元素数据均由笔者在同一实验室，采用相同分析仪器、标准和流程完成测试，大部分数据已在相关的个案研究中发表[6]。具体测试标准如下。

微量元素分析在四川大学考古科学中心考古材料与文物保护实验室测试完成。采用 Leeman 公司的 Prodigy 7 型全谱直读电感耦合等离子体发射光谱仪

（ICP-AES）测定。分析标准溶液使用市售国家单一标准储备溶液混合配制，测定的元素类别包括 Sn、Pb、As、Sb、Ag、Ni、Fe、Zn、Se、Te、Au、Bi。仪器分析条件如下：RF（高频发生器），功率 1.1kw，氩气流量 20L/min，雾化器压力 30psig（英制单位，约 20MPa），蠕动泵（样品提升）速率 1.2ml/min，积分时间 30sec/time。

铅同位素分析在北京大学地球与空间学院造山带与地壳演化教育部重点实验室完成，使用 VG Axiom 型多接收高分辨等离子体质谱仪（MC-ICP-MS）测定。铅同位素分析是根据成分分析得到的铅含量结果，将样品溶液分别稀释 10～100 倍，加入国际标准 Tl 溶液，再进行测量。

以上涉及的地点除三星堆位于广汉外，其余均在成都市区内。百寿路、清江路及星河路铜器材料均出自蜀文化中小型墓葬；金牛地点铜器出自小型墓葬；青羊地点铜器则多出自普通居址；金沙"祭祀区"和三星堆祭祀坑的性质被判断为与祭祀相关。不同的出土背景更利于客观、全面地揭示铜器生产问题。

就器类而言，星河路、百寿路、清江路墓地出土铜器绝大部分为各类兵器，以戈、剑、矛为主。金沙"祭祀区"出土铜器则包括各类兵器、容器残片。其中容器质量较差，纹饰不精；戈、锥形器为典型的本地风格；其余小型器铸造水平较低。金牛和青羊地点出土铜器主要为箭镞、戈以及小型工具。以上铜器均表现出本土的铸造技术特征。三星堆祭祀坑出土铜器则包括外来式的容器以及本地式的面具、头像、神树等（图 1）。除三星堆祭祀坑涉及一些外来式铜器，其他诸如东周楚式、秦式等外来风格铜器并未纳入本文研究范畴。

考古学分析和科技分析是本文研究的主体内容，遵循风格、技术、原料相结合的思路。理想状态下，考古学分析应包括铜器形制、纹饰以及铸造工艺等不同方面的内容。但限于客观条件，目前难以对成都平原铜器进行系统的铸造工艺研究，本文对此仅简要讨论。科技分析部分的核心内容是依据微量元素和铅同位素数据复原不同时期铜器的铜、铅原料特征。至于铜器金相等微观结构分析，本文并未涉及。原因主要是自三星堆、金沙直至东周巴蜀系铜器，均以铸造技术为主，锻造工艺运用得相对较少。况且各时期铜器类型差异巨大，功能不一，很难基于金相分析进行有效对比。当然这并非否认微观结构分析在此类研究中的重要性，金相与铸造工艺分析仍是本研究未来需要补足的方面。

对于微量元素和铅同位素数据，我们除了运用传统方法做散点图对比外，还引用了牛津大学马克·波拉德（Mark Pollard）团队近年提出的"牛津研究体系"（Oxford System）。该研究体系是综合铜器的主量、微量元素以及同位素来

图 1　成都平原各时期代表性铜器

1～6.三星堆祭祀坑出土铜器　7～12.金沙"祭祀区"出土铜器　13～17.星河路墓地
出土东周铜器

讨论铜器原料的流通[7]。其中在铅同位素分析中可通过铅同位素比值与 1/Pb 值
的对比讨论铜器的回收、重熔[8]。回收、重熔也是我们讨论铜器生产中不可回
避的一个问题，尤其是东周蜀国铜器多为兵器，确实存在着大规模回收重熔的
可能性。为此，在系统讨论铅同位素数据之前，我们首先利用"牛津研究体系"
中的铅同位素做图方法对本文讨论的全部数据进行了处理。如图 2 所示，各时
期数据均未出现大规模重熔的数据特征，可基本排除这一可能性。

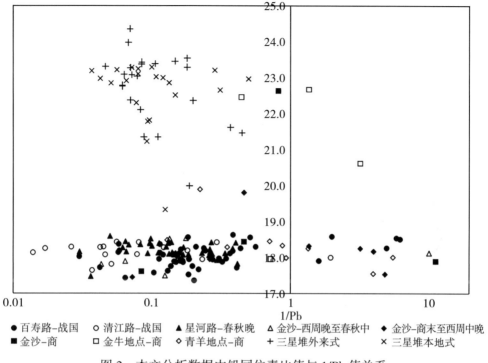

● 百寿路-战国　　○ 清江路-战国　　▲ 星河路-春秋晚　　△ 金沙-西周晚至春秋中　　◆ 金沙-商末至西周中晚
■ 金沙-商　　□ 金牛地点-商　　◇ 青羊地点-商　　+ 三星堆外来式　　× 三星堆本地式

图 2　本文分析数据中铅同位素比值与 1/Pb 值关系

对于铅同位素数据所指征的原料类别，学界多有不同意见。例如有学者认为铅含量 50ppm 至 4% 之间均指征铜料来源，超过这个范围的指征铅料来源[9]。本文采取中国学者惯用的 2% 作为标准，认为铅含量超过 2% 的样品中铅同位素指征铅料来源。在研究过程中，我们尝试对比 1%、2%、3%、4% 等不同标准下铅含量对铅同位素的影响，并未发现明显规律。

微量元素的分析除采用传统的散点图方法外，还应用了"牛津研究体系"中的微量元素分组（Copper Groups）方法。这种方法是利用砷、锑、银、镍四种元素在铜器中的有无（以 0.1% 为界进行区分），建立 16 个不同的微量元素小组，利用微量元素小组的异同来讨论金属原料的流通。已有不少论文详细介绍了该方法，兹不赘述。值得注意的是，微量元素小组是铜器冶铸的综合结果，并非一定与固定矿源对应。我们主要利用不同的微量元素小组判断不同的原料类型。尽管该方法主要用于解决铜料的来源问题，但一般认为微量元素银往往受到铅的影响。为此，我们将本文数据中的银、铅含量进行对比，发现各时期铜器中的银、铅并无明显的正相关关系，R^2 值均低于 0.3，银元素未受到铅含量的明显影响（图 3）。

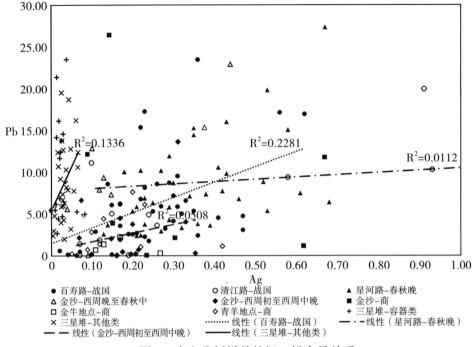

图 3　本文分析样品的银、铅含量关系

综合以上验证工作以及我们以往的研究积累，将微量元素分组和铅同位素方法相结合讨论铜器的原料类型是较为有效的。以下便以倒序的方式讨论各时期铜器生产体系问题。

二、东周时期铜器生产体系

成都平原东周时期的铜器材料集中在战国时期，春秋时期材料相对较少，尤其缺乏春秋早、中期的考古发现。而从三星堆－金沙风格铜器过渡到战国典型的蜀式铜兵器，春秋早、中期的材料对于揭示蜀地铜器风格的转变过程不可或缺。目前成都平原判断为春秋时期的铜器资料主要发现于金沙遗址，具体包括金沙遗址国际花园地点[10]、黄河地点[11]、人防地点[12]、星河路西延线地点[13]等。这些地点均有一些墓葬属春秋时期，但对于它们具体年代的判断，学界分歧较大。我们认为这主要由于铜兵器形制简单，单纯依据形制特征难以给出准确的分期方案。除金沙遗址外，成都枣子巷[14]、忠县瓦渣地[15]等也有属于春秋时期的墓葬。

成都平原战国时期的铜器材料十分丰富，且年代较为明确，如新都马家公社木椁墓[16]、商业街船棺墓[17]、羊子山172号墓[18]、文庙西街墓葬[19]、百花潭中学 10 号墓[20]、成都中医学院战国墓[21]等出土铜器。成熟的巴蜀系铜器在此阶段形成，除铜兵器外，一些日常用器如鍪、釜等开始流行。

本文分析的东周时期铜器以百寿路和清江路墓地材料代表战国时期，以星河路墓地材料以及金沙遗址五期中段至五期晚段Ⅰ段铜器代表春秋时期。按照前文提出的由已知推向未知的倒序讨论方式，首先看战国时期的情况。

百寿路墓地出土的 2 件铜器以及清江路墓地出土的 5 件铜器由于锈蚀严重，谨慎起见，其分析结果未纳入微量元素分析中。根据微量元素分组结果，清江路墓地出土的 11 件铜器分布在 3、4、7 组，后两组分别占比 27% 和 55%；百寿路墓地出土铜器则分布在 1、3、4、7 组，其中 4、7 组分别占比 42% 和 47%（表 1）。由此可见，4 组（含银）和 7 组（含锑和银）可能是成都平原战国时期铜器流行的原料类型。

再看春秋时期的星河路墓地材料。从铸造质量看，该地出土铜器明显可分为两类：一类铸造质量较精，应为实用器（见图 1，13、14）；另一类铸造质量较差，很多并无实用功能（见图 1，15 ～ 17）。有的铜矛不仅器身变形，甚至鍪内泥芯也未取出，显然未经使用（见图 1，17）；再如很多三角援戈，并未开刃，器身的穿孔也多不规整，可能仅用作明器。星河路墓地出土的 39 件铜器数据分布在 4、7、12、13 组，其中 4、7 两组分别占比 36% 和 59%，与清江路和百寿路战国时期材料表现出完全一致的特征（见表 1）。另外，金沙遗址"祭祀区"中五期中段至晚段Ⅰ段 8 件铜器，年代约为西周晚期至春秋中期，其微量元素分组中 4、7 组也属于最为主要的两个组别（见表 1）。

表 1　　　　　成都平原与其他地区东周铜器微量元素分组对比

时段与地点	分组	1组	2组	3组	4组	6组	7组	9组	11组	12组	13组	14组	15组	16组	数据量
战国	清江路			18%	27%		55%								11
	百寿路	9%		2%	42%		47%								43
	巴－李家坝	4%	36%			4%		28%	12%	4%		12%			25
	楚－八一路						40%			50%	5%		5%		20
春秋	星河路				36%		59%			2%	3%				39
	金沙（西周晚至春秋中）	11%			22%	11%	56%								8

　　以上四个地点的情况表明，4、7组原料自春秋中期到战国时期均是主要的原料类型。另外，四个地点的铜器多为巴蜀系兵器，其中星河路墓地还有不少明器类兵器，基本排除了外来的可能性，可以作为本地生产铜器的代表。由此，4、7组原料可作为成都平原东周时期本地原料的标准。事实上，我们在对成都市区出土的一些汉唐时期的铜钱等小件铜器的分析中，也发现不少样品属于4、7组，表明这些类型原料可能在东周之后很长一段时间内得到沿用[22]，但相关数据有限，此处不做过多讨论。

　　目前东周时期铜器虽出土数量巨大，但微量元素数据极为缺乏，难以开展系统对比研究。笔者曾对重庆云阳李家坝巴国墓地的25件铜器进行分析，其年代主要集中在战国中、晚期，器类均为舌形钺、釜、矛、剑等典型巴蜀风格铜器。李家坝墓地出土的秦、楚等外来风格的铜器均被排除在外。分析结果表明，其微量元素分组较为杂乱，2、9、11、15几个组别的比重均超10%（见表1），但成都平原蜀系铜器流行的4、7组类型原料则一例未见，可见巴、蜀两国铜器原料存在根本性差异。另外，本文对已发表的河南南阳八一路楚国墓地的20个铜器数据做微量元素分组研究[23]，结果表明7、12组为主要类型，与蜀国既有联系又存在差异。

　　本文涉及的成都平原东周铜器的铅同位素数据包括星河路墓地39例、百寿路墓地45例、清江路墓地16例以及金沙"祭祀区"西周晚期至春秋中期的6例数据，共计106例。这些铜器多为铅锡青铜和铅青铜类型，铅同位素应指征其铅料来源。将以上地点铜器数据做图对比，结果表明百寿路和清江路墓地的数据大部分重合在相同范围，而星河路墓地的数据仅有少部分与此范围重合，多数样品分布在其独有区域（图4）。这应是年代差异造成的，也就是说蜀国以星河路墓地为代表的春秋晚期铅料与以百寿路、清江路墓地为代表的战国时期铅料应有不同来源。6例金沙"祭祀区"数据也多落入星河路墓地春秋时期铜器范围，这进一步验证了蜀国春秋与战国时期铅料的差异。考虑到微量元素分组显示的春秋到战国时期铜原料的一致性，可以推测蜀国所用铜料和铅料有不同来源。

　　我们进一步引用东周其他国家的铅同位素数据进行对比，尤其是数据较为丰富的战国时期铜器。张吉等学者曾系统整理讨论了东周各国青铜器的铅同位素数据并进行了分类[24]。他们的分类中，A类矿料的 $^{208}Pb/^{206}Pb$ 比值为2.11～2.13，B类矿料的 $^{208}Pb/^{206}Pb$ 比值为2.09～2.11，认为B类矿料是春秋中期曾、楚等汉淮地区诸侯国主要使用的矿料。本文所分析的蜀国春秋时期铜器数据多处于 B 类矿料范围，初步暗示了其中铅料流通的可能性。

　　战国时期铜器数据较丰富，其中关于巴[25]、楚[26]、韩[27]、秦[28]、燕[29]、魏[30]、齐[31]等国铜器均有铅同位素数据发表。将以上数据系统整合后与蜀国战国铜器数据进行对比，可以发现大部分国家的数据均集中在同一范围内，但巴国数据多在此之外，燕、齐两国的钱币数据也存在独有区域（见图 4）。在多国

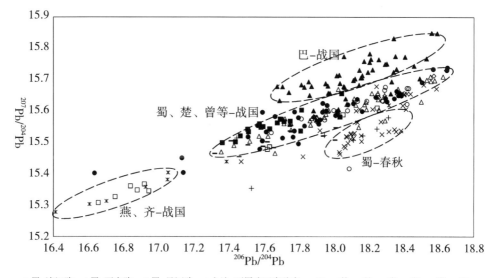

○蜀-清江路　△蜀-百寿路　×蜀-星河路　+金沙-西周晚至春秋中　▲巴　●楚　■韩　□齐　×燕　—魏　◇秦

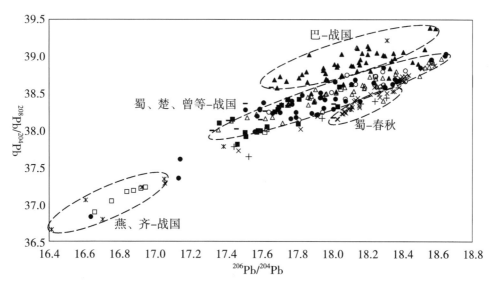

○蜀-清江路　△蜀-百寿路　×蜀-星河路　+金沙-西周晚至春秋中　▲巴　●楚　■韩　□齐　×燕　—魏　◇秦

图 4　成都平原与其他地区东周铜器铅同位素对比

重叠的这一范围内，蜀国与楚国数据显示出最好的契合度。张吉等学者的研究表明，曾国的数据也在这一重叠范围内。联系到上述春秋时期蜀国与曾、楚可能存在的铅料流通，这种现象在战国时期更加明显。我们认为蜀国东周时期所用铅料或许来自曾、楚地区。

文献史料中对于蜀、楚关系的记载不少，多与战争有关，两国时战时和。如《史记·楚世家》载："肃王四年，蜀伐楚，取兹方。于是楚为扞关以拒之。"对于两国经济、文化交流的记载则罕见于文献。但从考古材料来看，蜀地铜器与楚文化圈表现出最密切的交流。东周巴蜀地区具有外来风格的铜器中，以楚文化铜器数量最多、类别齐全，包括鼎、敦、盏、豆、盒、尊缶、匜等容器以及剑、戈等兵器。尤其在新都马家公社木椁墓这类高等级墓葬中出土数量更多。其中有些楚风格铜器带有铭文，可明确为楚地产品流通至蜀地；也可能存在一些当地仿制甚至楚地工匠在蜀地铸铜的现象。本文原计划对蜀地具有外来风格的铜器进行全面科技分析，解决此类铜器的产地问题，但遗憾的是，具有外来风格的铜器多为容器，保存也较好，这给取样研究带来极大困难，只能留待技术进步时再解决。

三、西周时期铜器生产体系

成都平原西周时期铜器材料以竹瓦街铜器窖藏为代表，还包括新繁水观音、广汉兴隆乡毗卢寺等遗址出土铜器。另外金沙遗址梅苑地点"祭祀区"有部分铜器属西周时期。

竹瓦街窖藏铜器共有两批，均置于陶缸内。1959年发现铜器21件，包括多件罍、尊、觯以及戈、矛、钺、戟等兵器。1980年发现的铜器包括各型罍及戈、钺、戟[32]。虽然窖藏铜器间可能存在年代差异，对于窖藏年代判定也存在不同意见[33]，但各式罍显然属西周早期，又未见明确的更晚器物，因此依据主流意见将其定为西周早期应无疑问。

新繁水观音遗址出土铜器包括1956年出土的8件兵器、1957年M1出土的7件兵器和1958年M2出土的6件兵器及其他15件小型铜器[34]。广汉兴隆乡毗卢寺遗址征集多件铜戈及铜矛[35]。成都市黄忠村遗址1999M12出土1件铜剑。以上铜器根据地层关系、陶器序列以及铜器形制特征，可大体将年代判定为西周时期。

金沙遗址梅苑地点"祭祀区"出土铜器较为丰富，除容器残片、立人像、眼形器外，还有一些龙、鸟、鱼等动物造型铜器和长条形、锥形、菱形、圆角长方形等几何形铜器以及戈、钺、璧环形器等[36]。发掘者认为大量使用铜器的祭祀活动属于金沙祭祀遗存的第二阶段，年代约在公元前1100至前850年，已跨入西周纪年[37]。

对于西周时期铜器，本文仅分析了金沙"祭祀区"的14件铜器，对应遗址的分期为四期早段至五期早段，相当于商末至西周中晚期。微量元素分组结果表明4组占比较高，包括7组在内的其他组别占比较低（表2）。这一数据量显然不足以代表成都平原西周时期的整体状况，但与东周时期铜器类似的是，4组是主要原料类型。

表2　　　　　　　　成都平原与其他地区西周铜器微量元素分组对比

地点与类别＼分组	1组	2组	3组	4组	6组	7组	9组	11组	12组	13组	14组	15组	16组	数据量
金沙四期早段至五期早段（商末至西周中晚）	7%		14%	65%		7%					7%			14
叶家山墓地－高质量	21%		14%	6%	24%				24%					77
晋侯墓地－高质量	21%	3%	13%		29%				24%					62
周原遗址－高质量	16%	11%	11%		54%									37
晋侯墓地－低质量					37%				48%					19
叶家山墓地－低质量				22%			8%		61%				9%	23
彊国本地式－低质量				17%			17%		41%				25%	12
彊国中原式－低质量				11%	3%		11%		64%				8%	36

西周时期的成都平原与中原王朝的关系是亟待解决的重要问题。我们曾对西周时期周原、晋侯墓地、叶家山墓地、彊国墓地等西周王朝中央、姬姓封国、非姬姓封国的铜器进行了系统的微量元素和铅同位素分析，初步提出西周时期的铜器生产和流通模式[38]。简言之，西周诸侯国铜器可分为高质量和低质量两大类，并以前者为主。各姬姓封国的高质量铜器以及王朝中央的铜器表现出一致的微量元素和铅同位素特征，表明高质量的铜器主要是由王朝中央主导生产并向各诸侯国分配。相较而言，各地的低质量铜器从风格、铸造技术到原料多表现出独有特征，反映的应是本地生产的现象。中央分配的高质量铜器与本地生产的低质量铜器共同构成了西周铜器生产和流通的主要脉络。

尽管本文分析的金沙"祭祀区"出土铜器多属本地式，与西周中原风格铜器迥异，但从原料来源的角度仍有必要进行对比。首先，西周中央和各姬姓封国的高质量铜器，微量元素分组均以1、3、6、12组为主，金沙"祭祀区"流行的4组包括其后流行的7组均不见于高质量铜器中。综合铅同位素来看，金沙"祭祀区"的数据也仅有1例落入各封国共有的范围（图5）。因此，金沙"祭祀区"所代表的本地式铜器在原料来源上应不在西周王朝掌握的体系内。其次，与各封国的低质量铜器相比可知，曾国和弢国的低质量铜器均流行4组

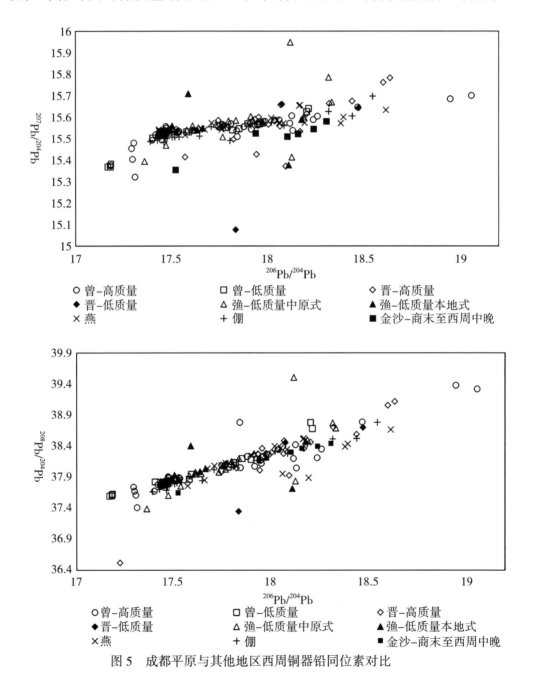

图5　成都平原与其他地区西周铜器铅同位素对比

（见表 2）。这种相似的原因，依目前证据还难以给出确切解释。

从形制特征来看，金沙"祭祀区"出土铜器与中原地区所见关联甚少，而相比于更早的三星堆祭祀坑出土铜器尽管存在一定差异，但更多的是共性。如立人像、眼形器、璧环形器、璋等在两遗址均有发现[39]。可以说，金沙铜器与三星堆铜器在文化属性上是前后相承的。但从生产属性来看，金沙铜器普遍的特点是以小型器为主、铸造质量相对较低，尤其缺乏反映三星堆高水平铸造技术的容器和大型立人像等。换言之，金沙"祭祀区"铜器尽管在文化上可以看作三星堆祭祀坑铜器的延续，但在铸造技术水平上却出现了"倒退"的现象。另外一个较为重要的证据是金沙遗址青羊地点出土的 1 件斜方格乳丁纹铜簋（VT0105⑤：2）[40]。该器在形制、纹饰上与中原、关中地区商末周初流行的同类器相似，但铸造极为粗糙，且由红铜铸成，而非常见的铅青铜或铅锡青铜。因此，基本可以肯定这件铜簋是本地仿制产品。这也进一步证明在十二桥文化时期，本土铜器制作技术水平应相对较低，与中原地区的技术水平存在明显差距。金沙遗址出土铜器从形制、原料类型、技术水平三方面均与中原王朝关联较弱，代表了本土的技术特征。与三星堆祭祀坑出土铜器相比，则呈现出文化属性相同但生产技术不同的现象，这暗示了部分金沙与部分三星堆铜器生产来源可能不同。值得注意的是，金沙曾出土一些铜容器残片，与三星堆祭祀坑中的器物关系密切，对此现象我们将另文论述。

尽管金沙"祭祀区"铜器与中原地区关联较弱，成都平原的竹瓦街窖藏铜器却与西周王朝表现出密切关系。李伯谦先生认为竹瓦街窖藏出土的尊、觯具有商末周初的风格，铜罍具有典型的西周早期特征[41]。总体来说，竹瓦街窖藏铜器年代应在西周早期，其中尊、觯等器物或许反映的是周初分器的现象。对于铜罍的解读，我们赞同罗泰先生的意见，认为竹瓦街铜罍的出现是侵入式的，并非来自四川本土青铜工业，极有可能是中原地区的产品，在短时间内生产并运入四川[42]。竹瓦街窖藏铜容器向前追溯，在成都平原不见踪迹；向后探寻，也难以与东周时期重视铜罍的现象直接关联。因此，竹瓦街窖藏铜器的外来属性是其最大特征，遗憾的是，笔者无法对竹瓦街窖藏铜器开展科技分析而进行验证。

成都平原在西周时期可以金沙"祭祀区"铜器作为本土铜器生产脉络的体现，以竹瓦街窖藏铜器作为外来铜器的代表。竹瓦街与金沙的关系是需要持续关注的问题。若金沙确为西周时期成都平原的中心遗址，那么为何铜器少见与中原的关联？竹瓦街窖藏铜器显示出高等级特征，最近的考古调查表明竹瓦街窖藏旁可能存在大型聚落。若将来得以进一步确认，竹瓦街所代表的聚落必然是高等级聚落，其与金沙遗址之间又是怎样的关系？这些都应是成都平原西周时期考古的重要研究方向。

四、商时期铜器生产体系

成都平原商时期的青铜器集中出土于三星堆遗址祭祀坑，除此之外则罕见铜器。目前早于祭祀坑出土铜器的发现有广汉高骈公社地点[43]、三星堆遗址真武村仓包包及月亮湾地点[44]。器类主要为牌饰和铃。学界对于牌饰的年代和来源关注较多，意见有分歧，但总的来说，牌饰的年代早于三星堆祭祀坑的年代已是共识[45]。与三星堆祭祀坑年代同时的铜器则线索较少。

对于三星堆祭祀坑出土铜器的来源，学界讨论颇多，但未有定论[46]。我们认为三星堆祭祀坑出土铜器的产地问题颇为复杂，构成并不单一，风格、产地、技术均有多元化特点。前文已经确立成都平原本地原料类型的特征，那么利用同样的方法与三星堆祭祀坑出土铜器数据进行对比，分析三星堆祭祀坑出土铜器是否采用了本地特征的原料类型，或是讨论其产地来源的有效途径。

目前对三星堆祭祀坑出土铜器进行微量元素研究的成果较少，以马江波等学者的研究为代表[47]。本文引用其成果中符合条件的 30 个数据。另外，笔者与三星堆博物馆合作利用 ICP-AES 方法分析 15 件三星堆铜器的成分组成。对所有 45 件铜器进行了微量元素分组研究，结果表明数据共分布在 1（四种元素均无）、2（砷）、6（砷+锑）、11（砷+镍）四个微量元素小组中，其中 1、2 组数据占绝对比重（表 3）。对比前文总结的成都平原本地特征的 4、7 组原料类型，三星堆祭祀坑出土铜器显然使用了有别于本土特征的原料。

当然，考虑到三星堆祭祀坑出土铜器构成较为复杂，还需进一步结合铜器

表 3　　　　成都平原与其他地区商时期铜器微量元素分组对比

地点与类别 \ 分组	1组	2组	3组	4组	6组	7组	9组	11组	12组	13组	14组	15组	16组	数据量
三星堆外来式	67%	22%	–	0	–	–	–	11%	–	–	–			18
三星堆本地式	63%	30%	–	0	7%	–	–	–	–	–	–			27
金牛地点				25%		75%								4
青羊地点	18%			64%		18%								11
金沙二期三段至三期中段（商）	14%			15%		43%	14%		14%					7
郑州商城	40%	16%		12%			24%							25
晚商中原铜器平均值	21%	25%					20%		16%					426

风格进行判断。按照风格分类，三星堆祭祀坑出土铜器最为典型的是面具、人头像、神树等不见于其他地区的特殊铜器，可称为本地式铜器。另外存在争议的是尊、罍。这两类器物祖型为中原尊、罍，不少学者将其归为中原式铜器[48]。但张昌平先生已从诸多角度进行了详尽论述，认为其为长江流域特色铜器，可能由长江中下游某一青铜文明生产[49]。对于三星堆祭祀坑出土的尊和罍，他还以纹饰分析为主要线索，结合其他信息指出三星堆本地特色的铜器与容器并非同地铸造，容器当为外部传入[50]。江章华先生则认为长江中游出土的以尊、罍为代表的三星堆风格铜容器可能是在三星堆铸造的[51]。

本次分析的45个铜器数据中，属于三星堆本地式的共27个，属于尊、罍等外来式的共18个（表4）。我们尝试将不同风格的铜器与微量元素分组进行对应，但未见明显关联。1组和2组在本地式和外来式铜器中所占比例相当（见表3、表4）。铅同位素数据同样支持这种判断，本地式和外来式铜器均以高放射性成因铅为主流。因此，从原料类型的角度来说，本地式和外来式铜器并无差别。相较而言，成都平原本土原料的微量元素特征为4、7组，铅同位素则为普通铅，三星堆祭祀坑出土铜器表现出外来原料的特征。我们曾系统研究中原地区晚商时期铜器的微量元素特征，认为其以1、2、9、12组为主，其中1、2组与三星堆祭祀坑出土铜器重合（见表3）。但对于这种部分的重合如何解读，还有待进一步研究。

表4　　　　　　　　　三星堆祭祀坑出土铜器微量元素分组

1组	2组	6组	11组
面具4、尊2、罍2、器盖1、神树主干及树座3、瑗2、戈2、太阳形器1	头像1、尊1、罍2、方彝1、神树主干及树枝3、三角形器1、瑗1	瑗2	盘1

此外，我们注意到三星堆祭祀坑出土铜器可能来自不同的铸造技术体系。例如同类的面具有的可见明显的垫片痕迹，有的则不见；面具的耳部有的与面具整体浑铸，有的则采用后铸或者焊接的方式。近年来，对三星堆祭祀坑出土神树等器物的铸造工艺研究表明，神树树枝内使用竹木芯骨等技术特点[52]应当反映了三星堆本地铸造技术的特征。因此从铸造技术方面来讲，其铜器也具有多源的特征。除了本地制作的铜器外，假定有一部分三星堆祭祀坑出土铜器源于其他区域，也指向了多个来源，殷墟、长江中下游地区均是可能的地点。当然这些假设均需要以大量系统性的科技分析和铸造技术研究为基础。我们认为只有对三星堆祭祀坑出土的全部铜器进行以上分析，才能真正解决产地问题。

　　尽管三星堆祭祀坑出土铜器的原料不符合成都平原本土的原料特征，但仍存在其他可能性。例如成都平原本土类型原料在三星堆时期是否已经得到开发？若未开发，则不能依此判断三星堆祭祀坑出土铜器的原料为外来特征。为此，我们需要寻找三星堆祭祀坑之外成都平原同时期的出土铜器。经过系统检索、分析，目前大体处于晚商同时或略有早晚的铜器在金沙"祭祀区"、金牛地点以及青羊地点均有发现，为我们提供了宝贵的资料。这批器物中有典型的商时期铜戈，再结合陶器等器物，大体可将其年代确定在晚商前后。

　　金沙遗址"祭祀区"二期三段至三期中段属于商时期，我们共分析了该时期 7 件铜器。微量元素分组包括 1、4、7、9、12 共 5 个小组（见表 3）。尽管数据较少，但成都平原本土特征的 4、7 组已经出现，且 7 组占比近半。所分析铜器多是铸造质量较差的附件、残片等，外来的可能性较小。另外，我们对金牛地点和青羊地点应为本土生产的 15 件小型兵器、工具，如箭镞、戈等进行了科技分析，结果表明两地均以 4、7 组为主（见表 3、表 5）。以上三个地点的情况说明，4、7 组作为成都平原特征性原料在商时期已经开始使用。

　　从铅同位素数据来看，金沙、金牛、青羊三地点铜器均可分为两类，一类落入三星堆高放射性成因铅数据范围内，另一类则为普通铅数据（见表 5、图 6）。高放射性成因铅的出现可能与重熔或其他原因有关。普通铅数据则表明在商时期，成都平原本土铜器生产或有独立来源的铅料。

　　上述数据表明三星堆祭祀坑之外，成都平原在商时期已经开始使用本土特征的铜料和可能独立来源的铅料生产简单的兵器和工具类铜器。尽管铸造水平较低，但这是本土生产脉络的典型代表，与以三星堆祭祀坑为代表的外来铜器形成鲜明对比。若将视野放大到三星堆祭祀坑出土的全部铜器，加以仔细检索，应能发现更多的本土铜器。以往对三星堆祭祀坑出土铜器的科技分析集中在神树、头像、面具、尊、罍等大型精致器物，对于小型、附件类器物的关注远远不够。自 2020 年以来，三星堆遗址 6 座新的祭祀坑出土了海量的器物。目前，我们正有针对性地对各类小型铜器开展科技分析，如箔饰、铃、瑗、挂架等，应会促进三星堆铜器的产地研究。例如箔饰出土数量巨大，锻制水平高，是区别于中原商文化的特征性铜器，其生产背景尤其值得关注。

　　依据以上铜器发展脉络的线索，我们可以初步对晚商时期成都平原三星堆文化的发展及其与区域外文化的互动做更为深入的探讨。以往学界一致将三星堆文化定性为高水平的青铜文明，主要依据是三星堆祭祀坑出土的各类高质量铜器。上述系统研究表明，三星堆文化的铜器生产实际更为复杂。一方面，祭

表 5　成都青羊、金牛地点出土铜器成分及铅同位素数据

地点	编号	器类	Sn	Pb	Fe	Co	Ni	As	Zn	Sb	Se	Te	Ag	Au	Bi	分组	$^{208}Pb/^{204}Pb$	$^{207}Pb/^{204}Pb$	$^{206}Pb/^{204}Pb$	$^{208}Pb/^{206}Pb$	$^{207}Pb/^{206}Pb$
金牛	M2296:1-5	容器	1.78	2.25	0.37	0.00	0.02	0.01	0.00	0.62	0.09	0.00	0.17	0.01	0.03	7	42.940	16.137	22.453	1.9124	0.7187
金牛	M1599:20	工具	0.09	0.73	0.16	0.00	0.00	0.00	0.00	5.07	0.02	0.04	0.11	0.00	0.03	7	43.717	16.286	22.666	1.9288	0.7185
金牛	M2860:1	戈	0.07	1.39	0.13	0.00	0.00	0.00	0.00	0.00	0.09	0.00	0.13	0.01	0.04	4	37.902	15.562	17.953	2.1111	0.8668
金牛	M1887:4	戈	3.07	0.31	0.34	0.00	0.00	0.10	0.00	0.10	0.03	0.00	0.27	0.01	0.05	7	40.902	15.872	20.612	1.9844	0.7700
青羊	2006C27Ⅷ H4285:1	戈	2.93	1.14	0.43	0.00	0.00	0.01	0.00	0.07	0.04	0.01	0.42	0.01	0.13	4					
青羊	T0486-0385⑥:1	工具	0.69	0.74	0.13	0.00	0.00	0.00	0.00	0.07	0.00	0.04	0.09	0.00	0.03	1	38.665	15.664	18.324	2.1100	0.8548
青羊	08CQJ Ⅵ 02830184⑥:1	小型棍	2.21	2.85	0.02	0.00	0.00	0.00	0.00	0.02	0.00	0.04	0.10	0.00	0.03	4	38.615	15.627	18.244	2.1168	0.8566
青羊	08CQJ Ⅶ 0989-T1089④:1	铜条	0.02	0.25	0.13	0.00	0.00	0.00	0.00	0.00	0.01	0.00	0.05	0.00	0.00	1	38.540	15.581	18.279	2.1083	0.8524
青羊	T0384T0483⑥:3	箭镞	5.35	4.46	0.84	0.00	0.00	0.01	0.00	0.00	0.05	0.02	0.13	0.00	0.05	4	37.879	15.530	17.545	2.1587	0.8851
青羊	T0185T0286⑤:1	箭镞	3.75	1.41	0.20	0.00	0.00	0.02	0.00	0.00	0.07	0.03	0.12	0.01	0.05	4	40.311	15.839	19.887	2.0270	0.7965
青羊	08 Ⅳ T0388-T0487⑤:1	箭镞	9.58	6.15	0.29	0.00	0.00	0.01	0.00	0.12	0.08	0.00	0.23	0.01	0.07	7	38.655	15.576	18.443	2.0959	0.8446
青羊	08CQJXVT2497⑤:1	箭镞	4.25	0.18	0.08	0.00	0.00	0.01	0.00	0.00	0.00	0.00	0.10	0.00	0.03	4	38.032	15.536	17.898	2.1252	0.8681
青羊	2008CQTM2813:①	饰件	0.10	7.64	0.05	0.00	0.00	0.00	0.00	0.00	0.03	0.03	0.20	0.01	0.02	4	38.217	15.483	17.999	2.1233	0.8602
青羊	T0486-T0385	不明	5.14	1.07	0.06	0.00	0.00	0.01	0.00	0.05	0.00	0.03	0.22	0.00	0.05	4	38.845	15.621	18.474	2.1027	0.8456
青羊	2008CQJM2699:1	箭镞	66.65	5.53	0.08	0.00	0.00	1.41	0.90	0.00	22.99	2.43	0.00	0.00	0.00	7	38.341	15.580	17.984	2.1319	0.8663

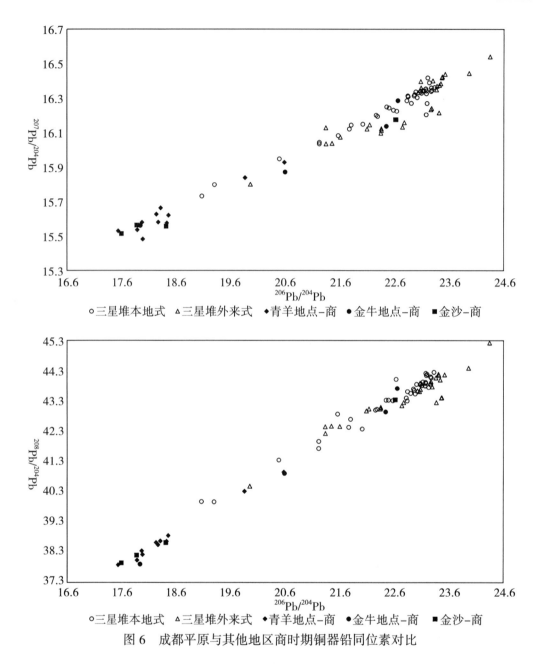

图6　成都平原与其他地区商时期铜器铅同位素对比

祀坑中一部分高质量的本地和外来式铜器可能并非在本地生产，或者借助外来技术和原料在当地制作；另一方面，三星堆文化人群也可生产铜器，目前可见的至少包括简单的小型器物，待研究补足，也不排除发现更多本地生产的大型、高水平铜器的可能性。

理解三星堆首先需要走出三星堆，在宏观视角下观察三星堆文化与同时期中原文化以及长江流域其他文化的关系。前文提到祭祀坑出土铜器有部分可能是外来的，其中殷墟或是最重要的来源。三星堆祭祀坑出土铜器中有尊、盘等典型殷墟风格铜器，本地式风格铜器的许多纹饰母题也多采自殷墟铜器。从原料来源讲，三星堆祭祀坑与殷墟铜器均流行高放射性成因铅数据。三星堆祭祀坑出土铜器微量元素分组集中于1、2组，这与殷墟铜器的1、2、9、12组存在联系。若殷墟果真向三星堆提供高质量铜器，那三星堆与殷墟之间是何种关系？若是平等贸易关系，三星堆得到铜器，反之向殷墟输送的是何种资源？若是政治依附或联盟关系，又是否会有其他物质体现？这些关键问题对推动三星堆文化乃至商周考古研究有着重要意义。

三星堆文化与长江中下游青铜文化的关系同样值得关注。目前学界对于晚商时期长江流域铜器有着不断深入的认识，例如张昌平先生提出自三星堆沿长江分布直到安徽的大口尊、罍属于典型的长江流域风格铜器[53]。三星堆与安徽阜南出土极为相似的龙虎尊，陕西汉中与江西新干出土的铜人面如出一辙。这些相似因素将长江流域串联为一体。与三星堆、殷墟铜器相同，长江中下游的宁乡铜器群、新干铜器群同样流行高放射性成因铅数据，表明整个长江流域与殷墟之间在晚商时期存在极为密切的金属原料、铜器产品流通网络。三星堆祭祀坑出土的铜器也源于这一网络。在这一网络中，除金属原料和铜器外，应当还有其他重要资源和观念、技术在南北流通。时间向前追溯，我们认为这一格局的形成源于中商末期商文化的一系列变化。以盘龙城的废弃作为标志，商文化由早、中商时期的扩张逐渐转变为晚商时期的内聚。盘龙城废弃后，伴随着商文化的退出，长江流域土著文化相继兴起，从而形成三星堆、宁乡、新干等多个高水平的青铜文化中心。这些青铜文化之间及其与商文化之间构建起上述的金属资源流通网络，将黄河流域和长江流域文明连为有机一体。

五、成都平原铜器发展脉络

本文对成都平原商周时期的铜器进行了系统的成分及铅同位素分析。根据东周铜器的数据，确立了成都平原本地的原料类型，即以微量元素4、7组为主。本地类型原料在西周以及商时期应当已经开始用于本地铜器生产，到东周时期有了较大规模的使用，并在之后汉唐等时期有所沿用。相较而言，三星堆祭祀坑出土的部分铜器不符合本地原料标准，表现出外来特征。

微量元素分组并非解读微量元素数据的唯一方法，为增加数据解释的可信性，我们采用常见的散点图方式讨论砷、锑、银、镍四种元素的比例关系。如

图 7 所示，两幅散点图中，数据大体分布在两个区域。以三星堆祭祀坑出土铜器为代表，本地式和外来式均分布在同一区域，对应微量元素 1、2 组。另一区

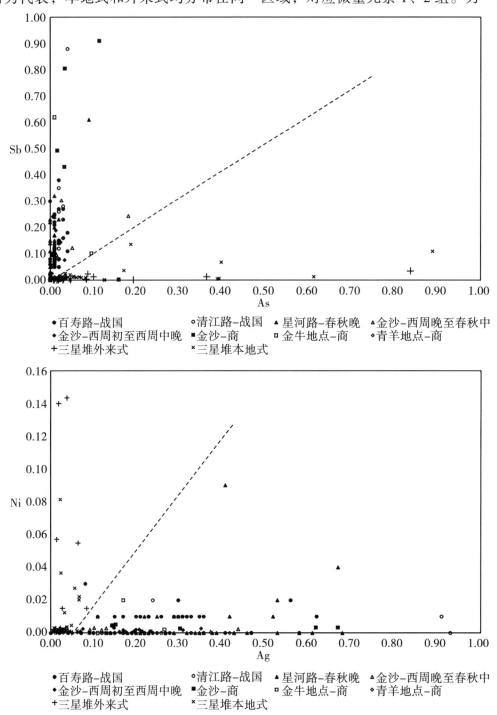

图 7 本文分析数据中砷、锑元素及银、镍元素对比散点图

域内，百寿路、清江路、金沙"祭祀区"、金牛地点、青羊地点出土铜器的数据多有重合，与三星堆的数据范围截然不同，对应的主要是微量元素 4、7 组。因此，传统的散点图方式与微量元素分组结论完全一致，分组的方式则更为直观地展现出这种数据关系，便于跨时空的对比。

同样的，我们采用另一种方法对不同时期的铅同位素数据进行做图对比。具体方式是以年代序列作为横坐标，以铅同位素比值作为纵坐标[54]，这种方式可更直观地展示不同时期数据的关系。根据图 8 所示，铅同位素与微量元素显示出类似的特征，也可分为两类数据。三星堆祭祀坑的外来式和本地式铜器重合在同一区域，对应高放射性成因铅类型。处于相同区域的仅有金牛地点、青羊地点、金沙"祭祀区"商时期铜器的零星数据，年代均属商时期。与此相对的是金牛地点、青羊地点、金沙"祭祀区"、星河路墓地、清江路墓地、百寿路墓地的绝大部分数据均属普通铅范畴（见图 8）。将 $^{207}Pb/^{204}Pb$、$^{208}Pb/^{204}Pb$ 比值也以类似的方式做图，可得到相同的结果。限于篇幅，兹不赘述。由于高放射性成因铅和普通铅数据差异显著，普通铅范围内的数据过于聚合，分辨率不高，故调整纵坐标范围，仅囊括普通铅数据进行分析。如图 9 所示，除三星堆以及

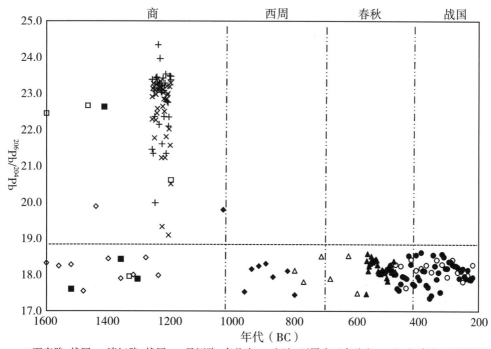

图 8　成都平原各时期铜器铅同位素对比

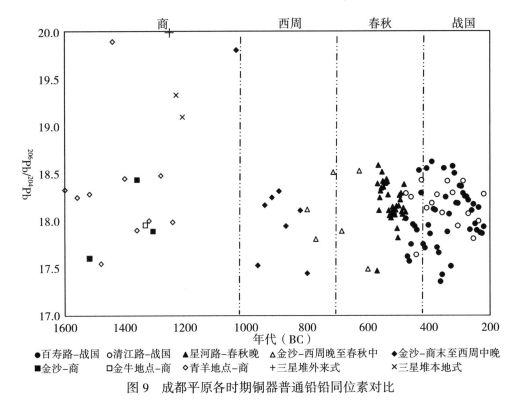

图 9　成都平原各时期铜器普通铅铅同位素对比

金沙、青羊的个别地点外，其余地点的 $^{206}Pb/^{204}Pb$ 数据大多集聚在 17.5 ~ 18.5 之间，共性鲜明。

以上的微量元素和铅同位素数据表明，自商时期直至东周时期，成都平原存在一条本土的铜器发展脉络，始终使用本土类型原料生产铜器。而三星堆祭祀坑出土的部分铜器则是区别于本土脉络的外来线索。本土脉络中自商时期的金牛、青羊地点低质量小件铜器，发展至西周时期金沙"祭祀区"出土铜器，最后至东周成熟的巴蜀系铜器；外来脉络中，商时期为三星堆祭祀坑出土的部分铜器，西周时期以竹瓦街窖藏铜器为代表，东周时期则包括楚、秦、越等外来风格铜器（图 10）。

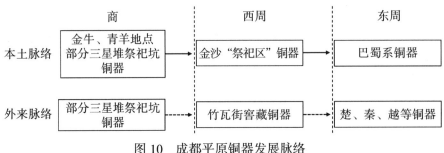

图 10　成都平原铜器发展脉络

那么，下一步的问题是成都平原本土的原料具体来自何地。尽管我们认为相对于矿料具体来源的问题，铜器生产、流通及其反映的社会文化现象更为重要，但仍有必要尝试对这一问题进行解答。这需要将铜、铅、锡原料分开讨论。锡料的来源目前缺乏成熟、可靠的科技方法来判断。中国锡料产地相对集中，商周时期辽西和江西均是可能的重要锡料产地。对于成都平原所用锡料来源，目前并无明确线索。

至于铜料来源，成都平原的彭州，包括四川盆地多个地点均有铜矿资源。从科技方法来说，尽管微量元素多数情况下反映铜料来源，但铜器的微量元素含量与矿石的微量元素含量之间难以直接对比，微量元素含量在冶炼、铸造等环节均会发生变化[55]。唯有系统地建立成都平原及周边铜矿矿藏的铅同位素数据库，并选择成都平原本地生产的红铜器与铜矿数据库进行对比，方可建立科学依据。依现有数据看，尽管铜矿具体来源难以确定，但考虑到成都平原自商时期开始对本地类型原料延续千年的开采使用，矿源地应在成都平原附近，且具有一定规模。

关于铅料来源问题，可将铅锡青铜或铅青铜类型的铅同位素数据与铅矿矿藏数据进行对比。为此，我们以东周蜀国铜器为代表，将其与四川盆地内已发表的现代铅矿藏铅同位素数据进行系统对比[56]（图11），结果表明所对比的矿源中无一可与蜀国铜器完全对应。上文提到自春秋至战国时期，蜀国铜器铅同位素数据与曾、楚铜器始终保持一致，这表明其铅料或许为外来。西周时期的数据量较小，不做过多讨论。商时期三星堆铜器高放射性成因铅的来源则是困扰学界多年的难题，此处不再详述[57]。

六、结　　语

若能长时段地观察成都平原铜器生产的整体面貌，很多现象值得关注。铜器铸造在先秦时期是社会生产中的高端技术，绝非一般人群可以掌握或是某种突现的发明。以三星堆祭祀坑出土铜器为轴向前后、周边拓展，可以发现祭祀坑出土铜器如同直线上的凸峰，展现出极高的铸造水平。但不可忽视的是，在三星堆祭祀坑之前，当地并没有铜器技术的稳步发展，祭祀坑之外很少见到其他铜器。

我们认为以金牛地点、青羊地点为代表的小型铜器当是祭祀坑之外的成都平原本土脉络的铜器。同时我们相信在三星堆祭祀坑中也存在为数不少但尚未被辨识、确认的本地生产铜器。本土的生产脉络至少在晚商甚至更早的阶段已

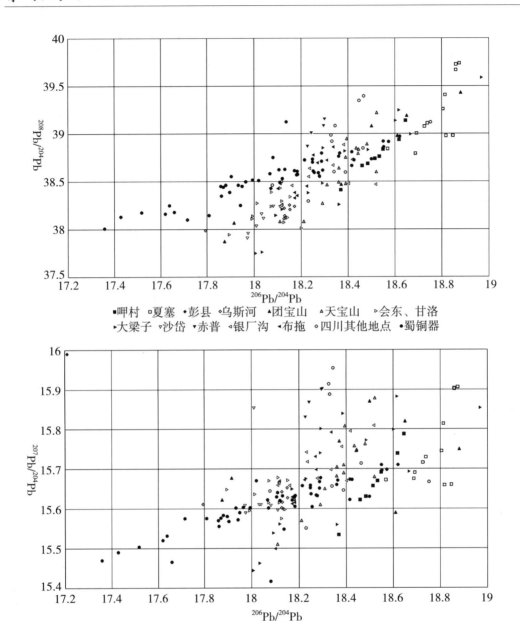

图 11　东周蜀国铜器与四川现代铅矿藏铅同位素数据对比

经发端，本地类型的原料也已经开始开采。祭祀坑中一部分高质量铜器代表的
是外来产品。当然，外来产品具体的生产形式可以是多种多样的，比如按照本
文标准，外来工匠携带原料到三星堆当地铸造铜器在本质上也是外来产品脉络
的体现。从主量元素来看，三星堆祭祀坑出土铜器与金牛地点等出土的同时期

其他铜器相比，其铅、锡含量明显更高[58]；合金类型中，祭祀坑出土铜器中，红铜极少，以铅、锡青铜为主，表现出更为稳定、进步的合金技术，这也是不同生产背景的反映。

三星堆祭祀坑之后，十二桥文化时期铜器表现出来的"衰落"之势或者是本土技术的有序发展。直到东周时期巴蜀铜器特征确立，本土铜器生产达到高峰。据此可以分辨出成都平原本土和外来两条不同的铜器生产脉络。当然，我们初步构建的这一框架尚不能成为定论，框架中仍存在一些缺环以及未解决的问题。但结合科技分析手段对某一独立文化地理单元的特定生产体系做长时段的考察，这种思路和方法被证明是有效的。铜器生产是一项极为复杂的课题，风格、技术、原料在不同层次流动，尤其对于三星堆祭祀坑出土的这类来源复杂的铜器，简单的本地或外来说不仅不能反映历史真实，还会阻碍揭示铜器背后复杂的人群、文化互动图景。在梳理不同生产脉络的基础上，建立本土器物生产脉络的标准，进一步从风格、技术、原料等不同层面深入讨论器物的生产与流动，唯此才能更加靠近历史真实。

附记：本文为国家社科基金重点项目"科技视野下的巴蜀铜器与社会研究"（21AKG008）、四川省哲学社会科学规划项目三星堆专项"三星堆遗址和金沙遗址铜器铸造工艺研究"的阶段性成果。

注　释

[1] 此类诸如松丸道雄：《西周青铜器とその国家》，东京大学出版社，1980年；张昌平：《论随州叶家山西周墓地曾国青铜器的生产背景》，《文物》2013年第7期；近藤晴香：《弜国铜器生产体系研究》，《古代文明》第9卷，文物出版社，2013年；铃木舞：《殷代青铜器の生産体制》，六一书房，2017年。

[2] 孙华：《四川盆地的青铜时代》，科学出版社，2000年；江章华等：《成都平原先秦文化初论》，《考古学报》2002年第1期。

[3] 黎海超：《资源与社会：以商周时期铜器流通为中心》，中国社会科学出版社，2020年；黎海超、崔剑锋等：《"微量元素分组法"的验证与应用》，《江汉考古》2020年第2期。

[4] 前引《资源与社会：以商周时期铜器流通为中心》；黎海超、崔剑锋等：《论弜国本地风格铜器的生产问题》，《考古》2020年第1期；Li, H., Chen, J., Cui, J., Wu, X., Yang, Y., Huang, F., and Xu, T., Production and Circulation of Bronzes among the Regional States in the Western Zhou Dynasty, *Journal of Archaeological Science*, 121, pp.1-15, 2020。

[5] 三星堆祭祀坑出土铜器的30例微量元素数据引自马江波、金正耀等：《三星堆铜器的合金成分和金相研究》，《四川文物》2012年第2期。三星堆祭祀坑出土器的68例铅同位素数据引自金正耀、马渊久夫等：《广汉三星堆祭祀坑青铜器的化学组成和铅同位素比值研

究》，《三星堆祭祀坑》，文物出版社，2009年；崔剑锋、吴小红：《三星堆遗址祭祀坑中出土部分青铜器的金属学和铅同位素比值再分析——对三星堆青铜文化的一些新认识》，《南方民族考古》第九辑，2013年。

[6] 清江路及百寿路数据引自Li, H., Zuo, Z., Cui, J., Tian, J., Yang, Y., Yi, L., Zhou, Z., and Fan, J., Copper Alloy Production in the Warring States Period (475–221 BCE) of the Shu State: A Metallurgical Study on Copper Alloy Objects of the Baishoulu Cemetery in Chengdu, China，*Heritage Science*, 8, 2020; Li, H., Zuo, Z., Cui, J., Tian, J., Yang, Y., Yi, L., Zhou, Z., and Fan, J., Bronze Production in the Ancient Chengdu Plains: A Diachronic Metallurgical Perspective on a Separate Cultural Region，*Journal of Cultural Heritage*, 43, pp.26–36, 2020。星河路数据引自黎海超、崔剑锋等：《成都金沙遗址星河路地点东周墓葬铜兵器的生产问题》，《考古》2018年第7期。金沙"祭祀区"数据引自黎海超、崔剑锋等：《金沙遗址"祭祀区"出土铜器的生产问题研究》，《边疆考古研究》第二十五辑，2019年。

[7] 马克·波拉德、彼得·布睿等：《牛津研究体系在中国古代青铜器研究中的应用》，《考古》2017年第1期；Bray, P. J., Cuénod, A., Gosden, C., Hommel, P., Liu, R., and Pollard, A. M., Form and Flow: The 'Karmic Cycle' of Copper, *Journal of Archaeological Science*, 56, pp.202–209, 2015; Cuénod, A., Bray, P. J., and Pollard, A. M., The 'Tin Problem' in the Near East—Further Insights from a Study of Chemical Datasets on Copper Alloys from Iran and Mesopotamia, *Iran*, 53, pp.29–48, 2015; Liu, R., Pollard, A. M., Rawson, J., Tang, X., Bray, P., and Zhang, C., Panlongcheng, Zhengzhou and the Movement of Metal in Early Bronze Age China, *Journal of World Prehistory*, 32, pp.393–428, 2019; Pollard, A. M., Bray, P. J., Hommel, P., Hsu, Y. K., Liu, R., and Rawson, J., Bronze Age Metal Circulation in China, *Antiquity*, 91, pp.674–687, 2017; Pollard, A. M. Bray, P., Hommel, P., Liu, R., Pouncett, J., Saundera, M., Howarth, P., Cuenod, A., Hsu, Y. –K. and Peruchetti, L., *Beyond Provenance: New Approaches to Interpreting the Chemistry of Archaeological Copper Alloys*, Leuven University Press, Leuven, 2018。

[8] Pollard, A. M. and Bray P. J., A New Method for Combining Lead Isotope and Lead Abundance Data to Characterise Archaeological Copper Alloys, *Archaeometry*, 57, pp. 996–1008, 2015.

[9] Baron S., Tămaş C. G., Le–Carlier C., How Mineralogy and Geochemistry can Improve the Significance of Pb Isotopes in metal Provenance Studies, *Archaeometry*, 4, pp.665–680, 2014; Ling J., Hjärthner–Holdar E., Grandin L., Billström K., Persson P.–O., Moving Metals or Indigenous Mining? Provenancing Scandinavian Bronze Age Artefacts by Lead Isotopes and Trace Elements, *Journal of Archaeological Science*, 12, pp.291–304, 2013; Gale N., Stos–Gale Z., Lead Isotope Analyses Applied to Provenance Studies,

In: Ciliberto E., Spoto G., editors, *Modern Analytical Methods in Art and Archaeology*, John Wiley & Sons Incorporated, Chicago, 2000.

[10] 成都文物考古研究所：《金沙遗址"国际花园"地点发掘简报》，《成都考古发现（2004）》，科学出版社，2006年。

[11] 成都文物考古研究所：《成都市金沙遗址"黄河"地点墓葬发掘简报》，《成都考古发现（2012）》，科学出版社，2014年。

[12] 成都市文物考古研究所：《金沙村遗址人防地点发掘简报》，《成都考古发现（2003）》，科学出版社，2005年。

[13] 王林、周志清：《金沙遗址星河路西延线地点发掘简报》，《成都考古发现（2008）》，科学出版社，2010年。

[14] 四川省文物管理委员会：《成都市出土的一批战国铜兵器》，《文物》1982年第8期。

[15] 北京大学考古学系三峡考古队等：《忠县瓦渣地遗址发掘简报》，《重庆库区考古报告集·1998卷》第659、666~669页，科学出版社，2003年。

[16] 四川省博物馆等：《四川新都战国木椁墓》，《文物》1981年第6期。

[17] 成都文物考古研究所：《成都商业街船棺葬》，文物出版社，2009年。

[18] 四川省文物管理委员会：《成都羊子山第172号墓发掘报告》，《考古学报》1956年第4期。

[19] 成都市文物考古研究所：《成都市文庙西街战国墓葬发掘简报》，前引《成都考古发现（2003）》。

[20] 四川省博物馆：《成都百花潭中学十号墓发掘记》，《文物》1976年第3期。

[21] 成都市博物馆考古队：《成都中医学院战国土坑墓》，《文物》1992年第1期。

[22] 前引Bronze Production in the Ancient Chengdu Plains: A Diachronic Metallurgical Perspective on a Separate Cultural Region。

[23] Mu, D., Luo, W., Song, G., Qiao, B., Wang, F., The Features as a County of Chu State: Chemical and Metallurgical Characteristics of the Bronze Artifacts from the Bayilu Site, *Archaeological and Anthropological Science*, 3, pp.1123−1129, 2019.

[24] 张吉、陈建立：《东周青铜器铅同位素比值的初步研究》，《南方文物》2017年第2期。

[25] 杨小刚：《三峡地区春秋战国至汉代青铜器科技研究》，科学出版社，2013年。

[26] 文娟、凌雪等：《安徽六安地区东周楚国青铜器铅同位素特征的初步研究》，《西北大学学报（自然科学版）》2013年第6期；前引The Features as a County of Chu State: Chemical and Metallurgical Characteristics of the Bronze Artifacts from the Bayilu Site。

[27] 崔剑锋、韩炳华等：《长治分水岭青铜器矿料的铅同位素比值分析》，《长治分水岭东周墓地》，文物出版社，2010年。

[28] 贾腊江、姚远等：《秦早期青铜器中铅料矿源分析》，《自然科学史研究》2015年第1期。

[29] 金正耀：《战国古币的铅同位素比值研究》，《中国铅同位素考古》，中国科学技术大学出版社，2008年。

[30] 前引《战国古币的铅同位素比值研究》。

[31] 前引《战国古币的铅同位素比值研究》。

[32] 王家祐:《记四川彭县竹瓦街出土的铜器》,《文物》1961年第11期;四川省博物馆等:《四川彭县西周窖藏铜器》,《考古》1981年第6期。

[33] 冯汉骥:《四川彭县出土的铜器》,《文物》1980年第12期;徐中舒:《四川彭县濛阳镇出土的殷代二觯》,《文物》1962年第6期;李伯谦:《城固铜器群与早期蜀文化》,《考古与文物》1983年第2期;李学勤:《彭县竹瓦街青铜器的再考察》,《四川考古论文集》,文物出版社,1996年;孙华:《彭县竹瓦街铜器再分析——埋藏性质、年代、原因及其文化背景》,《长江流域青铜文化研究》,科学出版社,2002年。

[34] 王家祐等:《四川新繁、广汉古遗址调查记》,《考古》1958年第8期。

[35] 四川省文物考古研究所三星堆工作站等:《四川广汉、什邡商周遗址调查报告》,《南方民族考古》第五辑,1992年。

[36] 成都市文物考古研究所:《成都金沙遗址Ⅰ区"梅苑"东北部地点发掘一期简报》,前引《成都考古发现(2002)》。

[37] 成都文物考古研究所:《金沙——21世纪中国考古新发现》第12~16页,五洲传播出版社,2005年。

[38] 前引《资源与社会:以商周时期铜器流通为中心》《论强国本地风格铜器的生产问题》。

[39] 王方:《金沙遗址出土青铜器的初步研究》,《四川文物》2006年第6期;施劲松:《金沙遗址祭祀区出土遗物研究》,《考古学报》2011年第2期。

[40] 刘祥宇等:《成都金沙遗址出土铜簋》,《文物》2018年第9期。

[41] 前引《城固铜器群与早期蜀文化》。

[42] 罗泰:《竹瓦街——一个考古学之谜》,《奇异的凸目》第337、344页,巴蜀书社,2003年。

[43] 敖天照等:《四川广汉出土商代玉器》,《文物》1980年第9期。

[44] 四川省文物考古研究所三星堆工作站等:《三星堆遗址真武仓包包祭祀坑调查简报》,《四川考古报告集》,文物出版社,1998年;敖天照:《三星堆文化遗址出土的几件商代青铜器》,《文物》2008年第7期。

[45] 杜金鹏:《广汉三星堆出土商代铜牌浅说》,《中国文物报》1995年4月9日第3版;前引《三星堆遗址真武仓包包祭祀坑调查简报》;孙华、苏荣誉:《神秘的王国》,巴蜀书社,2003年。

[46] 张昌平:《自产与输入——从纹饰风格看三星堆铜器群的不同产地》,《南方文物》2006年第3期;江章华:《三星堆系青铜容器产地问题》,《四川文物》2006年第6期;前引《三星堆遗址祭祀坑中出土部分青铜器的金属学和铅同位素比值再分析——对三星堆青铜文化的一些新认识》;施劲松:《三星堆器物坑的再审视》,《考古学报》2004年第2期。

[47] 前引《三星堆铜器的合金成分和金相研究》《中国铅同位素考古》。

[48] 李伯谦:《从对三星堆青铜器年代的不同认识谈到如何正确理解和运用"文化滞后"理论》,《四川考古文集》,文物出版社,1996年。

[49] 张昌平:《论殷墟时期南方的尊和罍》,《考古学集刊》第15集,2004年;《商代铜瓿概

论》，前引《长江流域青铜文化研究》。

[50] 前引《自产与输入——从纹饰风格看三星堆铜器群的不同产地》。

[51] 前引《三星堆系青铜容器产地问题》。

[52] 郭建波等：《三星堆出土青铜器铸造工艺补议》，《南方文物》2021年第3期。

[53] 前引《论殷墟时期南方的尊和罍》。

[54] 该方法见于Jin, Z., Liu, R., Rawson, J., and Pollard, A. M., Revisiting Lead Isotope Data in Shang and Western Zhou Bronzes, *Antiquity*, 91, pp.1574−1587, 2017。

[55] Mckerrell, H. and Tylecote R. F., Working of Copper−arsenic Alloys in the Early Bronze Age and the Effect on the Determination of Provenance, *Proceedings of the Prehistoric Society*, 38, pp.209−218, 1972.

[56] 铅矿数据来源于Hsu, Y. K., Sabatini, B. J., A Geochemical Characterization of Lead Ores in China: An Isotope Database for Provenancing Archaeological Materials, *PLoS ONE*, 4, 2019。

[57] 崔剑锋等：《铅同位素考古研究——以中国云南和越南出土青铜器为例》，文物出版社，2008年；前引《中国铅同位素考古》；Chen, K., Mei, J., Rehren, T., Liu, S., Yang, W., Martinón−Torres, M., Zhao, C., Hirao, Y., Chen, J., and Liu, Y., Hanzhong Bronzes and Highly Radiogenic Lead in Shang Period China, *Journal of Archaeological Science*, 101, pp.131−139, 2019; Sun, W., Zhang, L., Guo, J., Li, C., Jiang, Y., Zartman, R., and Zhang, Z., Origin of the Mysterious Yin−Shang Bronzes in China Indicated by Lead Isotopes, *Scientific Reports*, 6, pp.1−9, 2016; 前引Revisiting Lead Isotope Data in Shang and Western Zhou Bronzes。

[58] 数据来源于前引《三星堆铜器的合金成分和金相研究》《广汉三星堆祭祀坑青铜器的化学组成和铅同位素比值研究》；曾中懋：《广汉三星堆一、二号祭祀坑出土铜器成分的分析》，《四川文物》（广汉三星堆遗址研究专辑），1989年；曾中懋：《广汉三星堆二号祭祀坑出土铜器成分的分析》，《四川文物》1991年第1期。

Study of the Bronze Production System during the Pre–Qin Period in the Chengdu Plain

Li Haichao, Cui Jianfeng, Chen Jianli, Zhou Zhiqing, Zuo Zhiqiang and Tian Jianbo

KEYWORDS: Chengdu Plain   Bronze Production System   Pre-Qin Period

ABSTRACT: Through comprehensive compositional and lead isotope analyses of over 200 bronze artifacts from the Chengdu Plain, employing innovative methodologies in trace element and lead isotopic analyses, this study has enabled a preliminary reconstruction of the region's bronze production system during the Pre-Qin period. It is revealed that two distinct production traditions, indigenous and exogenous, existed in the Pre-Qin Chengdu Plain. The exogenous tradition is represented by a few bronzes from the Sanxingdui sacrificial pits, showcasing advanced technical mastery. In contrast, the indigenous tradition went through three phases. It is represented by low-quality small objects during the Shang period from sites like Jinniu and Qingyang, evolving through the Western Zhou as seen in Jinsha site bronzes, and maturing into the distinctive Ba-Shu style bronzes during the Eastern Zhou. These two traditions were fundamentally different in technology and raw material. Although Jinsha bronzes demonstrate cultural continuity with Sanxingdui ritual objects, their production traditions remained distinctive, which may explain the "decline" of Jinsha bronzes.

（责任编辑　洪　石）

世界体系理论下的特奥蒂瓦坎兴衰史

李默然

关键词：世界体系理论　特奥蒂瓦坎　奢侈品贸易　宗教　中美地区

内容提要：20世纪70年代，美国社会学家伊曼纽尔·沃勒斯坦提出了著名的世界体系理论。这一理论被应用到中美地区古代文明的考古学研究中，产生了颇具启发的成果。在古典时代早期，以特奥蒂瓦坎为核心的中美地区世界体系最终形成，以大范围、远距离的奢侈品贸易为基本特征。宗教因素是该体系形成的主要动力。通过打造仪式圣地和使用大量奢侈品进行宗教仪式活动，特奥蒂瓦坎吸引了其他遗址或地区的人口和资源，从而将它们纳入整个体系中。宗教仪式物品的交换也产生了直接的经济影响，可能导致城市居民内部巨大的贫富分化和"中层"精英的崛起，阻碍国家的有效运行，甚至最终引发崩溃。

一

20世纪70年代，美国社会学家伊曼纽尔·沃勒斯坦提出了著名的世界体系理论（World-Systems Theory）[1]。该理论汲取马克思主义、年鉴学派和依附理论的相关思想，基于长时段和跨区域的研究视角，主要讨论了16世纪资本主义兴起以来，享有资本和技术优势的西欧通过各种手段将相对落后区域纳入不平等的世界经济体系中的现象。沃勒斯坦所谓的世界体系已经超越了单一民族国家的范围，但又与帝国或城邦不同，其内部通过经济行为紧密结合。基于分工和经济地位的差异，他对体系内进行了核心、半边缘和边缘三种地理空间划分：核心区域主要生产高利润、高技术产品，在经济上处于绝对优势；边缘地区提供粮食、原料和劳动力；半边缘区域则充当了交流介质的角色，其生产活动既包括核心类也有边缘类，是整个体系得以稳定的缓冲。当然，体系并非固定不变，相反，它像有机生命体一般有出生、中年和衰亡的过程，而核心和边

作者：李默然，北京市，100101，中国社会科学院考古研究所。

缘区域的位置转换则很可能发生在这个周期内。概括地说，世界体系理论主要讨论核心区和边缘区的二元对立关系，它有四个方面的特征：整体性、复杂性、动态性和不平等性 [2]。

世界体系理论的提出引起了众多学科领域的强烈反响，特别是世界体系理论强调整体性及其内部互动，贸易的性质和重要作用，以及核心与边缘的关系等内容为考古学家所借鉴，并在此基础上有进一步的反思和修正。比如许多学者认为世界体系的形成时间要远远早于 16 世纪，不同核心地区的崛起是一种霸权的转换 [3]。亚当斯 [4] 和斯奈德 [5] 批评了沃勒斯坦看重大宗物品而忽视奢侈品在世界体系贸易中的作用，厄尔等人则折衷地表示不要将大宗物品和奢侈品截然分开 [6]。针对体系中最为核心的二元对立关系，研究者们也有不同的看法。如科尔认为因史前工艺技术的可变性，边缘区并非总是被动接受核心区的控制和剥削，二者的关系可能很灵活 [7]。斯坦 [8] 和弗兰克 [9] 等人则提出，沃勒斯坦忽视了互利在核心–边缘关系中的作用，一旦体系确立后，核心对于边缘也会有强烈的依赖。至于在中国考古学中的应用，则多集中在讨论农牧文明的互动 [10] 和帝国时期的纳贡体系 [11]。陈伯桢以世界体系理论为基础，分别从政治、军事、经济及意识形态四种不同的权力关系出发，重新解读了东周时期的巴楚关系 [12]。温成浩则全面回顾了世界体系理论的基本内容和在考古学中的发展，并就对中国考古学的启示和应用提出了建议 [13]。

当然，这一理论也被应用到中美地区（Mesoamerica）古代文明的考古学研究中，产生了颇具启发的成果。

二

"中美地区"这个词本身就是因为该地区众多考古学文化具有一系列相同的文化特征而得名 [14]，其范围包括墨西哥中南部、危地马拉、伯利兹、萨尔瓦多、洪都拉斯及尼加拉瓜中西部地区。该地区第一个成熟的文明——奥尔梅克（Olmec）文明于公元前 1200 年前后兴起于墨西哥湾沿岸，大约同时，萨波特克（Zapotec）文明在瓦哈卡（Oaxaca）谷地也发展起来；前者在公元前 400 年前后衰亡。接着，在公元前 100 年前后，墨西哥盆地的特奥蒂瓦坎（Teotihuacan）文明突然崛起，危地马拉佩藤（Petén）地区也兴起了最早的玛雅文明。到公元 600 年前后，特奥蒂瓦坎和萨波特克文明都相继消亡，玛雅文明则达到顶峰，直至公元 9 世纪前后逐渐衰落。

在奥尔梅克时期（约公元前 1200～前 400 年），中美地区就有了频繁的远程贸易和互动。格罗夫认为圣·劳伦佐（San Lorenzo）等大型遗址为了维持日常生活、社区仪式以及等级制度都需要外来物品，远程贸易因此尤为重要。他提出"门户社区"（Gateway Community）假说[15]，认为奥尔梅克人会在远程贸易路线上的关键地点设立物品中转站，以此搭建起庞大的贸易网络，在海湾外围各地区攫取当地的原材料或资源，汇总后再输入圣·劳伦佐等中心遗址。这些门户社区类似世界体系中的半边缘地区，可能通过联姻的方式与核心区保持密切联系，并随着海湾低地经济优势的失去而衰落。

但桑特利认为格罗夫讨论的外来物品的消耗量和贸易量都非常少，不足以支撑起一个经济体系，而且这些所谓"外来物品"绝大部分可以就近获取。当时墨西哥中部并无大型聚落，不具备进行大规模经济贸易的条件，没必要在其边缘设立一个门户社区[16]。不过，奥尔梅克中心遗址圣·劳伦佐和拉·文塔（La Venta）的近距离、小范围贸易确实十分发达，其大量的绿石（green stone）[17]和玄武岩来自遗址北部60～80公里外的图斯特拉斯山脉（Tuxtlas Mountains）。他认为中美地区真正形成一个世界体系是在特奥蒂瓦坎崛起之后。桑特利总结了以往讨论特奥蒂瓦坎影响的三种模式，即征服模式（类似阿兹特克）、上层（平等）互动模式以及经济贸易模式，并认为后者是最合适的阐释模型[18]。他认为世界体系是广义核心－边缘模型的一个类型，根据核心对边缘的不同影响，定义了三种地区间的系统：树状政治经济、霸权帝国和领土帝国。特奥蒂瓦坎属于第一种[19]。在这一系统中，大型中心城市一般靠近一些关键资源或处于交换网络的终端，原料或产品从农业村落直接输入其中，市场被中心城市的组织和团体控制。在这一模型下，他讨论了特奥蒂瓦坎的黑曜石贸易，并提出特奥蒂瓦坎控制了中美地区黑曜石远程贸易网络，主要以帕楚卡（Pachuca）地区的绿色黑曜石制成双面石叶出口，涉及的生产者多达万人[20]。其他与特奥蒂瓦坎显示出密切联系的诸如蒙特·阿尔班（Monte Albán）、埃尔·塔辛（El Tajin）、卡米纳胡尤（Kaminaljuyu）等遗址则是树状系统中的一个个节点，在各自区域腹地扮演了分配产品的角色。

不过，桑特利关于特奥蒂瓦坎黑曜石贸易的规模以及控制整个中美地区黑曜石远程贸易网络的观点也受到质疑。克拉克认为特奥蒂瓦坎黑曜石主要用于城市自身居民的消耗[21]，周南也提出黑曜石并非远程贸易的主要商品[22]。随后，桑特利对一些问题进行了回应和观点修正。他仍然坚持特奥蒂瓦坎在黑曜石贸易网络中的核心地位，但承认所涉及的贸易量以及相关从业人数要少得多。并且，桑特利对各个地区不同的黑曜石贸易模式进行了更深入的探讨，提出了更加复杂的多层次贸易网络模式。当然，他也承认，经济效益并非特奥蒂瓦坎将其黑曜石分配至边缘地区的主要原因[23]。

怀特克顿等认为，中美地区的确存在一个大的世界系统，但其内部具有层次性，可细分为若干小的区域性世界系统。大的世界系统以远程奢侈品贸易为特征，其早期动力主要是祭祀神灵与贵族加强威望、保持等级的需求，晚期也包含了相当的经济利益驱动。区域范围的世界系统其贸易对象则更加倾向于食物、建筑材料等大宗物品。并且，这些系统内的经济模式是复杂和多元的，可能包括简单的互惠性交换、贵族再分配和市场交易等[24]。

周南深入分析了中美地区大宗贸易和奢侈品贸易的区别，同样强调奢侈品在中美地区远程贸易网络中占据了主要地位[25]。在中美地区特别是墨西哥中部，人力背负是货物运输的主要途径，周南通过对背夫工作效率、日均消耗以及所背负食物能量的对比计算，提出大宗物品的贸易受距离限制，可能只在诸如墨西哥盆地这样的区域范围内进行。结合后古典时代的文献，他认为诸如可可、纺织品等奢侈品才是远程贸易网络的主要商品。这种远程贸易对于维持社会等级和仪式系统至关重要，而后者也在政治组织中扮演主要角色。奢侈品贸易对于社会经济也有直接影响，但这种影响是逐渐深入的。在形成时代早、中期（公元前1200～前400年），各地区对于奢侈品的需求和消耗非常低，远程贸易并非复杂社会发展的主要经济动力。只有进入古典时代（公元300～900年）以后，随着人口的增长以及可能对于资源使用模式的改变，奢侈品包括黑曜石的远程贸易才第一次对中美地区产生了直接的经济影响[26]。对于奢侈品和仪式用品的大规模需求，可能刺激了大量劳力从事生产和运输，从而形成一个"产业"。

布兰顿等人对世界体系理论在中美地区的应用进行了综述式讨论。他们认为相对于以往学者提出的"帝国"和"交流圈"而言，强调动态的世界体系理论更适用于中美地区复杂的政治经济互动关系[27]。中美地区是一个以奢侈品贸易为主要特征的世界经济体。这种奢侈品贸易不能简单归因于贵族的消费欲望，而是涉及政治和经济，对于贵族积累和保持权力甚至维持国家政权都非常重要。从考古证据来看，中美地区强大的核心国家发展都刺激了广泛的远程贸易，使很多地区逐渐转向奢侈品的生产和交换。比如，由于墨西哥中部人群的大规模需求，促使可可的种植和生产扩散至墨西哥西部的科利马（Colima）海岸，向南甚至到达哥斯达黎加境内。在此世界体系中，核心地区通过对劳动密集型奢侈品的索取，不遗余力地将偏远地区边缘化，这种影响远超军事控制[28]，从而将越来越多的社群纳入中美地区世界经济体中。

上述系列研究清楚地表明，至少从奥尔梅克时期开始，小范围区域间的贸易已非常发达，这种贸易对象多以食物、建筑材料、工具等为主。远程奢侈品贸易也比较频繁，但贸易量很低。进入古典时代早期，特别是以特奥蒂瓦坎崛起为标志，中美地区形成了一个以奢侈品贸易为主要特征的世界体系。本文拟以特奥蒂瓦坎的兴衰及其与中美地区其他文化的互动情况为主线，在相关理论和以往研究的基础上，讨论中美地区的世界体系是如何形成并影响特奥蒂瓦坎的。

三

位于墨西哥中央高地的墨西哥盆地是一片广阔的平原，其西、南和东部均有山脉围绕，东南部耸立着伊斯塔西瓦特尔（Iztaccíhuatl）和波波卡特佩克（Popocatépetl）火山，中部是大量连接的浅湖。特奥蒂瓦坎谷地位于盆地东北部，地势低缓，面积约 500 平方公里。谷地北部分布着山丘和一座死火山（戈尔多山，Cerro Gordo），南部为帕特拉齐基（Patlachique）山脉，西南通往墨西哥盆地中央的特西科科（Texcoco）湖。特奥蒂瓦坎遗址就位于特奥蒂瓦坎谷地中央的平原上，自公元前 500 年前后就有人类活动，一直延续到公元 650 年前后废弃。本文讨论的"特奥蒂瓦坎文化"年代为公元前 100 年至公元 650 年，具体分期情况见表 1。

表 1 　　　　　　　　　　特奥蒂瓦坎遗址陶器阶段及年代

古典时代早期	梅特佩克，公元 550～650 年	特奥蒂瓦坎文化后续？
	修拉尔潘晚段，公元 450～550 年	特奥蒂瓦坎文化
	修拉尔潘早段，公元 350～450 年	
形成时代末期	特拉米米罗尔帕晚段，公元 250～350 年	
	特拉米米罗尔帕早段，公元 170～250 年	
	米克考特里，公元 100～170 年	
	扎瓜伊，公元 1～100 年	
	帕特拉齐基，公元前 100～公元 1 年	
形成时代晚期	特索尤卡，公元前 200～前 100 年	奎奎尔科文化后续？
	瓜纳兰，大约公元前 500～前 200 年	奎奎尔科文化

（一）特奥蒂瓦坎的崛起和仪式圣地的建造

大约从公元前 100 年开始的一个多世纪里，特奥蒂瓦坎从几乎空无一物发展为一座大型城市。在月亮金字塔内部，考古学家找到一座帕特拉齐基阶段的方形台基[29]，表明宗教仪式区的修建已经开始。进入扎瓜伊阶段（公元1～100年），太阳金字塔、月亮金字塔等仪式建筑相继修建起来，最终，城市被打造成一座以"死亡大道"（Street of the Dead）为中轴线、两侧和顶端分布着大型金字塔的仪式圣地（图1）。

太阳金字塔位于"死亡大道"东北侧，基座边长220米左右，高达63米，体量巨大。在历史上的中美地区其他地方，几乎没有建筑超过甚至接近其规模，在城市以及周围数公里内都可以看到它的身影。在金字塔底部熔岩层的下方，有一条人工开凿的不规则隧道，终端处有一四瓣花形洞室[30]，象征起源之洞。显然，它是祖先诞生之地，时间起始之点。在金字塔顶部建筑发现了早期的多彩几何图案壁画，可能是举行仪式的场所。其前方广场出土的石刻残块和在周边建筑群发现的壁画，着重表现了美洲豹（夜晚太阳神）、人头骨（人牲）和带金刚鹦鹉特征的潜水动物，可能都与太阳有关。整座金字塔应是奉献给太阳神的产物。

月亮金字塔位于"死亡大道"北端，从帕特拉齐基阶段开始经历了前后七期大规模的改建和扩建，最终建成特奥蒂瓦坎第二大金字塔。从第四期开始到第六期，金字塔下方有5座人牲墓葬。墓葬内有大量人牲，此外还随葬黑曜石、绿石等奢侈品，以及大量与军职有关的凶猛动物（美洲狮、美洲豹、狼、鹰、响尾蛇）等。在墓中没有发现统治者的遗骸，很明显它们都是为了宗教祭祀而设。在月亮金字塔前部平台的正前方，有一座独特的建筑——"祭坛之屋"（the Building of the Altars），里面石砌遗迹的方向与特奥蒂瓦坎建筑标准方向呈45度夹角。这不禁令人想起16世纪折叠书中宇宙图上的45度"中间方位"（intercardinal）图案。月亮金字塔第四期2号墓和6号墓同样在中心、四个正方向和四斜向的各基点放置了随葬品。这些迹象表明，月亮金字塔的修建者试图在这里展示一幅宇宙图式。月亮和太阳金字塔都面对一座大广场，暗示了特奥蒂瓦坎有制造可供大量观众观赏的壮观场景的兴趣。此外，更多神秘的仪式则可能在金字塔顶端举行。

羽蛇金字塔位于"死亡大道"南端的"西乌达德拉"建筑群，底部边长65米，最初高度20米，是特奥蒂瓦坎第三大金字塔。金字塔外表由大型切割石块拼砌而成，每块重达数百公斤。石块上面雕刻波浪般起伏的羽蛇身体和海贝，并有凸出的圆雕羽蛇神和风暴神头像，整个建筑象征着混沌初开时耸立于天地之间的圣山和周围的水世界[31]。在金字塔下发现了大量墓葬和人牲（图2），可能是特奥蒂瓦坎的武士。墓葬中常见的随葬品包括黑曜石器、绿石饰品、镶嵌

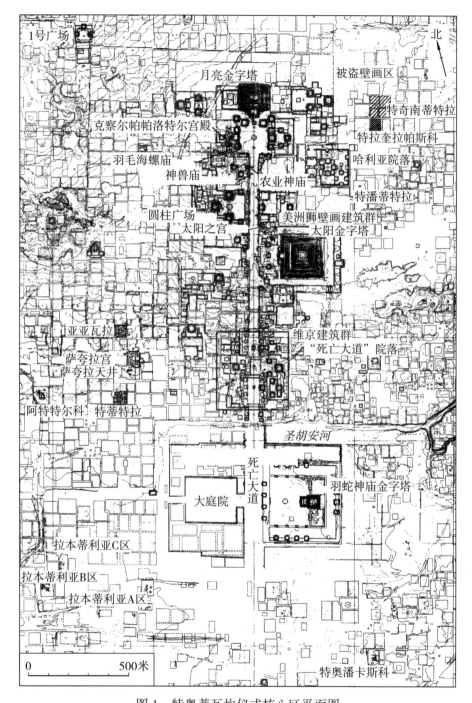

图1 特奥蒂瓦坎仪式核心区平面图
（采自Millon, René, The Teotihuacan Map, Part One: Text, University of Texas Press,
Austin, 1973）

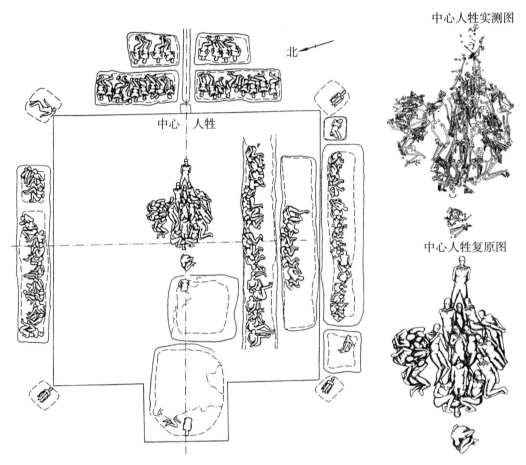

中心人牲实测图

中心人牲复原图

图2 羽蛇金字塔下方祭祀墓葬及中心人牲复原

镜子的板岩圆盘、海贝、风暴神罐等。部分墓主佩戴有装饰了人下颌骨的项链，但多数是以兽骨或海贝仿制的。羽蛇金字塔前方广场下，有一条狭长的隧道直通金字塔正中心，壁上涂抹金属矿粉，在火炬的映照下，隧道仿若星空或是波光粼粼的水面，精心制造出冥界氛围[32]。在距离隧道口103米处发现一片祭祀区域，出土了大量珍贵物品，包括四件绿石人像，数十件精美刻纹海螺、橡胶球、数千枚串珠，大量玉石、猫科动物的骨骼和皮毛，黄铁矿磨制的圆镜等，这些奢侈品均是奉献给神灵的祭品。羽蛇金字塔和下方的隧道分别象征圣山和冥界，共同构成了创世神话中宇宙的模型。因为羽蛇神是主导战争和代表王权的神祇[33]，所以这里可能也是统治者获得神授权力的场所[34]。

以"死亡大道"为中轴线的仪式核心区的修建，旨在打造一座宗教仪式圣地，这是特奥蒂瓦坎崛起的主要原因，也是城市最重要的特征。考古学家因而认为，在特奥蒂瓦坎所有的政治权威和力量都要通过宗教神圣性来合法及强化[35]。

仪式建筑的修建和仪式活动的举行，需要大量的建材和祭品（奢侈品），这些资源都来自墨西哥盆地内外及中美地区其他区域。比如，羽蛇金字塔表面数百公斤的切割石块可能来自数十公里外的特西科科地区；建筑表面的石灰可能来自盆地北部的图拉地区或南部与莫雷洛斯交界处[36]；羽蛇金字塔下方祭祀区出土的海螺、橡胶球和串珠可能来自海湾低地；翡翠、猫科动物的骨骼和皮毛、黄铁矿磨制的圆镜等可能来自危地马拉；绿石人像可能来自梅斯卡拉（Mezcala）地区；在月亮金字塔附近发现的"人形黑曜石"祭品大多以绿色黑曜石制成，原料来自东北部的帕楚卡地区。这种材质的黑曜石也是中美地区出口范围最大的黑曜石。

可见，仪式圣地的打造促成了以特奥蒂瓦坎为核心的世界体系的形成。

（二）宗教观念的转变及贸易的繁荣

在特拉米米罗尔帕晚段和修拉尔潘阶段（公元250～550年），羽蛇金字塔遭到破坏，正面（西侧）大部分蛇头雕刻被一场烈火烧至变形，且前部还新建一座平台将其遮挡。宗教观念似乎发生了巨大转变。平民居住区范围扩大，房屋的建筑质量和装饰也更加坚固、精美，暗示了社会对世俗事务的重视。

商贸活动非常发达。黑曜石生产与出口规模庞大，几乎整个中美地区都有来自特奥蒂瓦坎的绿色黑曜石发现。根据桑特利的研究，这种黑曜石贸易网络是复杂且多层次的，但其主要动力可能并非经济性的，背后的宗教仪式性意义才是流通的价值。通过建筑风格、出土陶器和葬制葬俗，考古工作者在特奥蒂瓦坎城内分辨出瓦哈卡、海湾地区、米却肯人群和玛雅人的飞地，居住者大多与贸易有关。毫无疑问，此时特奥蒂瓦坎是整个中美地区远程贸易网络的绝对中心，来自各地的奢侈品诸如棉花（可能以纺织品的形式）、橡胶、可可、翡翠、羽毛等汇集到城市中进行分配或交换。这些贸易活动可能由一些贵族或商人控制，吸引了墨西哥盆地内外的大量人口参与[37]。

可能是出于保证贸易活动的顺畅，这一阶段的特奥蒂瓦坎对外政治和军事影响达到顶峰。在盆地西部托卢卡谷地和南部莫雷洛斯地区发现了特奥蒂瓦坎典型的双孔烛台和复合式香炉；普埃布拉和特拉斯卡拉部分地区依然处于特奥蒂瓦坎的统治下，这里有特奥蒂瓦坎最重要的贸易路线之一[38]；蒙特·阿尔班一座纪念国王登基的石碑下方边缘，雕刻了来访的特奥蒂瓦坎使者[39]；海湾低地一些遗址被认为是特奥蒂瓦坎的前哨或贸易据点；在墨西哥西部埃尔·罗萨尼奥（El Rosario）遗址发现了描绘弯曲黑曜石刀和其他特奥蒂瓦坎风格器物的壁画，可能是贸易线上的据点；在格雷罗海岸地区的阿卡特姆帕（Acatempa）

遗址发现了一座特奥蒂瓦坎风格的石碑，邻近的梅斯卡拉地区是特奥蒂瓦坎获取小绿石雕像的来源。对玛雅地区的"干涉性"互动得到了图像、铭文的证实，包括蒂卡尔和科潘等遗址都发现了类似的证据[40]。

这个时期，特奥蒂瓦坎贸易活动空前繁荣，绿色黑曜石大量出口，城内聚集了众多来自各地区从事不同商贸活动的人群，是中美地区远程贸易网络的中心。许多对外政治影响和军事干预可能都是为了让统治者和新兴贵族更顺利地获取奢侈品[41]。总之，它依旧是中美地区世界体系的核心，但除了作为仪式圣地外，其经济中心的作用也在增强。

（三）特奥蒂瓦坎的衰落和世界体系的解体

到了梅特佩克阶段（公元 550～650 年），特奥蒂瓦坎人口逐渐减少，市政－仪式核心区的主要建筑以及其他一些建筑被烧毁，城市最终灭亡。衰落的原因仍不清楚，有学者对几座居住院落内发现的墓葬随葬品进行了研究，认为特奥蒂瓦坎晚期城市居民间贫富差距越来越大[42]。曼萨尼亚基于他对一些居住院落的研究，提出"中层"精英不断增长的力量，可能已经严重阻碍了国家的有效运行[43]。导致这些结果的，可能正是体系内繁荣的贸易活动。外来入侵也是原因之一，墨西哥中部出现了大量被称为"科尤特纳特尔科"（Coyotlatelco）的彩陶，其风格与特奥蒂瓦坎彩陶相差甚大，而与墨西哥西部人群关系密切[44]。还有学者结合语言学、生物学、考古学等证据，认为在这个时期一大批来自墨西哥中西部的说纳瓦特尔语的人群迁移到此[45]。

四

世界体系理论因其强调整体性、动态性和不平等性的特征，能够有效地应用在对特奥蒂瓦坎的崛起及其与周边文化之关系的研究中。本文以及其他相关的讨论表明，以特奥蒂瓦坎为核心的中美地区世界体系形成于古典时代早期，其主要动力和显著特征是宗教因素，这可能也是特奥蒂瓦坎吸引周边人群并始终保持核心地位的最主要原因。对于宗教的强调包括：通过修建大型、精美且具有场景式设计的仪式建筑群，打造一个超级庞大的仪式圣地。而体系内流动的奢侈品也通过贸易、礼物交换甚至纳贡的方式从海湾、玛雅低地等地区输入特奥蒂瓦坎。这些奢侈品大多被当作奉献给神灵的祭品，献祭于羽蛇金字塔或月亮金字塔等仪式建筑下方的墓葬和祭祀区域内。在特奥蒂瓦坎城倒塌很久之后，有关其宗教因素的雕刻主题在一些玛雅遗址中仍然存在[46]。这座城市留给后来人群的最深刻印象仍然是它作为仪式圣地所具有的强大神力。

特奥蒂瓦坎在受益于中美地区世界体系的同时，可能也为其衰落埋下伏笔。体系内宗教仪式物品的交换在晚期产生了直接的经济影响，商业活动的繁荣可能导致了城市居民内部巨大的贫富分化和"中层"精英的崛起，阻碍了国家的有效运行。盆地内其他遗址的人口被吸引到特奥蒂瓦坎的贸易活动中，脱离了食物生产，许多遗址被废弃了，在大旱灾年会导致长时段的食物紧缺，从而进一步激化社会矛盾，最终加剧社会崩溃。这一现象表明，或许由于史前一些政体缺乏治理经验和应对措施，对于世界体系的过分依赖也会产生严重的负面影响。

世界体系理论与考古资料的结合，对于讨论大范围内文化体或文化系统的形成具有显著的作用。不仅是中美地区，在中国史前距今约 5500 年之后，随着各地区复杂社会的普遍形成，大范围的文化交流、互动得以展开[47]。地区内部或地区间的政治、宗教、经济等方面的互动与竞争可能促进了各层次世界体系的形成，并在此基础上，最终形成了中华民族多元一体的格局。

注　释

[1] Wallerstein, I., *The Modern World-System Vol I: Capitalist Agriculture and the Origins of the European World-Economy in the Sixteenth Century,* Academic Press, New York, 1974.

[2] 林爽：《现代化视域下沃勒斯坦世界体系理论研究》，黑龙江大学博士学位论文，2012年。

[3] Abu-Lughod, Janet L., *Before European Hegemony: The World System AD 1250-1350*, Oxford University Press, USA, 1991.

[4] Adams, McC. R., Anthropological Perspectives on Ancient Trade, *Current Anthropology*, 1992, 33(1), pp.141-160.

[5] Schneider, J., Was There a Pre-capitalist World System? *Peasant Studies*, 1977, 6(1), pp.20-29.

[6] D'Altroy T. N., Earle T. K., Browman D. L., et al., Staple Finance, Wealth Finance, and Storage in the Inka Political Economy, *Current Anthropology*, 1985, 26(2), pp.187-206.

[7] Kohl, P. L., The Use and Abuse of World Systems Theory: The Case of the Pristine West Asian State, *Advances in Archaeological Method and Theory*, 1987, 1, pp.1-35.

[8] Stein G., *Rethinking World-systems: Diasporas, Colonies, and Interaction in Uruk Mesopotamia*, University of Arizona Press, 1999.

[9] Frank, Andre Gunder, The Development of Underdevelopment, *Sociological Worlds*, Routledge, 2013, pp.135-141.

[10] 托马斯·巴菲尔德著，袁剑译：《危险的边疆：游牧帝国与中国》，江苏人民出版社，2020年。

[11] Takeshi Hamashita, *The Tribute Trade System and Modern Asia*, Tokyo: Iwanami Shoten, 1997.

[12] 陈伯桢：《世界体系理论观点下的巴楚关系》，《南方民族考古》第六辑，2010年。

[13] 温成浩：《世界体系理论对考古学的启示》，《中国社会科学报》2022年12月14日。

[14] Kirchhoff, Paul, Mesoamérica: sus Límites Geográficas, Composición Étnica y Carácteres Culturales, *Acta Americana* 1, 1943, pp.92-107.

[15] Grove, D. C., *Chalcatzingo : Excavations on the Olmec Frontier*, Thames and Hudson, 1984.

[16] Santley, R. S., Chalcatzingo, the Olmec Heartland, and the Gateway Community Hypothesis, *Journal of Anthropological Research,* 40, 1984.

[17] 中美洲考古学家所称的"绿石"，翻译为"绿色的玉石"更恰当，它包括各种质地较硬的变质岩和火成岩，如翡翠、钠长石、暗绿玉、绿玉髓等，以及质地相对较软的蛇纹石、皂石和绿松石等，其中蛇纹石占比最高。

[18] Santley, R. S., Pool, C. A., *Prehispanic Exchange Relationships among Central Mexico, the Valley of Oaxaca, and the Gulf Coast of Mexico,* Springer US, 1993.

[19] Santley, R. S., Alexander, R. T., Teotihuacan and Middle Classic Mesoamerica: A Pre-Columbian World System? in *Arqueología Mesoamericana: Homenaje a William T. Sanders*, Mexico: Instituto Nacional de Antropología e Historia, Arqueología Mexicana, 1996, pp.173-194.

[20] Santley, Robert S., Obsidian Trade and Teotihuacan Influence in Mesoamerica, in *Highland-Lowland Interaction in Mesoamerica: Interdisciplinary Approaches*, edited by A. G. Miller, Dumbarton Oaks, Washington, DC, 1983, pp.69-124.

[21] Clark, John E., From Mountains to Molehills: A Critical Review of Teotihuacan's Obsidian Industry, in *Economic Aspects of Prehispanic Highland Mexico*, edited by B. L. Isaac, JAI Press, Greenwich, CT, 1986, pp.23-74.

[22] Drennan, R. D., Long-Distance Transport Costs in Pre-Hispanic Mesoamerica, *American Anthropologist*, 1984, 86(1), pp.105-112.

[23] Santley, R. S. & Pool, C. A., *Prehispanic Exchange Relationships among Central Mexico, the Valley of Oaxaca, and the Gulf Coast of Mexico,* Springer US, 1993.

[24] Whitecotton, J. W. and Pailes, R. A., New World Precolumbian World Systems, in *Ripples in the Chichimec Sea: New Considerations of Southwestern-Mesoamerican Interactions*, edited by Mathien, F. and McGuire, R., Southern Illinois University Press, Carbondale, 1986, pp.183-204.

[25] 前引Long-Distance Transport Costs in Pre-Hispanic Mesoamerica。

[26] Drennan, R. D., Long-Distance Movement of Goods in the Mesoamerican Formative and Classic, *American Antiquity*, 1984, 49.

[27] Blanton, R.E., Kowaleski, S., Feinman, G., Apple J., *Ancient Mesoamerica*, Cambridge University Press, Cambridge, England, 1981.

[28] Blanton, R.E., Kowaleski, S., Feinman, Gary, The Mesoamerican World System, *American Anthropologist*, 1992, 15, pp.418−426.

[29] Sugiyama, Saburo, and Rubén Cabrera, The Moon Pyramid Project and the Teotihuacan State Polity: A Brief Summary of the Excavations in 1998−2004, *Ancient Mesoamerica* 2007, 18(1), pp.109−123.

[30] Heyden, Doris, An Interpretation of the Cave Underneath the Pyramid of the Sun at Teotihuacan, Mexico, *American Antiquity*, 1975, 40(2), pp.131−47.

[31] 李新伟：《特奥蒂瓦坎羽蛇神金字塔地下隧道的新发现》，《光明日报》2016年4月16日。

[32] 李新伟：《中美地区早期城市的神圣空间构建》，《光明日报》2021年1月4日。

[33] Miller M. E., Taube K., *The Gods and Symbols of Ancient Mexico and the Maya*, London: Thames and Hudson, 1991.

[34] 塞尔希奥·戈麦斯·查韦斯：《墨西哥特奥蒂瓦坎羽蛇神庙地下隧道的调查》，《第二届世界考古论坛会志》，中国社会科学出版社，2017年。

[35] Cowgill, George L., *Ancient Teotihuacan: Early Urbanism in Central Mexico*, Cambridge University Press, Cambridge, UK, 2015.

[36] Carballo D. M., The Social Organization of Craft Production and Interregional Exchange at Teotihuacan, in *Merchants, Markets, and Exchange in the Pre-Columbian World*, edited by Kenneth G. Hirth and Joanne Pillsbury, Dumbarton Oaks and Trustees for Harvard University, Washington, DC, 2013, pp.113−140.

[37] Clayton, Sarah C., Measuring the Long Arm of the State: Teotihuacan's Relations in the Basin of Mexico, *Ancient Mesoamerica*, 2013, 24(1), pp.87−105.

[38] Carballo D. M., Pluckhahn T., Transportation Corridors and Political Evolution in Highland Mesoamerica: Settlement Analyses Incorporating GIS for Northern Tlaxcala, Mexico, *Journal of Anthropological Archaeology*, 2007, 26(4), pp.607−629.

[39] Evens S. T., *Ancient Mexico and Central America: Archaeology and Cultural History*, Thames & Hudson Ltd, London, 2013.

[40] Stuart, D., "The Arrival of Strangers": Teotihuacan and Tollan in Classic Maya History, in *Mesoamerica's Classic Heritage: From Teotihuacan to the Aztecs*, edited by Davíd Carrasco, Lindsay Jones, and Scott Sessions, Colorado University Press, Niwot, 2000, pp.465−513.

[41] Brown, K. L., Toward a Systematic Explanation of Culture Change within the Middle Classic Period of the Valley of Guatemala, in *Teotihuacan and Kaminaljuyu*, edited by William T. Sanders and Joseph W. Michels, College Park: Pennsylvania State University Press, 1977, pp.411−439.

[42] Sempowski, Martha L. and Michael W. Spence, *Mortuary Practices and Skeletal Remains at Teotihuacan*, University of Utah Press, Salt Lake City, 1994.

[43] Manzanilla, Linda, Corporate Life in Apartments and Barrio Compounds at Teotihuacan, Central Mexico: Craft Specialization, Hierarchy, and Ethnicity, in *Domestic Life in Prehispanic Capitals: A Study of Specialization, Hierarchy, and Ethnicity*, edited by L. R. Manzanilla and C. Chapdelaine, Memoirs of the Museum of Anthropology, University of Michigan, Number 46, Ann Arbor, 2009, pp.21−42.

[44] Healan, Dan, and Christine L. Hernandez, The Role of Migration in Shaping Trans−Regional Interaction in Post−Classic Central and Near West Mexico, *Annual Meeting of the Society for American Archaeology*, Memphis, TN, 2012.

[45] Beekman, Christopher S. and Alexander F. Christensen, Controlling for Doubt and Uncertainty through Multiple Lines of Evidence: A New Look at the Mesoamerican Nahua Migrations, *Journal of Archaeological Method and Theory*, 2003, 10, pp.111−164.

[46] Fash, William L., Jr., and Barbara W. Fash, Teotihuacan and the Maya: A Classic Heritage, in *Mesoamerica's Classic Heritage: From Teotihuacan to the Aztecs*, edited by **Davíd** Carrasco, Lindsay Jones, and Scott Sessions, University Press of Colorado, Niwot, 2000, pp.433−463.

[47] 李新伟：《中国史前社会上层远距离交流网的形成》，《文物》2015年第4期。

Rise and Fall of Teotihuacan from the World–Systems Theory Perspective

Li Moran

KEYWORDS: World-Systems Theory   Teotihuacan   Luxury Goods Trade   Religion   Mesoamerican Region

ABSTRACT: In the 1970s, American sociologist Immanuel Wallerstein proposed the renowned World-Systems Theory. This framework has since been applied to archaeological studies of ancient civilizations in Mesoamerica, yielding insightful results. During the early Classic period, a Mesoamerican world-system centered around Teotihuacan took shape, characterized by large-scale, long-distance luxury goods trade. Religious factors served as the primary driving force behind this system's formation. By establishing sacred ceremonial sites and employing vast quantities of luxury goods in religious rituals, Teotihuacan attracted populations and resources from other settlements or regions, integrating them into its overarching system. The exchange of ritual objects also had direct economic consequences, potentially leading to significant wealth differentiation among urban residents and the rise of a "intermediary" elite, which may have hindered effective state governance and ultimately contributed to systemic collapse.

（责任编辑　洪　石）

20世纪以来战国秦汉瓦当研究的回顾与展望

李 斌

关键词： 瓦当　学术史　战国　秦汉

内容提要： 瓦当是中国古代建筑中的重要构件。在经历战国时代的发展后，秦汉时期瓦当的使用开始普遍化，并由此成为秦汉文明的一个象征符号。由于蕴含着丰富的历史信息和文化内涵，瓦当在考古学、古代建筑史和文化艺术史等领域具有不可替代的研究价值，因此受到学界长期而广泛的关注。通过回顾20世纪以来战国秦汉瓦当研究的主要成果，将其研究历程分为三大阶段，对各个阶段的研究特点及其所取得的成就进行了总结。同时，反思以往战国秦汉瓦当研究中存在的问题和不足，并对今后的研究方向进行展望。

瓦当即中国古代建筑檐头筒瓦前端的遮挡[1]。作为集实用与装饰功能于一体的建筑构件，在经历战国时代的发展后，瓦当在秦汉时期的使用开始普遍化，并成为秦汉文明的一个象征符号。由于其图案和文字所蕴含的美感和丰富信息，战国秦汉瓦当很早就引起了人们的注意。关于秦汉瓦当的著录和研究，最早可上溯至宋元时期。北宋元祐六年，宝鸡县民权氏掘池而得"羽阳千岁"瓦当，事载于王辟之《渑水燕谈录》，是为瓦当著录之始[2]。其后，黄伯思《东观余论》根据"益延寿"瓦当对《汉书·郊祀志》进行了补订[3]。宋代赵九成《续考古图》[4]、元代李好文《长安志图》[5]皆收录有秦汉文字瓦当数种。及至明清时期，考据之学渐兴，至乾嘉而达鼎盛。文字瓦当因可资考经订史而为当时学者所重视，并且由于受到书学变革的影响，名家谱系以外名不见经传的工匠雕刻在青铜器、砖瓦、摩崖上的古代铭文也成为书法学习的范本。于是，林佶、朱枫、毕沅、程敦、翁方纲、钱坫、申兆定、张廷济、王福田等人皆广采瓦当

作者：李斌，北京市，100101，中国社会科学院考古研究所边疆考古研究中心。

遗文，以收藏与传拓为乐，有的亦别立专门，各为图记，瓦当的著录一时并盛[6]。然受时代的局限，其成果大体不外乎文字释读和文本考据。

进入 20 世纪以来，由于中国考古学的诞生和蓬勃发展，战国秦汉瓦当的研究别开生面，研究水平也上了一个大的台阶。特别是 80 年代以来，随着城市考古和手工业考古不断开展，战国秦汉瓦当研究作为一个交叉课题，愈发受到学界关注，并取得了一定的成绩。然而，这个领域的研究还远没有达到让人满意的地步。因此，本文拟对 20 世纪以来战国秦汉瓦当的研究状况进行回顾和总结[7]，以期为今后进一步的探讨和研究提供借鉴。

一、研究回顾

纵观 20 世纪以来战国秦汉瓦当的著录和研究历程，大致可分为以下三大阶段。

（一）20 世纪初至 20 世纪 40 年代末

20 世纪初，金石学的研究由三代礼器、摩崖石刻，"推衍而至于砖甓、瓦当、封泥、权衡、度量之类，亦各为专书，以补前人之阙"[8]。就瓦当的研究而言，吴隐辑录的《窭斋砖瓦录》[9]、黄中慧辑录的《琴归室瓦当文钞》[10]等著述，承金石学之余绪，至罗振玉《唐风楼秦汉瓦当文字》[11]而作一阶段之概括。罗振玉于金石考据之学用力甚勤，在瓦当的搜讨上不遗余力，因而在范围、数量上都远胜前人，以至在很长一段时间内为研究者所倚赖，影响深远。此后，柯昌泗以《金石萃编》和《唐风楼秦汉瓦当文字》对瓦当的释文定名为准，广事采摭和传抄诸家藏瓦目录，以字数为类别，制《瓦当文表》并附撰序言及凡例六条，亦颇有参考价值[12]。

20 世纪 20 ～ 30 年代，伴随着考古学在中国的诞生和发展，学者们开始寻求以科学的田野发掘手段来获得瓦当材料。

1930 年，马衡主持试掘了河北易县燕下都遗址，获半瓦当众多[13]。卫聚贤在山西万泉县西杜村阎子疙瘩发现了"长乐未央""宫宜子孙"瓦当，并依此认定汉汾阴后土祠在旧万泉县的孤山[14]。1933 年，在青海湟源县三角城遗址发现"西海安定元兴元年作当"文字瓦当，后冯国瑞撰文对西海郡的废立及其沿革进行了考证[15]。陈子怡根据麟游县招贤镇杜阳堡出土的瓦当，推测该地为西汉杜阳城旧治所在[16]。王子云在完成对西安及周边的文物古迹调查后，对四神瓦当所属的本体建筑进行了推测[17]。尽管这些调查或发掘活动，有的并没有立即转化为研究成果，但为进一步的研究积累了材料，打下了基础。

这一时期，有关瓦当的研究成果还很零星，并主要呈现出两个特点：其一，在乾嘉学派和"二重证据法"的影响下，注重文物与文献相结合的考证，文字瓦当继续受到青睐；其二，在当时学术新风的影响下，瓦当研究显示出溢出文本考据的倾向而有了美术研究与现代考古的意味，如以往不被注意的纹饰瓦当，此时亦逐渐受到重视。1935 年，滕固在《先史考古学方法论》的译者序中写道："近年来吾国学者治古代彝器，于款识文字而外也兼及花纹；这个风气现方发轫，或需借鉴之处。"[18] 为践行这一新的研究理念，滕固开始对燕下都纹饰瓦当进行专门研究。他的《燕下都半规瓦当上的兽形纹饰》[19] 一文，脱离了以往只研究文字瓦当的窠臼，运用了蒙特留斯的类型学方法，将燕下都出土的半瓦当分为 7 大类 16 种，并就瓦当纹饰的来源、演变及饕餮纹的意义等问题进行了论述。20 世纪 30 ～ 40 年代，美术史学和考古学的联系较为紧密，这与滕固等学者的倡导不无关系，而滕固对燕下都瓦当和南阳画像石雕刻技法与风格等问题的研究，在客观上为近代美术史学的建立奠定了基础[20]。

这些新变化，使得瓦当的研究开始逐渐脱离金石学的趣味，独运杼轴。然而，由于中国考古学正处于草创和摸索时期，大规模的调查发掘不多，国内学术界对瓦当的各种认识还比较粗疏，大概还只停留在"半瓦当为先秦物，圆瓦当为秦汉物"的粗浅阶段，相关研究才刚刚起步。

同一时期，日本学界在古瓦的研究上领一时之风气。1913 年，关野贞、谷井济一等人调查平壤大同江南岸的乐浪土城，并依据城址内出土的"乐浪礼官""乐浪富贵"瓦当等遗物，认定该城址为汉设乐浪郡故址[21]。此后，关野贞又对日本、朝鲜和中国的古代建筑进行了广泛考察，并在古瓦研究领域取得了不俗的成绩[22]。当时，内藤湖南利用瓦当中的四神图纹考证高句丽壁画的年代[23]，而滨田耕作[24]、梅原末治[25]、驹井和爱[26] 等人亦撰有与瓦当相关的多篇文字，大都聚焦瓦当纹饰的渊源、意义以及瓦当文化在东亚的传播和变迁等问题。另外，堀口苏山编《秦汉瓦砖集录》[27]、诸冈荣治编《乐浪及高句丽古瓦图谱》[28] 等图录的出版，也为当时的瓦当研究提供了助益。正是一批知名学者在古瓦研究上导夫先路，从而奠定了日本的"中国考古学"重视古瓦研究的传统。

（二）20 世纪 50 ～ 70 年代

新中国成立后，我国的考古事业获得蓬勃发展。随着发掘资料的迅速积累，当时迫切需要建立各个时段考古分期序列，从而为研究各个时段社会历史的发展提供基础。

《洛阳中州路》《洛阳烧沟汉墓》等发掘报告的出版，不仅初步建立了中原地区东周秦汉墓葬的分期序列，也大大促进了瓦当研究的进步。其中，《洛阳中州路》对瓦当材料的整理和报道，成为以后考古报告的范本，在后续多部报告中均可见其影响。《洛阳中州路》除区分出了东周、西汉和东汉瓦当纹饰的不同，还特别关注了不同时期瓦的制作技术差异[29]。《洛阳烧沟汉墓》虽着重于汉代墓葬结构、铜器、陶器和钱币的整理，但对砖、瓦等也做了较细致的分析。报告不仅指出了东汉中晚期墓内出土瓦当的现象，而且也对其出现的原因进行了推测，认为"瓦及瓦当在墓中或为垫棺及其他作用，并非实用于建筑"[30]。实际上，在同时期发掘的洛阳中州路 M813 中，发掘者也已注意到瓦当与墓内遗物共存的现象。不过或许是发现材料较少的缘故，这一现象未能引起更多的重视。值得注意的是，在内蒙古包头召湾汉墓中，发现有"单于和亲""天降单于""四夷尽服"等文字瓦当，表明这类瓦当曾在汉代边境的郡县流行[31]。

研究论文方面，傅振伦分析了不同时期燕下都瓦当的纹饰特征，指出瓦当上的夔龙纹近乎商周铜器纹饰，年代较早；山云纹应是从饕餮纹简化而来，大约是燕国势力削弱后的晚期作品[32]。杨宗荣依据纹饰的主题和次要元素的不同，将燕下都半瓦当分为七类，每一类又分为若干小类，分别提出了较为合理的命名，并认为临淄和邯郸的半瓦当袭取自燕文化[33]。安志敏、黄盛璋对青海西宁海晏三角城出土的"元兴元年"纪年铭瓦当的年代展开了讨论[34]。黄盛璋认为元兴元年前后南凉根本没有奉东晋正朔的可能，而孙吴更是与西海郡或海西郡无涉，所以"元兴元年"瓦当只能是东汉和帝时期遗物，且应当是曹凤屯田龙耆时所烧造。黄氏之说有理有据，令人信服。此外，曾庸关注瓦当使用的建筑场景等问题，并对西汉宫殿、官署出土的瓦当进行了汇释[35]。黄士斌、邵友诚通过对汉魏洛阳城出土文字瓦的汇集考证，探讨了汉魏时期制瓦手工业的相关问题[36]。

这一时期有关瓦当研究的论文中，有两篇成果殊为重要。1963 年，陈直发表《秦汉瓦当概述》一文[37]，全面回顾了瓦当的研究历史，论列了有关秦汉瓦当的历代著述，并结合文献记载和考古发现对秦汉文字瓦当进行了系统分类和考证。此外，陈直还对瓦当制作技术、书体特征、造瓦官吏等问题进行了探讨，分别条陈，发见实多，堪称秦汉瓦当研究的奠基之作。佟柱臣发表的《考古学上汉代及汉代以前的东北疆域》[38]一文，虽说不是瓦当研究的专门之作，但该文遍举了东北地区诸遗址中瓦当的发现，比较了不同城址瓦当的异同，通过综合运用墓葬、城址等遗迹和包括瓦当、钱币等遗物在内的考古材料，对燕、秦、汉时的东北疆域问题提出了新的认识。佟氏一文从重大历史问题出发，视野宏阔，材料翔实，在丰富了我们对汉代边疆认识的同时，也展示了瓦当研究所具备的广阔研究前景。

国外方面，日本学者栗原朋信对据传出自阿房宫遗址的"维天降灵延元万年天下康宁"十二字瓦当的内容来源和书体进行了辨析，否定了以往罗振玉等古物学家将其定为秦物的说法，指出该瓦为汉代制作，并且很可能为宗庙用瓦[39]。关野雄的《半瓦当的研究》对我国出土的战国至汉代半瓦当进行了系统整理，并依据纹饰的不同，对齐、燕、鲁等瓦当进行了详细的分类，对瓦当的发展演变、题材内容及其文化史意义进行了梳理和解读，进而提出"半瓦当文化圈"的概念，认为齐、赵半瓦当皆由燕文化系统引入[40]。但受时代的局限，该书所使用的材料仅仅是作者20世纪30～40年代在华北调查时所获，因而书中未能将齐、燕、鲁半瓦当与关中、洛阳等地的半瓦当进行比较，并且该书将齐树木纹瓦当的年代下限定得过早[41]。尽管如此，该书仍不失为半瓦当研究的高水平专著。以关野雄的研究为基础，三上次男及时注意到了关中地区秦都雍城、栎阳城和咸阳城遗址最新出土的瓦当，并通过对战国时代各国瓦当纹饰的重新考察，阐明了战国时代瓦当纹样到秦统一时代瓦当纹样的发展演变过程，提出云纹（蕨手纹）瓦当是秦统一时期秦瓦的代表[42]。

（三）20世纪80年代至今

进入80年代以后，瓦当的研究才真正取得了长足的进步，且大有厚积薄发之势。概括说来，这些研究成果可以分为两大类。

第一类是具有资料汇编性质的图录。其中，重要者如《中国古代瓦当》《秦汉瓦当》《新编秦汉瓦当图录》《中国古代瓦当艺术》《瓦当汇编》《新中国出土瓦当集录·甘泉宫卷》《新中国出土瓦当集录·齐临淄卷》《中国古代瓦当图典》《齐国瓦当艺术》《周秦汉瓦当》《秦汉瓦当》《秦汉遗珍——眉县秦汉瓦当图录》《内蒙古出土瓦当》《陕西古代砖瓦图典》《洛阳出土瓦当》《雍城秦汉瓦当集粹》《中国古代瓦当纹饰图典》《宝鸡瓦当》《栎阳瓦当》[43]等相继问世。这些图录大都标注了瓦当的出土地点、尺寸规格及外观特征等，有的也尝试对瓦当的时代特征进行分析归纳；不仅数量可观，而且在资料的可靠性方面也有很大的提高。另外，日本学者伊藤滋编著的《秦汉瓦当文》[44]以及一些文博单位报道的馆藏瓦当资料[45]，也扩大了研究者可资利用的资料来源和范围。需要指出的是，这些图录的质量参差不齐，有的年代判断未能反映最新的考古成果，使用时仍应具体辨析。并且，这些图录绝大多数只公布瓦当拓本，这样的做法显然已不能满足当下研究的需要了。新近出版的《栎阳瓦当》在公布拓本之余，另附瓦当正背面的照片，使研究者更便于观察瓦当的制作痕迹，显示出了一定的学术前瞻性，其做法值得推广。

第二类是研究方面的论文、专著。这个部分在总量上占最大比重，也是本文论及的主要对象。以下分综合研究和个别研究两小类进行评述。

在战国秦汉瓦当的综合研究方面，刘庆柱从发掘出土的瓦当材料出发，对战国秦汉瓦当做了深入而细致的研究，着重梳理了各类瓦当的时代特征及其发展脉络，提出了秦汉时期大量流行的云纹瓦当系渊源于秦地的葵纹；文字瓦当可能出现于汉景帝时期，普及于汉武帝时期，西汉中晚期为文字瓦当发展的盛期；"切当法"至迟淘汰于汉武帝时期等一系列重要观点[46]。刘庆柱长期参与并主持秦汉时期帝陵和都城遗址的发掘，他的这一以田野考古资料为基础的综合性研究成果，受到学界推崇。继刘庆柱之后，申云艳对秦汉瓦当的综合研究有所发挥，其主要贡献在于从时间、空间两方面对中国古代瓦当进行全面的研究，初步厘清了中国古代瓦当发展演变的基本脉络[47]。不过，该书对一衣带水的韩国、日本地区古代瓦当的考古学研究状况，缺乏适当的关注和对比研究[48]。韩国学者许仙瑛对汉代瓦当资料的收集整理，兼顾了一些传世藏品，其重点在于对汉代瓦当文字的分类、考证以及构形分析，虽不无特点，但总体研究水平远不及前二者[49]。

此外，应当提及的成果还有戈父的《古代瓦当》[50]，陈根远、朱思红的《屋檐上的艺术——中国古代瓦当》[51]，田亚岐、孙周勇的《椽头乾坤——陕西古代瓦当》[52]。上述著作为战国秦汉瓦当研究增加了不少分量，因而也是进一步研究不可忽略的参照系。

根据研究主题和问题的不同，瓦当的个案研究大体上又可以分为以下几类。

1. 以类型学为基础的分类、分期与分区的研究

瓦当的断代和分期是瓦当研究的基础，同时也是瓦当研究的一大难点。由于重要建筑遗址的建筑物废弃大多呈现出"一次性"堆积的特点，在同一建筑遗址堆积层中，属于该建筑物不同时期的建筑材料处于同一地层中，因此往往给瓦当的断代研究带来很大困难。

饭岛武次早年在考察秦都雍城瓦当时，曾提出除地层学和类型学外，还可以借助文献记载中始建和使用年代较明确的建筑来定瓦当的上下限[53]。后来刘庆柱也指出，利用不同时期筑造的建筑物，便可以将其上下限分得更细一些，如利用西汉不同时期营筑的11座帝陵陵寝建筑遗址出土的瓦当，可将其汉代地

层中出土的瓦当上限分别排列出来[54]。以上方法实际上就是将整个帝陵陵园建筑遗址视作一个个时代明确的"地层"，但在实际运用时，仍应当留意"秦宫汉葺"的现象，避免将晚期遗物认作早期的。

分期、分区研究的目的，即掌握瓦当的时空框架。为实现此目标，首要在于充分了解各个遗址出土瓦当的文化面貌，其次在于弄清多个遗址之间以及更广阔区域之间的横向联系。过去，学界对易县燕下都[55]、临淄齐故城[56]、秦都雍城[57]、秦都咸阳城[58]、夏县禹王城[59]、汉长安城[60]、汉魏洛阳城[61]等单个遗址出土瓦当的研究较为充分，有的还有相应的专著。此外，涂书田、任经荣对安徽寿春城瓦当[62]、杨琮对崇安汉城瓦当[63]、杨荣昌对绥中石碑地瓦当[64]、李灶新对南越王宫署瓦当[65]的研究也较为深入，为当地瓦当的分期断代研究提供了参考。申云艳对燕国和中山国瓦当做了较深入的探索，梳理了燕瓦当和中山国瓦当的种类及其与周边地区瓦当纹饰的相互影响关系[66]。当然，也有学者以省市县[67]或地理区域[68]为单位进行研究，取得了可喜的成果，但部分也流于材料的堆砌，研究不够深入。

此外，对特定种类的纹饰瓦当进行长时段的研究，丰富了我们对于瓦当分期的认识。饭岛武次仔细梳理了雍城、栎阳城和咸阳城出土的葵纹瓦当，初步建立了秦葵纹瓦当的年代序列[69]。钱国祥通过对洛阳地区的东周至魏晋云纹瓦当的梳理，阐明了云纹瓦当在洛阳地区长时段的发展演变过程[70]。中村亚希子继之对秦汉都城中所见的云纹瓦当进行了分析研究，可与钱文互为补充[71]。洪梅对先秦时期的兽面纹与人面纹瓦当进行了梳理，认为瓦当中的兽面纹来自青铜器的兽面纹及其变形，而人面纹则是兽面纹简省变化后的产物，二者具有发展脉络上的承继关系[72]。另外，谷丰信、刘庆柱对莲花纹瓦当渊源的考察[73]，张梓琦对夔凤纹大半圆瓦当发展演变的论述[74]也都进一步推动了战国秦汉瓦当的类型学与年代学研究。

2. 关于文字瓦当铭文的释读及其涉及的史地考证、起始年代的研究

文字瓦当历来受到重视，研究成果巨丰，因而这一时期有关瓦当铭文的释读及其关涉的史地考证，主要以补充或纠正前人的认识为主。

王丕忠等结合实地调查和文献资料，就秦兰池宫、六国齐宫室、"齐园"陵寝建筑的地理位置等问题提出了自己的看法[75]。赵超对"天齐"瓦当进行了释读，纠正了罗振玉、关野雄等人的误释，指出其最有可能为齐祭天建筑所用之瓦[76]。徐锡台对罗振玉《唐风楼秦汉瓦当文字》中著录的"召陵宫当""曲成之当""寿昌万岁永和六年"等几件汉晋瓦当有所发微[77]。不过，鉴于文字瓦

当在东晋已绝迹，且"寿昌""万岁"皆为常见之吉语，因此"寿昌万岁永和六年"瓦当应为东汉而非东晋时遗物。赵平安对"光耀宇由（宙）""永保国邑"瓦当文字进行了释读[78]。刘庆柱指出，"维天降灵延元万年天下康宁"十二字瓦当的文字内容多源自《诗经》《尚书》等儒家经典，且从出土地点及层位关系、瓦当制法、纹饰等各方面来看，其所属与秦阿房宫无关，时代亦应为西汉而非以往认为的秦代[79]。这一说法与前述栗原朋信之说不谋而合，但在论证上较后者更为充分，使得这一公案几成定论。

陈根远、高智、王恩田等人对河南新安出土的"延寿王瓦"分别进行了释读和考证，并认为该瓦当可能为西汉时期新安一带某诸侯王房屋建筑上的专用瓦当[80]。王子今通过对"武候"瓦当的探寻，确认了汉代武关的位置[81]。韦伟燕梳理了我国南方地区出土的"万岁"瓦当材料，认为"万岁"瓦当应主要用于诸侯王都城的宫殿或郡治、县治的官署等高等级建筑[82]。黄劭华对陕西朝邑（今大荔县）出土的"务相遗穜"瓦当进行了考订，并依据文献认为"务相"即传说中巴人的君长，该瓦当的出土，说明汉代巴人曾在此地活动[83]。

关于文字瓦当的起始年代问题，以往多有争论。焦南峰、王保平等通过对凤翔孙家南头堡子壕遗址地层堆积情况的揭示，并结合以往出土和著录的文字瓦当材料，初步确认秦文字瓦当的存在[84]。该文甫一发表，反响颇大。但是，由于该文未能详述将该遗址 B 区 T2 ④ A 层看作秦统一时期文化层而不可能是西汉文化层的依据，且在厚达 1 米多的汉唐宋文化层中，没有见到西汉时期盛行的文字瓦当，令人多少有些疑惑。再者，如果说秦代就存在文字瓦当的话，那么必须解释为何在秦都咸阳和秦始皇陵这两处重要的秦遗址中未见文字瓦当。实际上，在焦文发表后不久，便有学者对焦文引以为据的秦"华市"瓦当的辨识提出了质疑，并指出将雁树纹瓦当释读为"华市"瓦当不妥[85]。王辉等虽初步接受了"蕲年宫当"、"橐泉宫当"、"华市"和"商"字瓦当为秦物的观点，但同时又指出"关于秦文字瓦当的确认，学术界目前还有很多争论。就以上四种而言，也存在着较多的不同意见"[86]。这些讨论大大增进了我们对于文字瓦当起始年代的认识。总之，任何一种器物造型的形成，都要经历一个逐渐演化的过程。如果将文字瓦当定义为以模印文字作为当面主体装饰的一类瓦当，那么"文字瓦当的出现可能约在景帝前后，其普及应在武帝时期，西汉中晚期为文字瓦当发展的盛期"[87]的观点，目前看仍然是可信的。近年来，在秦都栎阳城的考古发现表明，至少在战国中期开始，文字就作为一种装饰元素出现在瓦当当面上[88]。之后逐步发展，至汉代成为当面主体装饰，这也是合乎事物发展逻辑的。值得注意的是，文字瓦当和铭文铜镜出现的时代可能较为接近[89]，二者的出现是否有着共同的历史背景或原因，目前还不能确定。有关文字瓦当的起始年代和发展演变问题，还有待进一步探索。

3. 关于瓦当制作技术、生产管理以及使用场景的研究

瓦当是整个屋瓦构件的一部分，而屋瓦建筑构件又是制陶手工业的一部分。过去，国内学界对包括瓦当在内的瓦件生产和制作技术的研究，长期处于滞后的状态，这一局面直到20世纪90年代以后才有所改观。

尚志儒对秦瓦进行了分类，并对不同种类瓦的制法及其时代特征进行了分析和研究[90]。刘庆柱认为，以汉武帝时代为界，战国秦汉瓦当的制法可分为前后两期，"切当"技术至迟淘汰于武帝时期[91]。这个认识至今仍然是关于瓦当制法最重要的论述之一。刘振东和张建锋利用历年来汉长安城遗址出土的砖瓦材料，以形制和花纹为基本要素，总结了西汉早、中、晚三个不同时期瓦当制作的特征，为其他地区的同类研究提供了借鉴[92]。秦建明、姜宝莲探讨了秦汉筒瓦加工工艺的差异，认为秦瓦在制造中运用的是内筑法，汉瓦则改进为外筑法[93]。段清波、于春雷对在陕西早期长城沿线发现的瓦进行了观察，结合历代长城修建的历史背景，指出外绳纹内布纹的筒瓦起源于三晋地区的魏国，并随着魏国的西进传播到秦国东部和北部，秦统一期间又随魏地工匠传播到关中[94]。蔡彦、滕铭予以秦都雍城、绥中秦行宫、楚都寿春城和闽越王城出土的瓦当为研究对象，通过横向比较，分析了四个遗址瓦当的制作技术及工匠来源[95]。章昀对南越国砖瓦的制作工艺进行分析后认为，南越国砖瓦还保留着早期砖瓦的特点，如带钉瓦和异型砖；南越国筒瓦的制法虽不与秦代外模内筑法完全一致，但也还未能成熟运用汉代的内模外筑法；而个别砖瓦上施青釉的做法可能与海外交往有关[96]。

值得一提的是，日本学者对东亚地区的造瓦技术问题做了不少有益的探索。谷丰信具体介绍了中国西晋以前的五种造瓦手法，考察了各技法的地理分布及其年代，并以此为基础论及各地造瓦的特色与技术流程[97]。中村亚希子从世界瓦的起源角度，对中国"凤雏瓦"系统的起源和扩散进行了考察，并对秦汉帝国造瓦技术的统一化以及技术传播产生的地域差异等问题进行了阐述[98]。此外，井内洁[99]、大胁洁[100]、向井佑介[101]等学者在造瓦技术方面亦有一定的研究。这些研究成果对于推进国内相关研究的深化，很有借鉴意义。

战国秦汉时期的砖瓦生产既已达到一定规模，必然需要相应的组织管理，但因文献阙载，了解战国秦汉时期造瓦的管理，还须依赖考古资料。燕下都宫

殿建筑遗址出土的战国中晚期筒瓦、板瓦和瓦当上印有方形的文字戳记，铭文格式基本为"左宫某"和"右宫某"两类[102]。王恩田指出，左宫、右宫并非制作瓦类建筑材料的机构，而是瓦的使用单位，且这类陶文中的人名是负责制作建造王宫用瓦的工官或工师[103]。袁仲一[104]、吕卓民[105]、刘庆柱[106]等学者对秦咸阳城、秦始皇陵陵园遗址、汉长安城出土的陶文做了比较全面的搜集和整理，并在释读的基础上，对各种戳记所反映的制陶手工业的情况做了相应的研究。通过对这些陶文的综合考察，可以看出，秦代瓦件的生产大体可分为官营和民营两大系统。秦中央官署制陶业是纯粹为封建帝王服务的，其产品不具有商品性质；市亭制陶作坊则具有二重性，既为宫廷服务，也面向广大平民；民营制陶作坊的产品主要是在市场上销售，受官府的控制较小，基本上是独立的个体手工业。

另外，瓦当使用者的身份等级问题也是考古学界一直关注的。过去，学界一般认为战国秦汉瓦当只用于高等级建筑，但西安缪家寨厕所遗址[107]和内黄三杨庄庭院遗址[108]的发掘表明，至迟到西汉晚期，瓦当在民居建筑中的使用已较为普遍；至东汉时，大量带"祠堂""冢当""舍当"文字的瓦当以及表现有瓦当的建筑明器的发现，更表明东汉是一个民间开始普遍用瓦的时代。

对于瓦当的使用场景的研究，实质就是复归到瓦当所处建筑载体或情境的研究。王子今依据四川汉代崖墓建筑和陶建筑明器的资料，指出瓦当与檐椽就数量与位置而言均未必对应，因而对"瓦当的作用是用以蔽护檐头"的说法提出了质疑[109]。张梓琦通过对大半圆夔凤纹瓦当分布的考察，推测出土"大半圆瓦当"的建筑或与祭祀有关[110]。刘尊志对汉墓中出土的瓦当进行了全面的统计和梳理，并结合瓦当的出土位置，对墓内瓦当的功能与作用进行了分析，从而使我们对墓内随葬瓦当的现象有了更进一步的了解[111]。杜菊在石永士、吴磬军等学者研究的基础上，对燕下都遗址出土的板瓦、垂脊筒瓦、檐下筒瓦、瓦当、瓦钉、瓦钉饰以及滴水构件等各种瓦类建筑构件进行了综合考察，并对当时的屋顶形式进行了局部复原[112]，研究理念较为新颖。国庆华等依据雍城出土丰富的建筑瓦件实物，通过分析雍城瓦件的特点、组合规律、使用位置等，对雍城正脊和斜脊建筑屋顶进行了模拟复原，推动了瓦当研究走向深入[113]。

4.关于瓦当文化内涵与艺术价值的研究

瓦当虽小，方寸之间却尽显万千气象，那些丰富多样的图案纹饰或文字，可以作为研究当时的社会心理、社会意识与审美观念的材料，需要做深入的探索。概括来说，此类研究大致可分为以下三方面。

一是对具体图像及其母题图像的阐释。秦代大型宫殿或陵园建筑中常出土一种体量很大的大半圆形瓦当，图案奇特，具有变形兽面纹的特征，故一般称之为夔纹大瓦当。对此，方殿春最先提出异议，认为该类瓦当当面图案实为植物纹，并且应当就是古文献中所称的"宾连纹"[114]。李新全对以往说法持否定态度，并提出"神树纹"的新说[115]。树木纹是齐国瓦当构图中最为常见的主题。安立华认为，齐瓦当中所谓的树木纹，造型多样，表现的并非具体品种的树，而是"树"的观念，具有符号性，再现的是当时生殖崇拜的群体意识[116]。刘敦愿从商周装饰艺术的传统出发，认为齐瓦当将植物纹当作主纹是非常大胆的，其当面图案具有风俗绘画的意义，反映了齐地普遍崇祀社木的历史[117]。刘莉对战国秦动物纹的特征及其艺术源流进行了考察，认为秦动物纹瓦当一方面反映了战国时秦人经济生活中狩猎仍占有重要的地位，以及皇室贵族频于畋猎的习俗；另一方面也说明它有着不同于山东诸国的艺术源流[118]。耿庆刚在刘莉、焦南峰、刘庆柱等前人研究的基础上，对雍城动物纹瓦当中的凤纹、虎纹、斗兽纹等与其他载体同主题纹样进行比较，并对其时代及发展脉络、文化来源等问题做了进一步研究[119]。周晓陆认为，部分秦动植物纹样瓦当上表现有《月令》的内容[120]。

二是对瓦当文字所反映的社会思想、风俗和宇宙观等的研究。汉代瓦当中的绝大多数图像在设计制作之始都是有其含义的。李零认为，汉代瓦当上通常所谓的云纹其实就是四瓣花的变形，主要是用来表示四隅和四维。从总体上讲，它是属于钩绳图或"式图"类的设计，应当反映了汉代先民观念中积绳为方的观念[121]。日本学者村上和夫将中国古代瓦当纹样分殷周、春秋战国、秦汉、魏晋南北朝隋唐四段分别予以论述，并将瓦当中的纹饰与王权、天象、宇宙观、社会生活等联系起来，虽有失严谨，然想法新奇，可备一说[122]。罗宏才就汉"富贵毋央"瓦当的风格与源流等问题进行了探讨，指出这些瓦当上的"富贵"语词反映了汉代人渴望富贵长寿、子孙蕃昌的普遍心理[123]。谭前学认为，瓦当文字是对当时习俗观念的"实录"，瓦当文字中大量出现的"富贵""大富""大吉祥富贵宜侯王"等吉语正是西汉人崇重势利观念的反映，而到了东汉，由于儒家思想深入人心，世风为之一变，因而此类吉语瓦当便趋消失[124]。

三是对瓦当艺术价值的阐释。欧阳摩一就秦汉文字瓦当所展现出来的均齐与平衡、动感与静感、统一与变化的形式美进行了阐发[125]。张丽华认为，秦汉文字瓦当变化多端的布局、寓意深远的造型、柔韧劲利的线条等具备了悠久的艺术感染力，使其脱离了物质范畴而上升为精神的层次。在精神上，它是秦汉王朝一统天下勃勃雄心的象征；在艺术上，它将中国古代对立和谐的造型美的根本法则寓于其中，奠定了民族的审美理想标准[126]。

二、反思与展望

回顾 20 世纪以来战国秦汉瓦当研究的历程，可以看出，从金石学的考据到出土材料的迅速积累，再到综合研究的展开，随着瓦当研究的不断深入，瓦当的学术价值也愈发凸显出来。同时，我们也意识到，考古资料的不充分和研究思路的禁锢，仍是战国秦汉瓦当研究道路上的主要障碍。当前，我们对西汉瓦当认识较多，对东汉瓦当认识较少；对都城和郡城用瓦了解较多，对县城和普通聚落用瓦了解较少，其根本原因在于前者。而对瓦当的研究价值认识不到位，研究的思路不能打开，导致很多研究难以深入，一些研究变成了低水平的重复劳动。今后，相关课题研究的深入在很大程度上取决于以上两方面的突破。

基于上述认识，展望未来的战国秦汉瓦当研究，应注意以下几方面。

第一，对瓦当研究重要性的重新认识。瓦当蕴藏着丰富的历史信息，鲜明地反映了当时的政治、经济、文化、社会生活、思想信仰、审美情趣等诸多方面的内容。它的重要性主要表现在以下几点。其一，瓦当是建筑遗址断代的重要标尺。由于传统土木结构建筑的特殊性，建筑遗址中数量最大、种类最多的便是瓦当及其配套的砖瓦构件。而纹饰丰富、风格独特的纹饰瓦当和文字瓦当，自然成为判断建筑遗址年代最主要的依据。其二，文字瓦当是证史补史的重要资料。举凡城池成毁、宫殿兴废、乡聚分布、关隘建置，均可由文字瓦当而窥得一斑，甚至于汉代文字书法的发展演变，亦可由文字瓦当而得到揭示。其三，瓦当对古建筑史研究大有裨益。"瓦当不独为考古家之新科目，抑亦予营造学者，以重大之裨益。"[127] 瓦当的尺度、质料、重量、使用位置、组合关系等均有考察价值，对于我们了解古代建筑屋顶构造、匠作制度与设计理念等具有重要意义。其四，瓦当具有极高的艺术价值。瓦当不仅是实用的建筑构件，也是优美的艺术品，尤其是战国秦汉瓦当，更是中国瓦当艺术的高峰。作为建筑构件，瓦当施用于建筑物最为显著的檐际，不仅与屋顶的鸱尾、脊兽等相得益彰，还与柱额梁枋间盘错而起的斗拱相映成辉，在无形之中营造出了中国古代建筑的和谐之美。无论是小中寓大的形式，还是疏朗多变的纹饰，都给人以美的感受。瓦当不仅寄寓着建筑设计者与使用者的哲学理念与人生追求，也浸润着时代精神，描摹着历史的风俗概貌，反映着当时的审美情趣，既为书法篆刻艺术提供了丰厚滋养，也为现代艺术设计提供了宝贵借鉴。正因如此，瓦当这一独具民族特色的建筑构件，在悠长的岁月中经久不衰，并成为中国传统文化的载体和代表性符号。

第二，重视田野发掘，完善瓦当资料记录的方式。田野考古是现代考古学的基础。提高瓦当的研究水平，首要应在科学获取和整理瓦当材料上下足功夫。在考古发掘现场，除瓦当外，也应注意对屋面其他种类瓦件，包括筒瓦、板瓦、脊瓦和当沟等进行识别分析。此外，尤应注意各类瓦件的出土位置信息。在梳理瓦件样式特征的同时，通过分析样式与出土位置之间的关系，有助于对建筑物本体的屋顶用瓦状况及相关工程进行复原。其次，对于无法接触实物的研究者而言，发掘报告和简报中对于瓦当的文字描述、拓本、线图、照片等就是赖以研究的起点，其重要性不言而喻。然而，过去不少报告或简报中有关这一方面的内容披露不够详细，或失之随意。例如，对一些加工和施工过程中遗留的痕迹，如当面涂朱、当心穿孔等现象应介绍而忽视，应附照片而不附，让研究者无所适从。因此，为促进战国秦汉瓦当的研究，改进瓦当收集和整理的方式，保证资料记录的全面、客观、准确是非常必要的。彭明浩以邺南城核桃园寺院遗址1号塔基出土瓦件为整理对象，摸索出一套整理流程，对所有瓦件进行了测量统计，将遗址出土的瓦件整体分筒瓦、板瓦、叠脊瓦、当沟、兽面瓦、鸱尾六类，并通过对现存各类瓦的数量、重量、长、宽等数据量比关系的统计，结合地面遗迹现象，对建筑组群的布局和屋面结构提出了新认识[128]。这一研究不仅为考古工作中全面揭露瓦当提供了借鉴，也为整理和研究战国秦汉瓦当提供了重要实例参考。

第三，突出问题意识。微观上，应当要更关注制作工艺的细节，重视对瓦当表面加工痕迹的分析。例如，在桂宫、洛阳中州路、新安函谷关等遗址都发现有当心中央穿孔的瓦当，这些穿孔究竟是某种特殊制作工艺的遗留，还是应当看作汉代已有椽当的物证？汉长安城南郊礼制建筑出土的素面瓦当是否仅仅表示素面瓦当在西汉晚期仍有沿用，还是具有别的文化意涵？宏观上，新思路和方法的运用是很必要的。例如，在手工业考古的命题下，我们可以从单纯的考古遗迹和遗物研究向手工业生产和手工业经济研究转向[129]，注意制瓦作坊的调查，关注以作坊遗址考古为基础的产业上下游链条研究等，通过对制瓦技术及其传播的考察，探讨产品的生产管理、流通应用及其背后反映的人群流动，从而最大限度地从经济、技术和社会各个层面来重建历史，更好达到透物见人的研究目的。

第四，加强与建筑史学科的合作及科技手段的运用。古代建筑遗存的堆积十分复杂，因此，无论是在田野发掘工作中，还是在之后的研究工作中，加强与建筑史领域的合作，打破学科间的畛域，从屋瓦体系、瓦作制度、使用场景等角度理解瓦当，利用好壁画、画像石中的建筑图像以及陶建筑明器等资料，将有助于突破目前瓦当研究所遇到的障碍。如果脱离原有的建筑物本体，只是研究分散的拓本，孤立地看待瓦当材料，那么，这些瓦当在原有建筑中的相互关系、位置、等级等信息就都散失了，很多材料也就无法理解。如临淄齐故城出土的鸱枭形陶瓦 [130] 和秦始皇陵遗址出土的大半圆形瓦当，到底是何构件？原本安置于建筑屋顶的哪个部位？在这方面，已有一些学者做了成功的尝试。钟晓青 [131]、徐怡涛 [132] 通过对唐长安、洛阳出土瓦当直径的分析，反推出建筑材料的等级之分，并将其与宋代《营造法式》材份制度相联系，充分说明了瓦件尺度对研究建筑等级的重要意义。此外，科技分析手段的运用，也将有助于我们从瓦当中提取更多的超常规信息。日本学者中园聪等人通过对日本九州博多遗址群、箱崎遗址和宁波出土相似的宋代瓦当进行三维测量，判定它们为同范品；又通过荧光 X 射线进行胎土分析，认定九州瓦当黏土的化学成分与宁波瓦当一致，从而判定它们都是在宁波本地生产的 [133]。这样的研究大大丰富了我们对历史的感知和认识，对瓦当研究的深入具有推动作用，值得借鉴。

第五，具备域外视野。以往国内学者对于瓦当的研究，多限于中国境内，对域外瓦当关注甚少，相关领域的研究基本空白。例如，早在 20 世纪 20 年代至 40 年代，苏联南西伯利亚阿巴干宫殿建筑遗址出土有"天子千秋万岁常乐未央"瓦当。苏联学者吉谢列夫认为阿巴干宫殿遗址为李陵的故居。周连宽撰文否定了这一说法，并认为这个宫殿的主人最有可能是王昭君的长女须卜居次云 [134]。此后，虽然在蒙古国中央省高瓦道布古城、特日勒金古城等地均发现有不少中国式建筑材料，但国内学界至今只见有零星的报道，而未见有关"匈奴瓦当"的系统介绍和研究，殊为遗憾。瓦当在汉代传至朝鲜半岛和中南半岛，日本瓦当的纹饰图案亦深受中国影响，但目前关于朝鲜半岛、越南、日本等地出土瓦当与中国瓦当的比较研究寥寥无几。值得欣喜的是，21 世纪以来，随着我国越来越多参与国外遗址的调查发掘，中国考古走出去已然成一趋势。如今，中国学者比以往更有能力、更有条件，也更有责任站在世界考古的视野，探讨古代中国与周边国家之间的交流互鉴，揭示中华文明的独特贡献与时代价值。

附记：本文为中国社会科学院学科建设"登峰战略"资助项目（DF2023TS08）

的阶段性研究成果。在本文写作过程中，日本九州大学陈映玉博士、韩国忠清南道历史文化研究院朴真浩先生曾协助查找相关外文资料，谨致谢忱！

注　释

[1] 吴荣曾：《瓦当》，《中国大百科全书·考古学》第538页，中国大百科全书出版社，1986年。

[2] （宋）王辟之：《渑水燕谈录》第103页，中华书局，1981年。

[3] （宋）黄伯思：《宋本东观余论》第128～130页，中华书局，1988年。

[4] （宋）赵九成：《续考古图》第203、204页，中华书局，1987年。

[5] （元）李好文撰，辛德勇等点校：《长安志图》第55页，三秦出版社，2013年。

[6] 桑椹：《乾嘉时期的秦汉瓦当收藏》，《中国美术》2018年第2期。

[7] 需说明的是，本文评述的研究成果以2020年12月之前为限；刘庆柱、申云艳等学者曾对战国秦汉瓦当研究有过回顾，但较为简略，加之这一领域的研究近来取得了不少进展，因而有重新检视的必要；由于条件限制，对于国外学术成果的评述可能并不全面，这里只能略述其大端。

[8] 罗振玉：《罗雪堂先生全集》初编第1册第156页，台湾大通书局，1973年。

[9] 吴隐辑：《遯斋砖瓦录》，《历代陶文研究资料选刊续编》（中），国家图书馆出版社，2009年。

[10] 黄中慧辑：《琴归室瓦当文钞》，前引《历代陶文研究资料选刊续编》（下）。

[11] 罗振玉：《唐风楼秦汉瓦当文字》，《石刻史料新编》第四辑（第10册），台湾新文丰出版公司，2006年。

[12] 柯昌泗：《瓦当文表序》，《新东方杂志》1940年第1期。

[13] 常惠：《易县燕下都考古团发掘报告》，《国立北平研究院院务汇报》1930年第1卷第3期。

[14] 卫聚贤：《汉汾阴后土祠遗址的发现》，《东方杂志》1929年第26卷第19号。卫氏先是考证孤山是介子推的隐居地，建有介子推祠，后推测汉代复于其上建筑了后土祠。然据其所论，并不足采信，不排除遗址为汉代行宫的可能性。

[15] 冯国瑞：《汉西海郡安定瓦当考》，《国风》1935年第5、6合期。

[16] 陈子怡：《西汉杜阳瓦当跋》，《西北史地》1938年第1卷第1期。

[17] 王子云著，王蔷、任之恭整理：《汉代陵墓图考》第234页，太白文艺出版社，2007年。

[18] 蒙德留斯著，滕固译：《先史考古学方法论》第1页，商务印书馆，1937年。

[19] 滕固：《燕下都半规瓦当上的兽形纹饰》，《金陵学报》1936年第6卷第2期。

[20] 郑岩：《论"美术考古学"一词的由来》，《美术研究》2010年第1期。

[21] 関野貞：《朝鮮に於ける樂浪帯方時代の遺蹟》，《人類學雜誌》第29卷第10號，1914年。

[22] 関野貞：《西遊雜信·第一·支那に於ける最古の瓦當》，《建築雜誌》第32辑第384号，1918年；《瓦》，雄山阁，1928年。

[23] 内藤湖南著，栾殿武译：《中国绘画史》第186页，中华书局，2008年。

[24] 濱田耕作、梅原末治：《新羅古瓦の研究》，《京都帝国大学文学部考古学研究報告》，1934年。

[25] 梅原末治：《東亜の古瓦に就いて》，《支那考古學論攷》，弘文堂，1938年。

[26] 駒井和愛：《漢華文瓦瑞考》，《史苑》第11卷第3·4号，1938年；《河北省易縣發見の雙龍文瓦瑞に就いて》，《人類學雜誌》第55卷第1号，1940年。以上论文均收录于氏著《中国考古学論叢》（慶友社，1974年）一书中。

[27] 堀口蘇山编：《秦漢瓦磚集錄》，東京藝苑巡禮社，1930年。

[28] 諸岡榮治编，梅原末治校：《樂浪及高句麗古瓦図譜》，京都便利堂，1935年。

[29] 中国科学院考古研究所：《洛阳中州路》，科学出版社，1959年。

[30] 中国科学院考古研究所：《洛阳烧沟汉墓》第84页，科学出版社，1959年。

[31] 中国科学院考古研究所：《新中国的考古收获》第88页，文物出版社，1961年。

[32] 傅振伦：《燕下都发掘品的初步整理与研究》，《考古通讯》1955年第4期。

[33] 杨宗荣：《燕下都半瓦当》，《考古通讯》1957年第6期。

[34] 安志敏：《元兴元年瓦当补正》，《考古》1959年第11期；黄盛璋：《元兴元年瓦当与西海郡》，《考古》1961年第3期。

[35] 曾庸：《西汉宫殿、官署的瓦当》，《考古》1959年第12期。

[36] 黄士斌：《汉魏洛阳城出土的有文字的瓦》，《考古》1962年第9期；邵友诚：《汉魏洛阳城出土瓦削文字补谈》，《考古》1963年第5期。

[37] 陈直：《秦汉瓦当概述》，《文物》1963年第11期。

[38] 佟柱臣：《考古学上汉代及汉代以前的东北疆域》，《考古学报》1956年第1期。

[39] 粟原朋信：《傳阿房宮故基出土瓦當の製作時代に關する一研究》，《秦漢史の研究》，吉川弘文館，1960年。

[40] 関野雄：《半瓦當の研究》，岩波书店，1952年。

[41] 中村亚希子：《汉代制瓦技术及其相关问题——以临淄齐故城汉代出土的瓦为中心》，《汉代文明国际学术研讨会论文集》，北京燕山出版社，2009年。

[42] 三上次男：《戦国瓦當と秦瓦當——瓦當文様を通じて見た戦国文化と秦帝国文化との関係》，《中国古代史研究·第三》，吉川弘文館，1969年。

[43] 华非：《中国古代瓦当》，人民美术出版社，1983年；西安市文物管理委员会：《秦汉瓦当》，陕西人民美术出版社，1985年；陕西省考古研究所秦汉研究室：《新编秦汉瓦当图录》，三秦出版社，1986年；杨力民：《中国古代瓦当艺术》，上海人民美术出版社，1986年；钱君匋等：《瓦当汇编》，上海人民美术出版社，1988年；姚生民：《新中国出土瓦当集录·甘泉宫卷》，西北大学出版社，1998年；山东省文物考古研究所：《新中国出土瓦当集录·齐临淄卷》，西北大学出版社，1999年；赵力光：《中国古代瓦当图典》，文物出版社，1998年；安立华：《齐国瓦当艺术》，人民美术出版社，1998年；徐锡台等：《周秦瓦当》，文物出版社，1988年；傅嘉仪：《秦汉瓦当》，陕西旅游出版社，1999年；刘怀君等：《秦汉遗珍——眉县秦汉瓦当图录》，三秦出版社，2002年；陈永志：《内蒙古出土瓦当》，文物出版社，2003年；王世昌：《陕西古代砖瓦图典》，三秦出版社，2004年；程永建：《洛阳出土瓦当》，科

学出版社，2007年；焦南峰等：《雍城秦汉瓦当集粹》，三秦出版社，2008年；金建辉：《中国古代瓦当纹饰图典》，浙江古籍出版社，2009年；冯长哲等：《宝鸡瓦当》，陕西人民美术出版社，2018年；中国社会科学院考古研究所等：《栎阳瓦当》，科学出版社，2020年。

[44] 伊藤滋：《秦漢瓦當文》，日本習字普及協会，1995年。

[45] 刘士莪：《西北大学藏瓦选集》，西北大学出版社，1988年；路东之：《古陶文明博物馆藏瓦掇英》，《四川文物》2008年第5期；张松莉：《许昌博物馆藏汉代瓦当》，《中原文物》2013年第4期；中国国家博物馆：《中国国家博物馆馆藏文物研究丛书·瓦当卷》，上海古籍出版社，2019年。

[46] 刘庆柱：《战国秦汉瓦当研究》，《汉唐与边疆考古研究》第1辑，1994年。

[47] 申云艳：《中国古代瓦当研究》，文物出版社，2006年。

[48] 李毓芳：《读〈中国古代瓦当研究〉》，《考古》2007年第7期。

[49] 许仙瑛：《汉代瓦当研究》，台湾大学博士学位论文，2005年。

[50] 戈父：《古代瓦当》，中国书店，1997年。

[51] 陈根远、朱思红：《屋檐上的艺术——中国古代瓦当》，四川教育出版社，1998年。

[52] 田亚岐、孙周勇：《椽头乾坤——陕西古代瓦当》，陕西人民出版社，2016年。

[53] 饭岛武次：《秦都雍城瓦当考》，《驹沢史学》第29号，1982年。

[54] 刘庆柱：《汉长安城遗址及其出土瓦当研究》，《古代都城与帝陵考古学研究》第362页，科学出版社，2000年。

[55] 石永士：《关于燕下都故城宫殿建筑几个问题的探索与研究》，《文物春秋》1992年增刊；吴磬军：《燕下都瓦当考古学观察与思考》，河北大学出版社，2015年。

[56] 李发林：《齐故城瓦当》，文物出版社，1990年。

[57] 田亚岐、景宏伟：《雍城秦汉瓦当概述》，《西部考古》第2辑，2007年；刘亮、王周应：《秦都雍城遗址新出土的秦汉瓦当》，《文博》1994年第3期。

[58] 马建熙：《秦都咸阳瓦当》，《文物》1976年第11期。

[59] 张童心等：《禹王城瓦当——东周秦汉时期晋西南瓦当研究》，上海古籍出版社，2010年。

[60] 前引《汉长安城遗址及其出土瓦当研究》。

[61] 钱国祥：《汉魏洛阳城出土瓦当的分期与研究》，《考古》1996年第10期。

[62] 涂书田、任经荣：《安徽寿县寿春城址出土的瓦当》，《考古》1993年第3期。

[63] 杨琮：《福建崇安汉代城址出土的建筑材料》，《文博》1990年第1期；《崇安汉城出土瓦当的研究》，《文物》1992年第8期。

[64] 杨荣昌：《石碑地遗址出土秦汉建筑瓦件比较研究》，《考古》1997年第10期。

[65] 李灶新：《南越国宫署遗址2000年发掘出土瓦当研究》，《华南考古》第1辑，2004年。

[66] 申云艳：《燕瓦当研究刍议》，《考古》2007年第2期；《中山国瓦当初探》，《考古》2009年第11期。

[67] 韦莉果：《四川地区出土汉代瓦当的类型与年代》，《四川文物》2013年第5期；牟新慧：《新疆出土瓦当之探》，《文物世界》2013年第2期；范鹏：《重庆地区古代瓦当的考古发现》，

《三峡大学学报》2019年第6期。

[68] 黄渺淼：《三峡库区汉六朝瓦当分类与年代的讨论》，《江汉考古》2017年第2期；石静：《中原地区出土汉代瓦当研究》，郑州大学硕士学位论文，2018年。

[69] 饭岛武次：《秦葵纹瓦当考》，《東京大学文学部考古学研究室研究紀要》第2号，1983年。

[70] 钱国祥：《云纹瓦当在洛阳地区的发展与演变》，《中原文物》2000年第5期。

[71] 中村亜希子：《雲紋瓦当の変遷と秦漢都城》，《中国考古学》第11号，2011年。

[72] 洪梅：《先秦时期瓦当中的兽面纹与人面纹》，《东南文化》2008年第3期。

[73] 谷丰信著，姚义田译：《佛教传来与莲花纹瓦当》，《辽宁省博物馆馆刊》，辽海出版社，2011年；刘庆柱：《关于古代莲花纹瓦当图案渊源考古研究》，《从考古走近历史》，中国文史出版社，2019年。

[74] 张梓琦：《"大半圆瓦当"的时代与功能》，《考古与文物》2019年第5期。

[75] 王丕忠、李光军：《从长陵新出土的瓦当谈秦兰池宫地理位置等问题》，《人文杂志》1980年第1期。

[76] 赵超：《释"天齐"》，《考古》1983年第1期。

[77] 徐锡台：《几个汉、晋文字瓦当考释》，《考古与文物》1981年第4期。

[78] 赵平安：《两种汉代瓦当文字的释读问题》，《考古》1999年第12期。

[79] 刘庆柱：《秦"十二字瓦当"时代质疑》，《人文杂志》1985年第4期。

[80] 陈根远：《洛阳新出西汉瓦当铭文刍议》，《文物》2001年第3期；高智：《"延寿王瓦"考释》，《华夏考古》2004年第3期；王恩田：《"王瓦延寿"瓦当与西楚河南王府》，《中国历史文物》2004年第6期。

[81] 王子今：《"武候"瓦当与战国秦汉武关道交通》，《文博》2013年第6期。

[82] 韦伟燕：《越南海阳省菊浦遗址出土的"万岁"瓦当及相关问题》，《文物春秋》2020年第2期。

[83] 黄劬华：《谈陕西朝邑出土的"务相遗種"瓦当》，《古代文明研究通讯》第27期，2005年12月。

[84] 焦南峰等：《秦文字瓦当的确认和研究》，《考古与文物》2000年第3期。

[85] 韩钊等：《浅议"华市"瓦当》，《考古与文物》2001年第2期。

[86] 王辉等：《秦出土文献编年订补》第351、352页，三秦出版社，2014年。

[87] 前引《战国秦汉瓦当研究》。

[88] 前引《栎阳瓦当》。

[89] 有关铭文铜镜出现的时间，学界还存在争议，但主要有战国晚期说和西汉初期说两种观点，笔者倾向西汉初期说。

[90] 尚志儒：《秦瓦研究》，《文博》1990年第5期。

[91] 前引《战国秦汉瓦当研究》。

[92] 刘振东等：《西汉砖瓦初步研究》，《考古学报》2007年第3期。

[93] 秦建明等：《秦汉筒瓦内筑与外筑工艺的变革》，《文物鉴定与鉴赏》2010年第7期。

[94] 段清波等：《布纹瓦及在秦地的传播——来自陕西早期长城沿线的观察》，《考古与文物》2013年第3期。

[95] 蔡彦等：《战国汉初瓦当制作工艺及相关问题研究》，《考古学报》2017年第3期。

[96] 章昀：《南越国宫署遗址出土的砖瓦及其生产初探》，《文博学刊》2019年第3期。

[97] 谷丰信：《西晋以前の中国の造瓦技法について》，《考古学雑誌》第69卷第3号，1984年。

[98] 中村亜希子：《東の造瓦ことはじめ》，《アジア地域研究》(2)，2019年。

[99] 详见张学锋：《序井内古文化研究室编〈中国六朝瓦图谱〉》，《南京晓庄学院学报》2012年第4期。

[100] 大脇潔：《秦漢代瓦当の製作技法——櫟陽城・太上皇陵出土例を中心に》，《漢長安城桂宫論考編》，天理時報社，2011年。

[101] 向井佑介：《中国における瓦の出現と伝播》，《古代》第129・130合併号，2012年。

[102] 河北省文物研究所：《燕下都》，文物出版社，1996年。

[103] 王恩田：《陶文图录》第15页，齐鲁书社，2006年。

[104] 袁仲一等：《秦代中央官署制陶业的陶文》，《考古与文物》1980年第3期；袁仲一：《秦民营制陶作坊的陶文》，《考古与文物》1981年第1期。

[105] 吕卓民：《从考古资料看秦汉时期咸阳的制陶业》，《文博》1989年第6期。

[106] 刘庆柱等：《秦都咸阳遗址陶文丛考》，《考古与文物》1983年增刊。

[107] 陕西省考古研究所：《西安南郊缪家寨汉代厕所遗址发掘简报》，《考古与文物》2007年第2期。

[108] 河南省文物考古研究所等：《河南内黄三杨庄汉代聚落遗址第二处庭院发掘简报》，《华夏考古》2010年第3期。

[109] 王子今：《瓦当"橡头饰"说疑议——以四川汉代崖墓资料为例》，《四川文物》2009年第1期。

[110] 前引《"大半圆瓦当"的时代与功能》。

[111] 刘尊志：《试论汉代墓葬内出土瓦当的位置及功用》，《考古与文物》2019年第5期。

[112] 杜菊：《燕下都瓦类建筑构件制作与使用研究》，河北大学硕士学位论文，2019年。

[113] 国庆华等：《秦雍城豆腐村与马家庄遗址出土瓦件的建筑学模拟实验观察》，《文博》2013年第5期。

[114] 方殿春：《"宾连"纹瓦当考识》，《辽海文物学刊》1997年第1期。

[115] 李新全：《秦神树纹瓦当考》，《考古》2014年第8期。

[116] 安立华：《释"树木纹"——兼谈齐瓦当纹饰的符号特征》，《管子学刊》1991年第3期。

[117] 刘敦愿：《齐瓦当上的树木纹》，《文物天地》1993年第5期。

[118] 刘莉：《战国秦动物纹瓦当的艺术源流》，《陕西省考古学会第一届年会论文集》，1983年。

[119] 耿庆刚：《秦雍城动物纹瓦当主题研究》，《考古与文物》2019年第5期。

[120] 周晓陆：《秦动植物纹样瓦当的一种试读——略论其与〈月令〉之关系》，《考古与文物》2004年第2期。

[121] 李零：《说云纹瓦当——兼论战国秦汉铜镜上的四瓣花》，《上海文博论丛》2004年第4期。

[122] 村上和夫著，丛苍等译：《中国古代瓦当纹样研究》，三秦出版社，1996年。

[123] 罗宏才：《汉富贵毋央瓦当考略》，《考古与文物》1994年第6期。

[124] 谭前学：《从瓦当文字看秦汉习俗及演变——读陈直〈摹庐丛著七种·秦汉瓦当概述〉札记》，《陕西历史博物馆馆刊》第1辑，1994年。

[125] 欧阳摩一：《论秦汉文字瓦当的形式艺术》，《东南文化》2005年第2期。

[126] 张丽华：《秦汉文字瓦当赏析》，《美术研究》1989年第4期。

[127] 中国营造学社：《中国营造学社汇刊》第2卷第2期，1931年。

[128] 彭明浩：《北朝建筑瓦作技术考察——邺城遗址核桃园北齐佛塔基址出土瓦件的整理与研究》，中国社会科学院考古研究所博士后研究工作报告，2017年。

[129] 白云翔：《关于手工业作坊遗址考古若干问题的思考》，《中原文物》2018年第2期。

[130] 安立华：《齐故城建筑"鸱枭"形饰件及相关问题》，《管子学刊》1992年第2期。

[131] 钟晓青：《魏晋南北朝建筑装饰研究》，《文物》1999年第12期。

[132] 徐怡涛：《唐代木构建筑材份制度初探》，《建筑史》2003年第1期。

[133] 中园聪等：《超遠隔地交涉における同范関係の検討：中国と日本出土の中世中国系瓦》，《日本情報考古学会講演論文集》第15号，2015年；中园聪：《九州出土の中世中国系瓦の三次元記録と検討》，《季刊考古学》第140号，2017年。

[134] 周连宽：《苏联南西伯利亚所发现的中国式宫殿遗址》，《考古学报》1956年第4期。

Study of Warring States, Qin and Han Roof Tile Ends since the Twentieth Century: Reminiscences and Prospects

Li Bin

KEYWORDS: Roof Tile End   History of Scholarship   Warring States
Qin and Han

ABSTRACT: Roof tile ends served as essential components in ancient Chinese architecture. Following the development during the Warring States period, roof tile ends became prevalent during the Qin and Han periods, eventually emerging as an iconic symbol of Qin-Han civilization. Containing rich historical and cultural significance, roof tile ends hold irreplaceable academic value in fields such as archaeology, ancient architectural history, and history of culture and art, thus attracting long-lasting and extensive scholarly attention. Through reviewing major research achievements on Warring States, Qin, and Han period roof tile ends since the 20th century, this study divided the scholarly trajectory into three key phases and summarized the characteristics and accomplishments of each stage. In the meantime, it critically examined existing problems and shortcomings in previous studies while prospecting future research directions.

（责任编辑　洪　石）

《考古学集刊》征稿启事

　　《考古学集刊》创刊于 1981 年，由中国社会科学院考古研究所主办、考古杂志社编辑，面向海内外征稿，现每年出版两集，刊载考古调查与发掘报告及相关学术论文，常设栏目有"调查与发掘"、"研究与探索"、"考古与科技"、"考古学家与考古学史"、"实验考古"、"国外考古"和"学术动态"等。欢迎海内外作者投稿。投稿时请注意如下事项。

　　（一）请登录"考古杂志社"网站（https://kgzzs.ajcass.com），点击"作者投稿"进行投稿。

　　1. 投稿方法：注册→登录→选择所投刊物→填写稿件标题→点击"添加附件"→点击"发送"。

　　2. 注册信息必须真实有效。请按要求填写相关信息，以便联系。

　　3. 请在文章正文后面附作者姓名、学位、职称、工作单位、联系电话、电子邮箱、通讯地址及邮政编码等基本信息。

　　4. 稿件状态分为四种："已投稿"、"审核中"、"退稿"和"拟刊用"。

　　（二）所投稿件须为作者独立研究完成的作品，充分尊重他人知识产权，无任何违法、违纪和违反学术道德的内容；文中引文、注释和其他资料，应逐一核对原文，确保准确无误；如使用了转引资料，应注明转引出处。

　　（三）投给本刊的稿件，应确保未一稿两投或多投，包括未局部改动后投寄其他报刊，且稿件主要观点或基本内容不得先于本刊在其他公开出版物（包括期刊、报纸、专著、论文集等）上发表。

　　（四）本刊实行双向匿名专家审稿制度。稿件正文中请勿出现作者个人信息，行文也请避免可能透露作者身份的信息。

　　（五）来稿审理期限一般不少于 90 个法定工作日。通过初审的稿件，本刊将在此期限内向作者发送"拟用稿通知"。本刊有权对来稿做文字表述及其他技术性修改。

　　（六）稿件一经刊发，编辑部即会向作者支付稿酬，寄送样刊。出刊后还会将其编入《中国学术期刊网络出版总库》、CNKI 系列数据库及国家哲学社会科学学术期刊数据平台等数据库，编入数据库的著作权使用费包含在编辑部所付稿酬之中。

　　（七）本刊对所刊稿件拥有长期专有使用权。作者如需将在本刊所刊发的文章收入其他公开出版物中发表，须事先征得本刊同意，并详细注明该文在本刊的原载刊期。

　　（八）本刊单篇稿件字数一般以 1 万至 3 万字为宜。请提供 500 字以内的中文提要和 3～5 个关键词。有条件的作者请提供中文提要和关键词的英文译稿，供编辑参考。

《考古学集刊》编辑部

2.M200（北→南）

湖北荆州市七星堰战国楚墓

1.M144（西→东）

1.铁足鼎（M238：9）

2.铁足鼎（M238：8）

3.勺（M238：24）

4.壶（M238：17）

5.敦（M238：19）

湖北荆州市七星堰战国楚墓 M238 出土铜器

图版三

湖北荆州市七星堰战国楚墓出土铜器

5.A型剑（M225：4）

3.B型剑（M152：1）

6.矛（M159：1）

4.矛（M238：3）

1.B型戈（M134：1）

2.A型戈（M237：1）

图版四

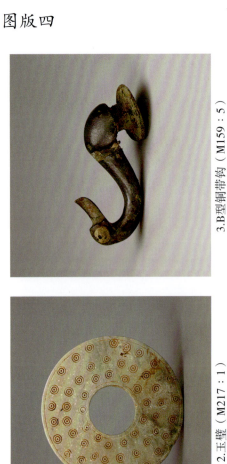

1.王剑玦（M142：1）

2.玉璧（M217：1）

3.B型铜带钩（M159：5）

4.B型铜带钩（M158：11）

5.B型铜带钩（M171：2）

6.铜印章（M158：15）

7.铜印章（M164：9）

湖北荆州市七星堰战国楚墓出土遗物

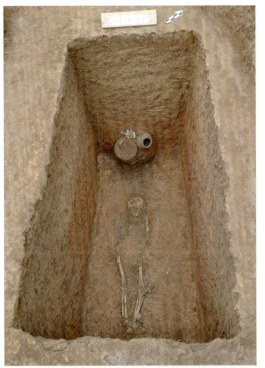

1.M47（东南→西北）

2.M101（北→南）

3.M66（西南→东北）

安徽萧县植物园汉墓

图版六

1.M9（南→北）

2.M10（南→北）

3.M64（东南→西北）

安徽萧县植物园汉墓

1.M73（南→北）

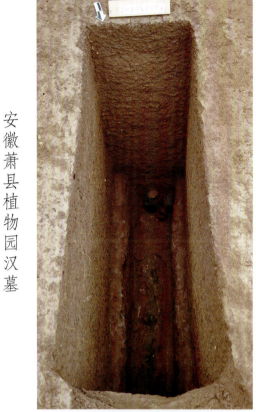

2.M74（北→南）

安徽萧县植物园汉墓

3.M102（西→东）

图版八

1.M83（东北→西南）

2.M86（北→南）

3.M75（西→东）

安徽萧县植物园汉墓

3.M45（东→西）

安徽萧县植物园汉墓

1.M90（东→西）

2.M90（西→东）

图版一〇

1.M91（北→南）

2.M1（南→北）

3.M1（东→西）

安徽萧县植物园汉墓

1.M2（南→北）

安徽萧县植物园汉墓

2.M44（东→西）

3.M94（南→北）

安徽萧县植物园汉墓

1.M97（西北→东南）

2.M98（西北→东南）

3.M5（西→东）

1.A型鼎（M86：10）

4.Ba型Ⅰ式鼎（M64：3）

2.Ba型Ⅰ式鼎（M64：4）

5.Ba型Ⅱ式鼎（M66：6）

3.Ba型Ⅲ式鼎（M98：14）

6.Bb型鼎（M105：9）

安徽萧县植物园汉墓出土陶鼎

图版一四

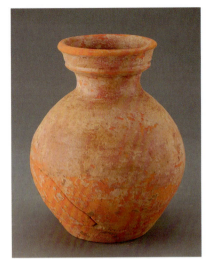

1.甲类A型壶（M44：10）

2.甲类B型壶（M66：4）

3.甲类C型壶（M64：7）

4.Ⅰ式盒（M80：5）

5.Ⅰ式盒（M80：6）

6.Ⅱ式盒（M97：13）

安徽萧县植物园汉墓出土陶器

5.乙类Bb型壶（M80：2）

6.乙类Bb型壶（M80：2）盖

3.乙类Bb型壶（M80：1）

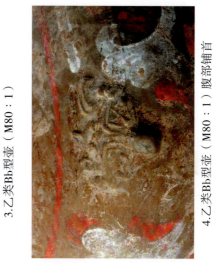

4.乙类Bb型壶（M80：1）腹部铺首

安徽萧县植物园汉墓出土陶器

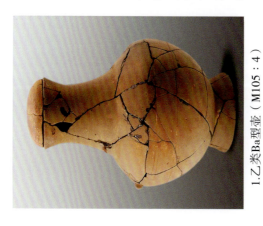

1.乙类Ba型壶（M105：4）

2.乙类Bc型壶（M24：1）

图版一六

3.乙类Cc型壶（M69：2）

安徽萧县植物园汉墓出土陶器

6.乙类Ca型壶（M43：1）

2.乙类Bd型壶（M30：1）

5.豆（M46：1）

1.乙类Cb型壶（M76：1）

4.Ⅰ式钫（M64：1）

5.Aa型罐（M102：3）

3.Aa型罐（M102：5）

1.Aa型罐（M74：1）

安徽萧县植物园汉墓出土陶罐

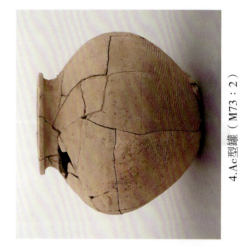

6.Ab型罐（M102：6）

4.Ac型罐（M73：2）

2.B型罐（M102：9）

图版一八

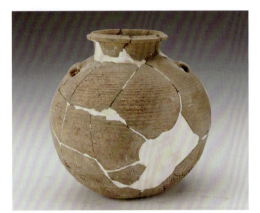

1.Eb型罐（M105：2）

4.Ca型罐（M83：2）

2.D型罐（M32：2）

5.Cd型罐（M47：1）

3.Ea型罐（M91：1）

6.Cc型罐（M13：1）

安徽萧县植物园汉墓出土陶罐

1.B型杯（M80：7）

2.F型罐（M80：8）

3.J型罐（M98：8）

安徽萧县植物园汉墓出土陶器

4.G型罐（M97：15）

5.A型杯（M5：2）

6.A型盘（M64：10）

7.B型盘（M44：8）

1.陶匜（M105：12）

4.陶碗（M44：2）

2.陶耳杯（M5：10）

5.A型陶盆（M44：9）

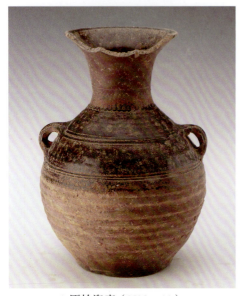

3.原始瓷壶（M98：11）

6.陶奁（M5：11）

安徽萧县植物园汉墓出土遗物

1.A型灶（M86∶8）

2.A型灶（M44∶1）

3.C型灶（M98∶15）

4.A型灶（M5∶3）

5.B型灶（M66∶3）

6.釜（M5∶7）

安徽萧县植物园汉墓出土陶器

图版二二

1.A型磨（M86：9）

2.Ba型磨（M44：5）

3.Bb型磨（M5：4）

4.Ba型井（M66：8）

5.Bb型井（M98：10）

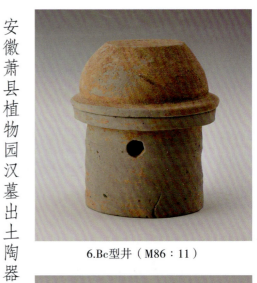

6.Bc型井（M86：11）

7.Ab型井（M44：4）

安徽萧县植物园汉墓出土陶器

1.A型仓（M97：9）

4.B型仓（M45：6）

2.A型仓（M105：22）

5.B型仓（M45：6）

3.A型仓（M98：7）

6.B型仓（M5：6）

安徽萧县植物园汉墓出土陶仓

1.B型圈（M86：7）

4.B型溷（M45：11）

2.Ab型溷（M105：23）

5.A型圈（M98：12）

3.厕（M5：8）

6.Aa型溷（M66：2）

安徽萧县植物园汉墓出土陶器

1.带钩（M64：9）

4.刷（M98：1）

2.D型镜（M86：1）

5.E型镜（M90：1）

3.A型镜（M73：1）

6.C型镜（M105：1）

安徽萧县植物园汉墓出土铜器

图版二六

1.琉璃珠饰（M86：3）

5.A型五铢铜钱（M91：2-1）

2.琉璃珩（M102：10）

3.B型琉璃璧（M98：5）

6.B型五铢铜钱（M90：3-1）

4.铜指环（M86：13-1、2）

7.琉璃塞（M86：2）

安徽萧县植物园汉墓出土遗物